個人情報関連法令
スピードチェック

影島 広泰 編著

牛島総合法律事務所
データプライバシー＆テクノロジーチーム 著

商事法務

はしがき

　本書は、法務部門の皆様からの「個人情報が関係する案件で、個人情報保護法以外にどのような法律が問題となるかがわからない」という声を受けて執筆したものです。確かに、個人情報に関する案件において、個人情報保護法を確認する必要があることに気づかない方はいないと思いますが、各種の業法や消費者法、省庁のガイドラインなど、ほかにどのような規制が問題になりうるのかをピックアップするのは難しいところがあると考えられます。例えば、2023年に電気通信事業法が改正されて外部送信規律（いわゆる Cookie 規制）が導入された際、自社のサービスが、実は、外部送信規律以前の問題として、電気通信事業法の登録・届出が必要かどうかの確認ができていなかったり、電気通信事業における個人情報等の保護に関するガイドラインの適用があることを見落としていたりして慌てた経験がある法務部門の方もいらっしゃるのではないでしょうか。

　以上の問題意識を踏まえ、本書では、個人情報が関係する案件でしばしば問題となる法令・ガイドライン等について、ある程度網羅的にピックアップして、規制の概要を解説しています。それぞれの項目の冒頭に、どのような場合に適用があるのかを記載しましたので、個人情報が関係する案件を取り扱う際に、目次をチェックリストのように使って適用される法令をチェックし、問題になりそうな法令については、各項目の冒頭部分をご覧いただき、適用の有無を確認していただければと存じます。それぞれの法令・ガイドラインの内容については、先行する数多くの良書がありますのでそちらをご覧いただくことを前提に、本書では、個人情報に関連する法令について、その概要を説明するにとどめています。

　また、第2部では、いくつかのケースを想定して、本書に記載されている各種規制がどのように問題になり、どのように解決していくべきなのかを記載しています。

はしがき

　本書が、法務部門の皆様の日常の業務において、効率性と正確性を高めることの一助になりましたら、大変幸甚に存じます。

2024年7月

影島　広泰
牛島総合法律事務所　データプライバシー＆テクノロジーチーム一同

目　次

第1部　個人情報の取扱いに関する法令

第1章　一般的に適用される法令 …… 2

Ⅰ　電気通信事業法 …… 2

1　法規制の対象となるケース 2 ／ 2　法規制のポイント 2 ／ 3　用語の定義・概念 3 ／ 4　法規制の適用関係 7 ／ 5　通信の秘密 14 ／ 6　「特定利用者情報」の取扱いに関する規制 17 ／ 7　外部送信規律 19 ／ 8　電気通信事業GLにおける個人情報の取扱いに関する主な規制 26

Ⅱ　独占禁止法・透明化法 …… 34

◆　独占禁止法 …… 34

1　法規制の対象となるケース 34 ／ 2　法規制のポイント 35 ／ 3　用語の定義・概念 35 ／ 4　優越的地位の濫用規制 37 ／ 5　自己の取引上の地位が相手方に優越していることを利用すること（優越的地位）38 ／ 6　正常な商慣習に照らして不当であること 39 ／ 7　濫用行為であること 39 ／ 8　行政上の措置・罰則等 43

◆　透明化法 …… 45

1　法規制の対象となるケース 45 ／ 2　法規制のポイント 45 ／ 3　用語の定義・概念 46 ／ 4　特定デジタルプラットフォーム提供者の指定 46 ／ 5　提供条件等の開示 49 ／ 6　特定デジタルプラットフォーム提供者が講ずべき措置 49 ／ 7　モニタリング・レビュー 50 ／ 8　行政上の措置・罰則等 51

Ⅲ　特定商品取引法 …… 53

1　法規制の対象となるケース 53 ／ 2　法規制のポイント 53 ／ 3　用語の定義・概念 53 ／ 4　広告に記載すべき事項 55 ／ 5　誇大広告等の禁止 58 ／ 6　電子メール広告の規制 61 ／ 7　ファクシミリ広告の規制 64 ／ 8　特定申込みを受ける際の表示 66 ／ 9　意に反

目　次

して契約の申込みをさせようとする行為　67　/　10　法定返品権　67　/　11　行政処分・罰則等　68

Ⅳ　消費者契約法 ……………………………………………………… 70

1　法規制の対象となるケース　70　/　2　法規制のポイント　70　/　3　用語の定義・概念　70　/　4　個人情報の取扱いとの関係　72　/　5　事業者の努力義務　73　/　6　契約条項の無効に関する規制　76　/　7　行政処分・制裁・罰則など　85

Ⅴ　特定電子メール法 ………………………………………………… 87

1　法規制の対象となるケース　87　/　2　法規制のポイント　87　/　3　用語の定義・概念　88　/　4　特定電子メールの範囲　89　/　5　特定電子メール送信に関する同意取得　90　/　6　同意を証する記録の保存　97　/　7　オプトアウト　99　/　8　表示義務　101　/　9　禁止行為　102　/　10　行政処分・制裁・罰則など　102

Ⅵ　民法 ………………………………………………………………… 105

◆　定型約款 …………………………………………………………… 105

1　法規制の対象となるケース　105　/　2　法規制のポイント　105　/　3　用語の定義・概念　106　/　4　定型取引　107　/　5　定型約款　107　/　6　定型約款の合意　108　/　7　不当条項規制　109　/　8　定型約款の内容の開示義務　109　/　9　定型約款の変更　110

◆　民法の意思表示の規定 …………………………………………… 113

1　法規制の対象となるケース　113　/　2　法規制のポイント　113　/　3　用語の定義・概念　113　/　4　本人の同意における意思表示の瑕疵　115

Ⅶ　プライバシー（民法） …………………………………………… 120

1　検討が必要となるケース　120　/　2　プライバシー　120　/　3　肖像権　122　/　4　位置情報　124　/　5　プロファイリング　125　/　6　漏えい事案　126　/　7　個人情報保護法との関係　127

Ⅷ　個人情報保護法 …………………………………………………… 129

1　法規制の対象となるケース　129　/　2　法規制のポイント　129　/　3　用語の定義・概念　129　/　4　取得に関する規制　132　/　5　利用に関する際の規制　134　/　6　保管に関する規制　136　/　7　提供に関する規制　146　/　8　開示等に関する規制　150　/　9　個人情報以外

の情報に対する規律 153

IX　マイナンバー法 … 156

1　法規制の対象となるケース 156 / 2　法規制のポイント 156 / 3　用語の定義・概念 157 / 4　マイナンバーを収集する際の規制 158 / 5　マイナンバーの情報管理の規制 159 / 6　マイナンバーの提供の規制 166 / 7　マイナンバーの廃棄 166 / 8　行政処分・制裁・罰則など 167

X　刑事罰 … 169

1　刑事罰の対象となるケース 169 / 2　個人情報保護法 169 / 3　不正競争防止法（営業秘密侵害罪）171 / 4　不正アクセス禁止法 173 / 5　電気通信事業法 174 / 6　窃盗罪、横領罪 174

第2章　労務・人事 … 175

I　職業安定法 … 175

1　法規制の対象となるケース 175 / 2　法規制のポイント 175 / 3　用語の定義・概念 176 / 4　求職者等の個人情報の取扱いに係る規制 177 / 5　適正管理措置等 186 / 6　行政処分・制裁・罰則など 189

II　労働安全衛生法 … 190

1　法規制の対象となるケース 190 / 2　法規制のポイント 190 / 3　用語の定義・概念 190 / 4　法令に基づく心身の状態の情報に関する規制の概要 191 / 5　心身の状態の情報の取扱いに係る規制 191 / 6　心身の状態の情報の適正管理のための措置 195 / 7　雇用管理分野における個人情報のうち健康情報を取り扱うに当たっての留意事項 198 / 8　行政処分・制裁・罰則など 202

第3章　金　融 … 204

I　金融分野GL … 204

1　規制の対象となるケース 204 / 2　規制のポイント 204 / 3　用語の定義・概念 205 / 4　利用目的の特定に関する規制 206 / 5　同意の形式 207 / 6　利用目的による制限 208 / 7　機微（センシティブ）情報 209 / 8　取得に際しての利用目的の通知等 210 / 9

データ内容の正確性の確保等 211 / 10 安全管理措置 211 / 11 個人データ等の漏えい等の報告等の報告等 211 / 12 第三者提供の制限 213 / 13 外国にある第三者への提供の制限 214 / 14 個人関連情報の第三者提供の制限等 217 / 15 保有個人データに関する事項の公表等 217 / 16 開示 217 / 17 理由の説明 218 / 18 開示等の請求等に応じる手続き 218 / 19 個人情報取扱事業者による苦情の処理 219 / 20 個人情報保護宣言の策定 219

II 安全管理措置等実務指針 ……………………………… 220

1 規制の対象となるケースおよび規制のポイント 220 / 2 用語の定義・概念 220 / 3 安全管理措置の実施 220 / 4 従業者の監督 228 / 5 委託先の監督 228

III 金融庁「監督指針」……………………………… 231

1 法規制の対象となるケース 231 / 2 法規制のポイント 231 / 3 用語の定義・概念 231 / 4 顧客等に関する情報管理態勢についての主な着眼点・留意点 233 / 5 個人情報管理についての着眼点・留意点 239 / 6 外部委託についての着眼点・留意点 243 / 7 信用情報についての着眼点・留意点 245

IV FISC「安対基準」……………………………… 247

1 法規制の対象となるケース 247 / 2 法規制のポイント 248 / 3 用語の定義・概念 249 / 4 統制基準 250 / 5 実務基準 253 / 6 設備基準 261 / 7 監査基準 262

第4章 ヘルスケア・医療 ……………………………… 263

I 医療分野ガイダンス ……………………………… 263

1 規制の対象となるケース 263 / 2 規制のポイント 264 / 3 用語の定義・概念 264 / 4 医療・介護関係事業者の義務等 265 / 5 その他 275

II 経済産業分野のうち個人遺伝情報を用いた事業分野における個人情報保護ガイドライン ……………………………… 277

1 ガイドラインの対象となるケース 277 / 2 本ガイドラインのポイント 278 / 3 用語の定義・概念 279 / 4 個人遺伝情報取扱事業者等の義務等 281

Ⅲ 次世代医療基盤法 ……………………………………………… 286

1 法規制の対象となるケース 286 ／ 2 法規制のポイント 286 ／ 3 用語の定義・概念 287 ／ 4 事業者の認定 289 ／ 5 匿名加工医療情報等の取扱いに関する規制 290 ／ 6 仮名加工医療情報等の取扱いに関する規制 293 ／ 7 医療情報等の取扱いの委託の制限――認定医療情報等取扱受託事業者 295 ／ 8 医療情報取扱事業者による認定匿名加工医療情報作成事業者または認定仮名加工医療情報作成事業者に対する医療情報の提供に関する規制 296

Ⅳ 薬機法 …………………………………………………………… 298

1 法規制の対象となるケース 298 ／ 2 法規制のポイント 298 ／ 3 用語の定義・概念 299 ／ 4 プログラムの医療機器該当性 300 ／ 5 医療機器に該当する場合の留意点 303

Ⅴ 医療研究に関する指針 ………………………………………… 306

1 指針の対象となるケース 306 ／ 2 倫理指針のポイント 307 ／ 3 用語の定義・概念 308 ／ 4 インフォームド・コンセント等の手続 310 ／ 5 研究により得られた結果等の説明に関する制限 317 ／ 6 研究に係る試料および情報等の保管に関する規制 318 ／ 7 その他の指針 320

Ⅵ 3省2ガイドライン ……………………………………………… 322

◆ 3省2ガイドラインの概要 ……………………………………… 322

◆ 医療情報安全管理ガイドライン ……………………………… 324

1 ガイドラインの対象となるケース 324 ／ 2 ガイドラインのポイント 324 ／ 3 用語の定義・概念 327 ／ 4 概説編 328 ／ 5 経営管理編 328 ／ 6 企画管理編 328 ／ 7 システム運用編 329

◆ 医療情報を取り扱う情報システム・サービスの提供事業者における安全管理ガイドライン ……………………………………… 331

1 ガイドラインの対象となるケース 331 ／ 2 ガイドラインのポイント 331 ／ 3 用語の定義・概念 331 ／ 4 対象事業者の義務および責任 332 ／ 5 リスクマネジメントのプロセスを通じた医療機関等との合意形成 334 ／ 6 制度上の要求事項 337

Ⅶ 民間PHR事業者による健診等情報の取扱いに関する基本的指針 ……………………………………………………… 340

1 指針の対象となるケース 340 ／ 2 指針のポイント 341 ／ 3 用語の定義・概念 341 ／ 4 情報セキュリティ対策 342 ／ 5 個人情報の適切な取扱い 345 ／ 6 健診等情報の保存および管理ならびに相互運用性の確保 346 ／ 7 要件遵守の担保―本指針の規定する要件を遵守していることの確認 347

第2部　ケーススタディ

Case1　顧客等に向けてダイレクトメールを送信する場合 …………………………………………………………………… 350

1 個人情報保護法 350 ／ 2 特定電子メール法 351 ／ 3 特定商取引法 351

Case2　位置情報を使ったマーケティングを行う場合 …… 353

1 個人情報保護法 353 ／ 2 電気通信事業法 354 ／ 3 優越的地位の濫用 354 ／ 4 プライバシー（民法） 355

Case3　従業員のモニタリングを行う場合 ………………………… 356

1 個人情報保護法 356 ／ 2 プライバシー（民法） 356

Case4　採用応募者のリファレンス・チェックを行う場合 …………………………………………………………………… 358

1 個人情報保護法 358 ／ 2 職業安定法 358 ／ 3 プライバシー権侵害 358

Case5　金融機関に対してITサービスを提供する場合 …… 359

1 金融分野ガイドライン 359 ／ 2 FISC「安対基準」 359

Case6 スマートウォッチの生体情報を使ったサービスの
          提供 ………………………………………………………… 360
   1　個人情報保護法　360 ／ 2　薬機法　360 ／ 3　民間 PHR 事業者
   による健診等情報の取扱いに関する基本指針　361 ／ 4　3省2ガイドラ
   インの「提供事業者ガイドライン」　361

事項索引　363

凡　例

略　称	正式名称
個人情報保護法	個人情報の保護に関する法律（平成15年法律第57号）
個情法施行令	個人情報の保護に関する法律施行令（平成15年政令第507号）
個情法規則	個人情報の保護に関する法律施行規則（平成28年個人情報保護委員会規則第3号）
GL通則編	個人情報保護委員会「個人情報の保護に関する法律についてのガイドライン（通則編）」（平成28年11月。令和5年12月一部改正）
GL外国第三者編	個人情報保護委員会「個人情報の保護に関する法律についてのガイドライン（外国にある第三者への提供編）」（平成28年11月。令和5年12月一部改正）
GL確認記録編	個人情報保護委員会「個人情報の保護に関する法律についてのガイドライン（第三者提供時の確認・記録義務編）」（平成28年11月。令和4年9月一部改正）
GL仮名加工匿名加工編	個人情報保護委員会「個人情報の保護に関する法律についてのガイドライン（仮名加工情報・匿名加工情報編）」（平成28年11月。令和5年12月一部改正）
GL認定団体編	個人情報保護委員会「個人情報の保護に関する法律についてのガイドライン（認定個人情報保護団体編）」（令和3年8月。令和4年9月一部改正）
Q&A	個人情報保護委員会「『個人情報の保護に関する法律についてのガイドライン』」に関するQ&A」（平成29年2月16日。令和6年3月1日更新）
電気通信事業GL	個人情報保護委員会＝総務省「電気通信事業における個人情報等の保護に関するガイドライン」（令和4年3月31日個人情報保護委員会・総務省告示第4号。最終改正令和6年5月12日個人情報保護委員会・総務省告示第4号）

凡　例

電気通信事業GL解説	個人情報保護委員会＝総務省「電気通信事業における個人情報等の保護に関するガイドライン（令和4年個人情報保護委員会・総務省告示第4号（最終改正令和6年個人情報保護委員会・総務省告示第4号））の解説」（令和4年3月。令和6年3月更新）
参入マニュアル	総務省「電気通信事業参入マニュアル［追補版］」（平成17年8月18日。令和5年1月30日改訂）
透明化法	特定デジタルプラットフォームの透明性及び公正性の向上に関する法律（令和2年法律第38号）
独占禁止法	私的独占の禁止及び公正取引の確保に関する法律（昭和22年法律第54号）
マイナンバー法	行政手続における特定の個人を識別するための番号の利用等に関する法律（平成25年法律第27号）
特定商取引法	特定商取引に関する法律（昭和51年法律第57号）
特定電子メール法	特定電子メールの送信の適正化等に関する法律（平成14年法律第26号）
職安法	職業安定法（昭和22年法律第141号）
職安指針	職業紹介事業者、求人者、労働者の募集を行う者、募集受託者、募集情報等提供事業を行う者、労働者供給事業者、労働者供給を受けようとする者等がその責務等に関して適切に対処するための指針（平成11年労働省告示第141号、最終改正令和4年厚生労働省告示第198号）
安衛法	労働安全衛生法（昭和47年法律第57号）
安衛指針	厚生労働省「労働者の心身の状態に関する情報の適正な取扱いのために事業者が講ずべき措置に関する指針」（平成30年9月7日労働者の心身の状態に関する情報の適正な取扱い指針公示第1号、最終改正令和4年3月31日労働者の心身の状態に関する情報の適正な取扱い指針公示第2号）
留意事項	個人情報保護委員会「雇用管理分野における個人情報のうち健康情報を取り扱うに当たっての留意事項」（平成29年5月29日・個情第749号・基発0529第3号）

xi

凡　例

金融分野 GL	個人情報保護委員会＝金融庁「金融分野における個人情報保護に関するガイドライン」（令和6年4月）
安全管理措置等実務指針	個人情報保護委員会＝金融庁「金融分野における個人情報保護に関するガイドラインの安全管理措置等についての実務指針」（令和6年4月）
薬機法	医薬品、医療機器等の品質、有効性及び安全性の確保等に関する法律（昭和35年法律第145号）
次世代医療基盤法	医療分野の研究開発に資するための匿名加工医療情報に関する法律（平成29年法律第28号）
倫理指針	文部科学省＝厚生労働省＝経済産業省「人を対象とする生命科学・医学系研究に関する倫理指針」（令和3年3月23日）
医療分野ガイダンス	個人情報保護委員会＝厚生労働省「医療・介護関係事業者における個人情報の適切な取扱いのためのガイダンス」（平成29年4月14日。令和5年3月一部改正）

第1部
個人情報の取扱いに関する法令

第1章

一般的に適用される法令

I　電気通信事業法

1　法規制の対象となるケース

　「電気通信事業を営む者」が、電気通信事業法（以下、本Ⅰにおいて「法」という。）の規制を受ける。また、電気通信事業を「営む」にまでは至らないものの、行っている者は、法の規制を受けないが、電気通信事業における個人情報等の保護に関するガイドライン[1]（以下、本Ⅰにおいて「電気通信事業GL」という。）の適用対象となる。

　法および電気通信事業GLは、外国法人等（外国の法人および団体ならびに外国に住所を有する個人）が、①日本国内において電気通信役務を提供する電気通信事業を営む場合、および②外国から日本国内にある者に対して電気通信役務を提供する電気通信事業を営む場合にも適用される[2]。

2　法規制のポイント

　一般法である個人情報保護法と、業法である電気通信事業法では規制の趣旨が異なるため、両者に優先関係のようなものはなく、それぞれが二重に適用される。

　「電気通信事業を営む者」であっても、電気通信事業法のどの規定が適用されるかは、当該事業者が営む電気通信事業の内容や属性、登録または届出の有無等によって異なる。詳細は下記4において詳述するが、法およ

1）　https://www.soumu.go.jp/main_content/000805614.pdf
2）　電気通信事業GL解説13頁

び電気通信事業 GL の適用関係をまとめると図表 I-1 のとおりとなる。

〔図表 I-1〕

		電気通信事業を「営む」者			電気通信事業を行う者
		登録・届出をしている事業者（＝電気通信事業法上の「電気通信事業者」）	適用除外事業者（法164条1項各号）		
			第3号事業を営む者	第3号事業を営む者以外の適用除外事業者	
電気通信事業法	通信の秘密検閲の禁止	○	○	○	×※
	特定利用者情報の取扱い	△（総務大臣の指定を受けた場合）	×	×	×
	外部送信規律	△（規則が定める場合）	△（規則が定める場合）	×	×
	その他の規定	○	×	×	×
電気通信事業 GL		○	○	○	○

※後述するとおり、通信の秘密および検閲の禁止の"名宛人"は全ての者であり、電気通信事業を営まない者も当然に通信の秘密を侵してはならないし、検閲もしてはならないとされている。ここで「×」としたのは、通信の秘密および検閲の禁止の"対象"となるもののことを意味しており、「電気通信事業を営む者の取扱中に係る通信」がその"対象"となるということである。

3　用語の定義・概念

本 I における用語の定義および概念は以下のとおりである。

◇　電気通信：

有線、無線その他の電磁的方式により、符号、音響または影像を送り、伝え、または受けることをいう。

◇ 電気通信設備：
　電気通信を行うための機械、器具、線路その他の電気的設備をいう。
◇ 電気通信役務：
　電気通信設備を用いて他人の通信を媒介し、その他電気通信設備を他人の通信の用に供することをいう。
◇ 電気通信事業：
　電気通信役務を他人の需要に応ずるために提供する事業（放送法118条1項に規定する放送局設備供給役務に係る事業を除く。）をいう。
◇ 電気通信事業を営む者：
　事前に登録または届出が必要な（電気通信事業法上の）電気通信事業者、および法164条1項各号による適用除外の対象となる電気通信事業を営む者をいう。
◇ 電気通信事業者：
　（電気通信事業法上の定義）電気通信事業を営むことについて、9条の登録を受けた者および16条1項（同条2項の規定により読み替えて適用する場合を含む。）の規定による届出をした者をいう。
　（電気通信事業GL上の定義）電気通信事業（電気通信事業法2条4号に規定する電気通信事業をいう。）を行う者をいう。
◇ 指定電気通信事業者：
　電気通信事業法上の電気通信事業者のうち、特定利用者情報を適正に取り扱うべき電気通信事業者として総務大臣が指定する事業者をいう（法27条の5）。
◇ 第3号事業：
　法164条1項3号に掲げる電気通信事業であり、電気通信設備を用いて他人の通信を媒介する電気通信役務以外の電気通信役務（ドメイン名電気通信役務、ならびに、検索情報電気通信役務および媒介相当電気通信役務のうち総務大臣が指定する者を除く。）を電気通信回線設備を設置することなく提供する電気通信事業をいう。
◇ ドメイン名電気通信役務：
　入力されたドメイン名の一部または全部に対応してアイ・ピー・アドレスを出力する機能を有する電気通信設備を電気通信事業者の通信の用

に供する電気通信役務のうち、確実かつ安定的な提供を確保する必要が
あるものとして総務省令で定めるものをいう。
◇　検索情報電気通信役務：
　　入力された検索情報に対応して当該検索情報が記録されたウェブペー
ジのドメイン名その他の所在に関する情報を出力する機能を有する電気
通信設備を他人の通信の用に供する電気通信役務のうち、前年度におけ
る1ヶ月当たりの利用者（電気通信事業者または第3号事業を営む者から、
その提供する電気通信役務を継続的に利用するための識別符号を付与された
者に限り、他の電気通信事業者に卸電気通信役務を提供する場合にあっては、
当該他の電気通信事業者が当該卸電気通信役務を利用して提供する電気通信
役務の利用者を含む。媒介相当電気通信役務についても同じ。）の数の平均
が1,000万以上である電気通信役務をいう。
　　一般的なインターネット検索サービスが対象であり、レストラン、商
品など特定分野のみの検索サービスは対象外である[3]。
◇　媒介相当電気通信役務：
　　その記録媒体（当該記録媒体に記録された情報が不特定の者に送信される
ものに限る。）に情報を記録し、またはその送信装置（当該送信装置に入
力された情報が不特定の者に送信されるものに限る。）に情報を入力する電
気通信を不特定の者から受信し、これにより当該記録媒体に記録され、
または当該送信装置に入力された情報を不特定の者の求めに応じて送信
する機能を有する電気通信設備を他人の通信の用に供する電気通信役務
のうち、前年度における1ヶ月当たりの利用者の数の平均が1,000万以
上である電気通信役務をいう。
　　主として不特定の利用者間の交流を実質的に媒介する電気通信役務を
いい、SNS、登録制掲示板、動画共有プラットフォーム、ブログプラッ
トフォーム等が対象となる。ニュースサイトのコメント機能等の付随的
なものや商取引に関する情報のみを取り扱う電気通信役務は対象外であ
る[4]。

---

[3]　総務省総合通信基盤局「検索情報電気通信役務及び媒介相当電気通信役務を提供
する者の指定について」（2023年9月）（https://www.soumu.go.jp/main_content/
000901898.pdf）2頁

第1章　一般的に適用される法令

◇　特定利用者情報：

　　総務省令（電気通信事業法施行規則（以下、本Ⅰにおいて「施行規則」という。）22条2の20）で定めるところにより、内容、利用者の範囲および利用状況を勘案して利用者の利益に及ぼす影響が大きいものとして総務省令で定める電気通信役務に関して取得する利用者に関する情報のうち、以下のいずれかに該当するものをいう（法27条の5、施行規則22条の2の21）。

　①　通信の秘密に関する情報
　②　法2条7号イに該当する利用者を識別することができる情報であって、以下の情報の集合物を構成する情報（①を除く）
　　ⓐ　特定の利用者を識別することができる情報を電子計算機を用いて検索することができるように体系的に構成したもの
　　ⓑ　利用者を識別することができる情報を一定の規則に従って整理することにより特定の利用者を識別することができる情報を容易に検索することができるように体系的に構成した情報の集合物であって、目次、索引その他検索を容易にするためのものを有するもの

◇　情報送信指令通信：

　　利用者の電気通信設備（端末設備）が有する情報送信機能を起動する指令となるプログラム等の送信をいう。

　　具体的には、利用者に関する情報を利用者の電気通信設備（端末設備）から外部（利用者以外の者）に送信させ収集するための仕組みを実現するコード等の情報の送信が含まれ、ウェブサイトの場合には、HTML、CSS、JavaScript等の言語で記述されたウェブサイトを構成するソースコードのうち上記仕組みを実現する部分（上記仕組みを実現するHTML要素をDOMの中に生成するJavaScriptコード等を含む。）など、アプリケーションの場合には、アプリケーションに埋め込まれている情報収集モジュール等の情報送信機能の起動の契機となるプログラム等の送信などである。

4）　総務省総合通信基盤局・前掲脚注3）2頁

◇　情報送信機能：

利用者の電気通信設備（端末設備）に記録された当該利用者に関する情報を当該利用者以外の者の電気通信設備に送信する機能をいう。

◇　利用者の電気通信設備（端末設備）：

利用者が電気通信役務を利用するために使用している電気通信設備であり、パーソナルコンピュータ、携帯電話、スマートフォン、タブレット等の電気通信設備（端末設備）が含まれる。

◇　利用者に関する情報：

利用者の電気通信設備（端末設備）に記録されている情報であり、Cookieに保存されたIDや広告ID等の識別符号、利用者が閲覧したウェブページのURL等の利用者の行動に関する情報、利用者の氏名等、利用者以外の者の連絡先情報等が含まれる。端末設備に保存されているソフトウェア、アプリケーションに記録・保存されている情報を含む[5]。

◇　利用者以外の者の電気通信設備：

利用者が電気通信役務を利用する際に通信の相手方となっている者の電気通信設備であり、利用者がウェブサイトの閲覧やアプリケーションの利用を行う際に（利用者が認識しているかを問わず）通信の相手方となっている第三者のサーバだけでなく、当該電気通信役務を提供する電気通信事業者（ウェブサイトの運営者やアプリケーションの提供者）のサーバも含まれる。

4　法規制の適用関係

(1)　法および電気通信事業GLの規律対象となるか合かの基準
　　　——「電気通信事業」

そもそも「電気通信事業」に該当しなければ、法および電気通信事業GLの適用はない。「電気通信事業」は、「①電気通信役務を②他人の需要に応ずるために提供する③事業」（法2条4号）という3つの要素から構成

5）　総務省「『電気通信事業における個人情報保護に関するガイドラインの解説の改正案』に対する意見募集において提出された御意見及び考え方」（2023年5月）

される。

　(ⅰ)　「電気通信役務」(①)

　「電気通信役務」とは、上記3のとおり、電気通信設備を用いて他人の通信を媒介し、その他電気通信設備を他人の通信の用に供することをいう（法2条3号）。他人の通信を媒介する形態に限られず、およそ電気通信設備を「他人の通信の用」に供することは電気通信役務に該当する点に注意を要する（図表Ⅰ-2参照）。

　「電気通信設備」に関しては、自らが所有するものでなくても、利用する（または利用させる）権限を有するもの（例えば、レンタルサーバの利用）も含まれることに注意を要する。

　「電気通信設備を用いて」とは、クラウドコンピューティング等の技術を利用するなど、サーバ等の物理的な設備を設置しなくても、実質的に物理的な設備を設置した場合と同等の機能を有する場合を含む。

　「他人の通信」は、法令上定義されていないものの、重要な用語である。「自己の通信以外の通信」と広く定義されており、他人同士の通信のみならず、「自己と他人との間の通信」も「他人の通信」に含まれる[6]。

　「他人の通信を媒介」するとは、他人の依頼を受けて、情報をその内容

〔図表Ⅰ-2〕

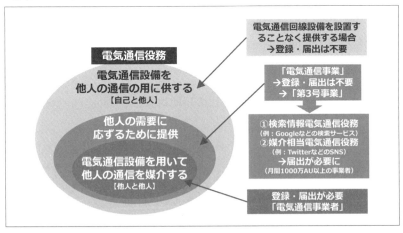

6）　参入マニュアル10頁

を変更することなく、伝送・交換し、隔地者間の通信を取次、または仲介してそれを完成させることをいう。「その内容を変更することなく」とは、情報の本質的な内容の改変を行わないことを意味し、フォーマット変更、メディア変換、メールヘッダーへの配送情報の追加等、外形的・形式的に改変することは、これに該当しない[7]。

「他人の通信の用に供する」とは、広く電気通信設備（光ファイバ、携帯電話の基地局等の電気通信回線設備のほか、サーバや端末機器等を含む。）を他人の通信のために運用することが含まれ、例えば、企業等が自ら運用するサーバ等の電気通信設備を用いて利用者との間で通信（電子メールの送受信やコーポレートサイトの提供等）を行う場合が含まれる[8]。

(ii) 「他人の需要に応ずるため」（②）

「他人の需要に応ずるため」とは、他人の需要に応ずるために電気通信役務を提供することをいい、電気通信事業以外の事業を行う者がその本来業務の遂行に当たって電気通信役務を提供する場合や、電気通信役務の提供を前提としない本来業務の遂行手段として電気通信役務が活用される場合は、電気通信役務が「自己の需要」のために提供されているとして、これに該当しない。

〈電気通信役務が「自己の需要」のために提供されている事例〉

- 個人や企業等が専ら自己の情報発信のためにホームページを開設すること
- 自己のメールアドレスのためにメールサーバを運用すること
- 自社の商品やサービスのオンライン販売を行うこと（オンラインニュースや映像配信など、電気通信役務の提供（情報の送信）を前提としている場合を除く）

(iii) 「事業」（③）

「事業」とは、主体的・積極的意思、目的をもって同種の行為を反復継続的に遂行することをいい、積極的意思の有無は、提供条件の公示等客観

---

[7] 参入マニュアル2頁
[8] 参入マニュアル2頁

的に判断される。非常事態時に緊急、臨時的に提供するもの、一時的に提供するもの、提供者が利用者の法的権利に応えて提供するもの、および電気通信役務以外のサービスに付随して電気通信役務を提供するものは除かれる。

〈事業に該当しない事例〉

> ・　非常災害発生時における緊急通信のための電気通信設備の利用
> ・　ホテルの宿泊サービスの一環として提供される電話やインターネットサービス

(2) 法の規律対象となるか否かの基準――「営む」

　上述した電気通信事業を行っているに留まらず、営んでいることになる場合は、電気通信事業GLに加えて電気通信事業法の規制を受けることになる。

　「営む」とは、電気通信事業自体で利益を得ようとすることをいい、電気通信役務を反復継続して提供して、その対価として料金を徴収すること（このとき、現実に利益が上がるか否かは問わない。）のほか、例えば広告収入を得るなどして実質的に電気通信役務の提供により利益を上げているとみなされるときには、「営む」に該当する。

　それゆえ、営利法人が電気通信役務の提供を行う場合でも、例えば自己の社員や社宅、グループ企業等に対して電気通信役務を提供する場合等、無償・原価ベースでこれを提供する場合は電気通信事業を「営む」ことに該当しないのに対して、公益法人や非営利団体であっても、原価を償って多少利益が出る程度の有償性をもって電気通信役務を提供する場合は、電気通信事業を「営む」ことに該当する。[9]

　実務的には、ウェブサイト等は「営む」の要件により、電気通信事業法の規制を免れるケースが多い。例えば、企業グループのコーポレートサイトにグループ企業の情報が掲載されている場合、他人需要か自己需要かが微妙なケースが出てくる。しかしながら、そのコーポレートサイト自体で

---

[9]　参入マニュアル12頁

利益を得ようとしていなければ、電気通信事業法の規制はかからないことになるのである。

(3) 法に基づく登録または届出の対象となるか否かの基準 ——適用除外

電気通信事業を営む者は、原則として、総務大臣の登録を受け、または総務大臣への届出を行う必要があるが（法9条、16条）、法164条1項各号が定める「電気通信事業」については、電気通信事業法が適用されないため、登録または届出の対象とならない。

> （適用除外等）
> 第164条　この法律の規定は、次に掲げる電気通信事業については、適用しない。
> 一　専ら一の者に電気通信役務（当該一の者が電気通信事業者であるときは、当該一の者の電気通信事業の用に供する電気通信役務を除く。）を提供する電気通信事業
> 二　その一の部分の設置の場所が他の部分の設置の場所と同一の構内（これに準ずる区域内を含む。）または同一の建物内である電気通信設備その他総務省令で定める基準に満たない規模の電気通信設備により電気通信役務を提供する電気通信事業
> 三　電気通信設備を用いて他人の通信を媒介する電気通信役務以外の電気通信役務であり、かつ以下に該当しない電気通信役務を、電気通信回線設備を設置することなく提供する電気通信事業
> ①　ドメイン名電気通信役務
> ②　検索情報電気通信役務
> ③　媒介相当電気通信役務
> ［2項以下略］

このうち、法164条1項3号に定める事業を「第3号事業」という（法2条7号イ）。

第3号事業の具体例は、以下のとおりである[10]。

- IoTサービス（物品位置管理、混雑状況検知システム等）
- Webサーバ等用のサーバ貸与（レンタルサーバ、VPS、PaaS）

---

10) 参入マニュアル20頁～32頁

- オンラインストレージ
- ファイル共有サービス／ファイル転送サービス（利用者間のメッセージ機能を提供していないものに限る）
- ソフトウェアのオンライン提供（SaaS、ASP）（サービスの一部としてメッセージの媒介機能を提供していないものに限る）
- 各種情報のオンライン提供
- Webサイトのオンライン検索（前年度の月間アクティブ利用者数の平均が1,000万以下であるか、特定分野に限定したサービスに限る）
- ECモール／ネットオークション／フリマアプリの運営（サービスの一部としてメッセージの媒介機能を提供していないものに限る）
- SNS／動画共有プラットフォーム／ブログプラットフォーム（前年度の月間アクティブ利用者数の平均が1,000万以下であるか、サービスの一部としてメッセージの媒介機能を提供していないものに限る）
- 電子掲示板（前年度の月間アクティブ利用者数の平均が1,000万以下であるか、サービスの一部としてメッセージの媒介機能を提供していないものに限る）
- オープン・チャット（前年度の月間アクティブ利用者数の平均が1,000万以下であるか、サービスの一部としてメッセージの媒介機能を提供していないものに限る）
- 電子メールマガジンの配信

(4) 法に基づく登録の対象となるか否かの基準
——電気通信回線設備の有無および規模

　電気通信事業法上の届出に留まらず、登録が必要となる基準は、図表1-3のとおりである。電気通信事業法上、登録・届出の要否や規制の有無を判断するためのフローは、図表1-4のとおりである。

　登録が必要となる事業者が登録を行わず電気通信事業を営む場合には、3年以下の懲役もしくは200万円以下の罰金の対象となり、またはこれらが併科される（法177条）。届出が必要となる事業者が届出を行わず電気通信事業を営む場合には、6ヶ月以下の懲役または50万円以下の罰金の対象となる（法185条）。

〔図表I-3〕

電気通信回線設備		必要となる手続
設置の有無	規模	
あり	① 以下のいずれかの基準に該当する場合 　ⓐ 端末系伝送路設備の設置区域が一の市町村（特別区、地方自治法の指定都市の区・総合区を含む）を超える場合 　ⓑ 中継系伝送路設備の設置区間が、一の都道府県の区域を超える場合	登録
	② ①に該当しない電気通信回線設備 （例）同一市区町村内におけるCATVアクセスサービス	届出
なし	① 電気通信設備を用いて他人の通信を媒介する電気通信役務 （提供先が1人/1社に限られている場合、同一構内/同一建物内に設置した電気通信設備により提供する場合、または線路のこう長の総延長が5km未満の場合を除く。） ② ドメイン名電気通信役務 ③ 検索情報電気通信役務（総務大臣が指定する者[11]に限る。） ④ 媒介相当電気通信役務（総務大臣が指定する者[12]に限る。）	届出

〔図表I-4〕

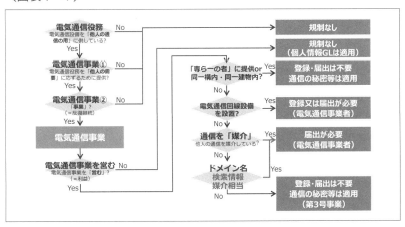

5　通信の秘密

(1)　規制対象

　法4条の通信の秘密の名宛人は、全ての者である。すなわち、何人であっても、電気通信事業者の取扱中にかかる通信について通信の秘密を侵してはならないとされている。

　対象となる「電気通信事業者の取扱中にかかる」には、電気通信事業法上の電気通信事業者の取扱いに係る通信だけではなく、登録または届出をしていない電気通信事業を営む者の取扱いに係る通信も含まれる。

　法164条1項各号に定める電気通信事業については、「この法律の規定は……適用しない」（法164条1項柱書）との例外により、登録または届出は不要であるとされているが、かかる例外の例外として、「第1項の規定にかかわらず、第3条及び第4条の規定は同項各号に掲げる電気通信事業を営む者の取扱中に係る通信について、……適用する」（法164条3項）と定められているためである。以上は、法3条の検閲の禁止についても同様である。

(2)　規制内容

　電気通信事業者の取扱中に係る通信の秘密は、侵してはならない（法4条）。

　なお、電気通信事業者（＝登録または届出をした者）は、通信の秘密の漏えい（他人が知り得る状態にしておくこと）が発生した場合には、その旨をその理由または原因とともに、遅滞なく総務大臣へ報告しなければならない（法28条1項2号イ）。自らの意図に基づいて通信の秘密を他人が知り得る状態に置く場合も「漏えい」に該当することには注意を要する。

---

11)　マイクロソフト・コーポレーション、Google LLC、LINEヤフー株式会社の3社。令和5年総務省告示第347号（https://www.soumu.go.jp/main_content/000904703.pdf）

12)　Google LLC、LINEヤフー株式会社、Meta Platforms, Inc.、TikTok Pte. Ltd.、X Corp.の5社（前掲注11)）

(i)　「電気通信事業者の取扱中に係る通信」[13]

　「電気通信事業者の取扱中」とは、発信者が通信を発した時点から受信者がその通信を受ける時点までの間をいい、電気通信事業者の管理支配下にある状態のものを指す。「取扱中に係る通信」とは、情報の伝達行為が終了した後も、その情報は保護の対象となるという趣旨である。したがって、通信終了後にも電気通信事業者が保管している通信内容に関する記録（通信記録、交換証、頼信紙等）も保護の対象となる。

　(ii)　「通信の秘密」[14]

　「秘密」とは、一般に知られていない事実であって、他人に知られていないことにつき本人が相当の利益を有すると認められる事実をいう。電話や電子メール等の特定者間の通信はひとまず秘密性が推定されるのに対し、電子掲示板やホームページに掲載された情報など不特定者に向けて表示されることを目的とした通信の内容は、発信者がそれ自体を秘密としていないと解すべきであり、保護の対象外である。

　「通信の秘密」の範囲は、通信内容はもちろん、通信の日時、場所、通信当事者の氏名、住所・居所、電話番号等の当事者の識別符号、通信回数等これらの事項を知られることによって通信の意味内容が推知されるような事項全てを含む。通話履歴や位置情報もこれに当たる。また、通信に関する情報であれば、通信の秘密に属する事項が個人の情報であるか、法人その他の団体の情報であるかの区別なく保護される[15]点が、個人情報保護法の対象との違いであり、通信当事者の死亡後であっても保護の対象となる[16]。

　(iii)　「侵してはならない」[17]

　「秘密を侵す」とは、一般に故意をもって他人の秘密を暴くことであり、一定の範囲にとどまっている秘密たる事実をその範囲の外に出るようにすることである。

---

13)　電気通信事業法研究会編著『電気通信事業法逐条解説〔再訂増補版〕』（一般社団法人情報通信振興会、2024年）74頁～75頁
14)　電気通信事業法研究会編著・前掲注13）77頁～79頁
15)　電気通信事業 GL 解説14頁
16)　電気通信事業 GL 解説19頁
17)　総務省・前掲注5）36頁～38頁

「通信の秘密を侵す」には、①知得（通信当事者以外の第三者が積極的意思をもって知ろうとすること。）、②漏えい（他人が知り得る状態にしておくこと）、③窃用（本人の意思に反して自己または他人の利益のために用いること）が該当する。

知得について、電気通信事業者の従事者が業務上の必要から行う知得行為や捜査機関等が職務上適法に行う知得行為は正当行為として違法性が阻却される。

漏えいまたは窃用について、事故や犯罪等本人に責任のない事由により漏えいすることは、故意がないため「通信の秘密を侵す」ことにはならないが、「通信の秘密の漏えい」（法28条1項2号イ）には該当する[18]。また、通信当事者の承諾がある場合の漏えいまたは窃用は違法性が阻却され、法4条には反しないと考えられるが、相手方にとっては通信当事者限りで秘密とすべき通信である場合など、両者の承諾が必要となる場合がある。

なお、外国政府により、情報収集活動への協力義務を課す制度に基づき、通信の秘密が取得された場合、通常、違法性阻却事由は認められず、当事者の同意を得ていない場合は、通信の秘密の漏えいに該当する[19]。

(3) 行政処分・罰則等

電気通信事業を営む者の取扱中に係る通信の秘密を侵した場合、2年以下の懲役または100万円以下の罰金の対象となる（法179条1項）。また、電気通信事業に従事する者が通信の秘密を侵した場合は、3年以下の懲役または200万円以下の罰金に処するとされている（同条2項）。いずれの場合も未遂であっても処罰の対象となる（同条3項）。

また、電気通信事業者が、通信の秘密の漏えいが発生したにもかかわらず総務大臣への報告を行わず、または虚偽の報告をした場合には、30万円以下の罰金の対象となる（法188条6号）。両罰規定により法人も罰金の対象となる（法190条2号）。

電気通信事業者の業務の方法に関して通信の秘密の確保に支障があると

---

18) 電気通信事業法研究会編著・前掲注13）80頁
19) 電気通信事業法GL解説246頁

認められる場合、総務大臣による業務改善命令の対象となる（法29条1項1号）。当該業務改善命令の発動に係る指針として「通信の秘密の確保に支障があるときの業務の改善命令の発動に係る指針」[20]が定められている。総務大臣が業務改善命令を行う場合には、電気通信紛争処理委員会へ諮問がなされ（法160条2号）、委員会の委員を主宰者とする聴聞が行われる（法161条1項・2項）。当該業務改善命令に違反した電気通信事業者は、200万円以下の罰金の対象となる（法186条3号）。両罰規定により法人も罰金の対象となる（法190条2号）。

6 「特定利用者情報」の取扱いに関する規制

(1) 規制対象

電気通信事業法上の電気通信事業者のうち、内容、利用者の範囲および利用状況を勘案して利用者の利益に及ぼす影響が大きいものとして総務省令（施行規則22条の2の20）で定める電気通信役務を提供しており、かつ、総務大臣が指定した事業者（以下、本Ⅰにおいて「指定電気通信事業者」という。）が適用対象となる（法27条の5）。

対象となる電気通信役務は、提供開始時に対価としての料金の支払いを要しない（無償）電気通信役務の場合は、前年度の月間アクティブユーザ数の平均が1,000万以上であるもの、提供開始時に対価としての料金の支払いを要する（有償）電気通信役務の場合は、前年度の月間アクティブユーザ数の平均が500万以上のものをいう。2023年12月18日付け総務省告示416号により、以下の19の事業者が指定されている（逆にいえば、これ以外の企業には直接関係がない規制ということになる）。

① iTunes 株式会社
② X Corp.
③ エヌ・ティ・ティ・コミュニケーションズ株式会社
④ 株式会社 NTT ドコモ
⑤ エヌ・ティ・ティ・ブロードバンドプラットフォーム株式会社
⑥ Google LLC
⑦ KDDI 株式会社

---

20) https://www.soumu.go.jp/main_content/000734725.pdf

⑧　ソフトバンク株式会社
⑨　TikTok Pte. Ltd.
⑩　西日本電信電話株式会社
⑪　東日本電信電話株式会社
⑫　マイクロソフト・コーポレーション
⑬　Meta Platforms, Inc.
⑭　UQコミュニケーションズ株式会社
⑮　LINEヤフー株式会社
⑯　楽天グループ株式会社
⑰　楽天モバイル株式会社
⑱　株式会社ワイヤ・アンド・ワイヤレス
⑲　Wireless City Planning株式会社

(2)　規制内容

指定電気通信事業者は以下の義務を負う（法27条の6～27条の11）。

- ・　情報取扱規程の整備・届出をする義務（指定日から3ヶ月以内）
- ・　情報取扱方針を策定・公表する義務（指定日から3ヶ月以内）
- ・　特定利用者情報の取扱いに関する自己評価を実施する義務（毎事業年度）
- ・　特定利用者情報統括管理者を選任し、遅滞なく総務大臣に届け出る義務（指定日から3ヶ月以内）
- ・　利用者の利益の保護に関し、特定利用者情報統括管理者の意見を尊重する義務

また、指定電気通信事業者は、電気通信業務に関し、通信の秘密に関する情報を除く特定利用者情報の漏えいが生じたときは、その旨を理由または原因とともに、遅滞なく総務大臣に報告する必要がある（法28条1項2号ロ）。

(3)　行政処分・罰則等

指定電気通信事業者が、通信の秘密の漏えいが発生したにもかかわらず総務大臣への報告を行わず、または虚偽の報告をした場合には、30万円以下の罰金の対象となる（法188条6号）。両罰規定により法人も罰金の対象となる（法190条2号）。

7 外部送信規律

(1) 規制対象
(i) 対象となる者

電気通信事業者または第三号事業を営む者のうち、内容、利用者の範囲および利用状況を勘案して利用者の利益に及ぼす影響が少なくないものとして総務省令（施行規則22条の2の27）で定める電気通信役務（以下、本Ⅰにおいて「対象役務」という。）を提供する者（以下、本Ⅰにおいて「対象事業者」という。）が対象である（法27条の12）。

対象役務は、図表Ⅰ-5に示す①から④までに該当する電気通信役務であって、ブラウザその他のソフトウェア（利用者が使用するパソコン、携帯電話端末またはこれらに類する端末機器においてオペレーションシステムを通じて実行されるものに限る。）を通じて提供されるものが該当する。

〔図表Ⅰ-5〕

電気通信役務	例
①　他人の通信を媒介する電気通信役務	メールサービス、ダイレクトメッセージサービス、参加者を限定した（宛先を指定した）会議が可能なウェブ会議システム等
②ⓐ　その記録媒体に情報を記録し、これにより当該記録媒体に記録された情報を不特定の利用者の求めに応じて送信する機能を有する電気通信設備を他人の通信の用に供する電気通信役務 　ⓑ　その送信装置に情報を入力する電気通信を利用者から受信し、当該送信装置に入力された情報を不特定の利用者の求めに応じて送信する機能を有する電気通信設備を他人の通信の用に供する電気通信役務	ⓐ　SNS、電子掲示版、動画共有サービス、オンラインショッピングモール、シェアリングサービス、マッチングサービス等 ⓑ　ライブストリーミングサービス、オンラインゲーム等

③　入力された検索情報に対応して、当該検索情報が記録された全てのウェブページのドメイン名その他の所在に関する情報を出力する機能を有する電気通信設備を他人の通信の用に供する電気通信役務	オンライン検索サービス等
④　①～③のほか、不特定の利用者の求めに応じて情報を送信する機能を有する電気通信設備を他人の通信の用に供する電気通信役務であって、不特定の利用者による情報の閲覧に供することを目的とするもの	ニュースや気象情報等の配信を行うウェブサイトやアプリケーション、動画配信サービス、オンライン地図サービス等

　「不特定の利用者」には、アカウント登録や利用料の支払をすれば誰でも受信（閲覧）できる場合も含まれるが、閉域網で提供される社内システムなどは、審査等により利用者が限定されるため、「不特定の利用者」に該当しない[21]。

　(ii)　対象となる場面

　対象事業者が、「利用者に対し電気通信役務を提供する際に、当該利用者の電気通信設備を送信先とする情報送信指令通信……を行おうとするとき」に外部送信規律の適用を受ける。

　典型的には、ウェブサイトは、ユーザのパソコンやスマートフォンのブラウザ内に、IDなどの識別子を保存する（「Cookie」）。このようにユーザのパソコンやスマートフォンに保存されたCookieなどを、ウェブサーバが指令して自らに送信させることでアクセスしているユーザのIDを取得したり、別のサーバに送信させることでターゲティング広告を行ったりする（図表1-6参照）。このように、ユーザのパソコンやスマートフォン（＝「利用者の電気通信設備」）に対し、Cookieなどを送信させる指令（＝「情報送信指令」）を送ることを「情報送信指令通信」といい、これを行う際に、外部送信規律の規制を受け得ることになるのである。

　対象事業者が対象役務以外の電気通信役務を提供する場合は、外部送信規律の適用はない[22]。利用者の電気通信設備および情報送信指令通信、な

---

21)　電気通信事業GL解説253頁
22)　経済産業省ウェブサイト「外部送信規律」FAQ問1-10

〔図表Ⅰ-6〕

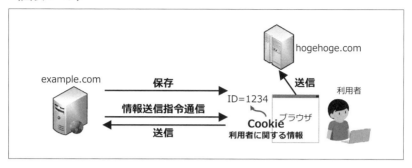

らびにこれらに関係する情報送信機能、利用者に関する情報の定義については、上記3を参照のこと。送信先に送信された後、送信先から当該情報送信指令通信を行った電気通信事業者に提供する場合や、送信先からさらに別の者に提供される場合等は、いずれも送信先が当該情報を取得した後に第三者（当該情報送信指令通信を行った電気通信事業者も含む。）に提供するものであるため、本規律の対象ではない。外部送信規律には、個人情報保護法27条5項のような例外規定はないため、利用者に関する情報の取扱いの委託に伴って委託先の第三者に対して利用者に関する情報が送信される場合であっても対象となる。[23]

(iii) 適用除外となる情報

上記(i)および(ii)を満たす場合であっても、対象事業者が情報送信指令通信によって外部送信させようとする情報が図表Ⅰ-7に該当する場合には、外部送信規律の適用はない（法27条の12第1号～4号）

---

23) 電気通信事業 GL 解説251頁

〔図表 I - 7〕

適用除外となる情報	例
① 利用者が電気通信役務を利用する際に送信をすることが必要なものとして総務省令（施行規則22条の2の30）で定める情報	
ⓐ 当該電気通信役務において送信する符号、音響または影像を当該利用者の電気通信設備の映像面に適正に表示するために必要な情報その他当該電気通信役務の提供のために真に必要な情報	利用者の電気通信設備（端末設備）のOS情報、画面設定情報、言語設定情報、ブラウザ情報等
ⓑ 当該利用者が当該電気通信役務を利用する際に入力した情報を当該利用者の電気通信設備の映像面に再表示するために必要な情報	利用者がオンラインショッピングモールにアクセスして特定の品物を買い物かごに入れた後、時間を置いて再度アクセスした際に、当該品物を買い物かごに入った状態で再表示するために必要な情報等
ⓒ 当該利用者が当該電気通信役務を利用する際に入力した認証に関する情報を当該利用者の電気通信設備の映像面に再表示するために必要な情報	IDやパスワードを再表示するために必要な情報
ⓓ 当該電気通信役務に対する不正な行為の検知等を行い、または当該不正な行為による被害の軽減等を図るために必要な情報	当該電気通信役務のセキュリティ対策に必要な情報
ⓔ 当該電気通信役務の提供に係る電気通信設備の負荷を軽減させるために必要な情報その他の当該電気通信設備の適切な運用のために必要な情報	負荷分散（ロードバランシング）等の措置に当たり必要な情報等
② 当該電気通信事業者が当該利用者に対し当該電気通信役務を提供した際に当該利用者の電気通信設備に送信した識別符号であって、当該情報送信指令通信が起動させる情報送信機能により当該電気通信事業者の電気通信設備を送信先として送信されることとなる情報	First Party Cookieに保存されたID等をFirst Partyのサーバに送信する場合

③ 情報送信指令通信が起動させる情報送信機能により送信先の電気通信設備に送信されることについて利用者が同意している情報	下記7(2)(ii)参照
④ 総務省令（施行規則22条の2の31）で定める事項が利用者の容易に知り得る状態に置かれた上で、利用者がオプトアウト措置の適用を求めていない情報	下記7(2)(iii)参照

(2) 規制内容

外部送信規律の適用を受ける場合、以下の(i)〜(iii)のいずれかを行う必要がある。実務的には、(ii)または(iii)を行う前提として(i)に相当する説明をしなければならないため、(i)の対応で済ませている事業者が圧倒的多数である。

(i) 通知等

外部送信規律の適用を受ける場合、総務省令（施行規則22条の2の29）で定める事項を、あらかじめ、総務省令（施行規則22条の2の28）で定めるところにより事前に利用者に通知し、または利用者が容易に知り得る状態に置く（以下、本Iにおいて「通知等」という。）必要がある（法27条の12）。

総務省令（施行規則22条の2の29）が定める、利用者に対して情報送信指令通信ごとに通知等する必要がある事項は、以下のとおりである。

① 送信されることとなる利用者に関する情報の内容
② ①の利用者に関する情報を取り扱うこととなる者の氏名または名称
③ ①の情報の利用目的

③の「利用目的」については、情報送信指令通信を行う電気通信事業者における利用目的と、利用者に関する情報の送信先となる者における利用目的の双方を記載する必要があることに注意が必要である。

また、総務省令（施行規則22条の2の28）が定める、通知等の方法は、以下のとおりである。

第1章　一般的に適用される法令

> ［共通事項］
> ① 日本語を用い、専門用語を避け、および平易な表現を用いること
> ② 利用者の端末において、画面を拡大・縮小する等の追加的な操作を行うことなく、文字が適切な大きさで表示されるようにすること
> ③ ①・②に掲げるもののほか、利用者が各事項について容易に確認できるようにすること
>
> ［通知の方法］以下のいずれか
> ① ポップアップ等により、即時通知（ジャストインタイム通知）を行うこと（ポップアップ等で一部のみを表示する場合には、残りの部分を掲載した画面に容易に到達できるようにする。）
> ② ①と同等以上に利用者が容易に認識できるような方法を用いること
>
> ［利用者が容易に知り得る状態に置く方法］以下のいずれか
> ① ウェブサイトから利用するサービスにおいては、情報送信指令通信を行うウェブページまたは当該ウェブページから容易に到達できるウェブページにおいて、表示すること
>   例：情報送信指令通信を行うウェブページから1回程度の操作で到達できる遷移先のウェブページに当該事項が表示されており、かつ、情報送信指令通信を行うウェブページにおいて、当該遷移先のウェブページに当該事項の表示があることが利用者にとって理解できる形でリンクが配置されている
> ② アプリから利用するサービスにおいては、アプリ利用時に最初に表示される画面または当該画面から容易に到達できる画面において、表示すること
> ③ ①・②と同等以上に利用者が容易に認識できるような方法を用いること

(ii) 適用除外1——同意取得[24]

　上記のとおり、情報送信指令通信が起動させる情報送信機能により送信先の電気通信設備に送信されることについて利用者が同意している情報については、外部送信規律の適用除外となる（法27条の12第3号）。

　同意は、電気通信事業GL解説において、利用者に適切な通知等を行った上で、適切な方法により取得する必要があるとされる[25]。通知方法につ

24）電気通信事業GL解説265頁〜266頁
25）電気通信事業GL解説265頁

いては、同意の対象となる情報の内容および情報の送信先等について、利用者が容易かつ適時に確認できることが必要であり、上記(i)に従って、通知等すべき事項を通知等すべき方法により通知等した上で同意を取得することが望ましく、同意の取得方法に関しては、利用者の具体的かつ能動的な同意を取得することが必要であり、情報送信指令通信ごとに同意を取得することが望ましい。また、同意するためのチェックボックス等にあらかじめチェックを付しておく方法（デフォルト・オン）等、利用者が能動的に同意を行ったとはいえないような方法は避けるべきであるとされる。

　(iii)　**適用除外２──オプトアウト**[26]

　上述のとおり、総務省令（施行規則22条の２の31）で定める事項が利用者の容易に知り得る状態に置かれた上で、利用者がオプトアウト措置の適用を求めていない情報についても、外部送信規律の適用除外となる（法27条の12第４号）。

　利用者の容易に知り得る状態に置かれる必要がある事項は、以下のとおりである。

---

①　オプトアウトの措置を講じている旨
②　オプトアウト措置が、利用者に関する情報の送信と送信された利用者に関する情報の利用のいずれを停止するかの別
③　オプトアウトの措置に係る利用者の求めを受け付ける方法（利用者が求めを行う連絡先（事業者名、送信先メールアドレス等。当該電気通信事業者が外国に本拠地を置く場合においては国内代理人の氏名、連絡先等。）を含む
④　利用者がオプトアウト措置の適用を求めた場合において、当該電気通信役務の利用が制限されることとなるときは、その内容
⑤　情報送信指令通信が起動させる情報送信機能により送信されることとなる利用者に関する情報（上記図表Ⅰ-７の①・②の情報を除く）の内容
⑥　送信先の氏名または名称
⑦　上記⑤の情報の利用目的

　利用者の容易に知り得る状態に置く方法については、上記(i)の通知等の方法に準じることが望ましいとされる[27]。

---

26)　電気通信事業GL解説266頁～269頁

(3) 行政処分・罰則等

対象事業者が本規律に違反した場合、総務大臣による業務改善命令の対象となる（法29条2項1号・4号）。

8 電気通信事業GLにおける個人情報の取扱いに関する主な規制

(1) 規制のポイント

電気通信事業GLは、電気通信事業者による個人情報の適正な取扱いに関して具体的な指針を示したものであり、電気通信事業GLにおいて特に定めのない部分については、GL通則編等の共通GLが適用される。

電気通信事業GLの規定のうち、「しなければならない」、「してはならない」と記述されている事項は、それに従わないと個人情報保護法および電気通信事業法の規定違反として判断され得る。これに対して、その他の、「適切である」、「努めなければならない」および「望ましい」と記載されている規定については、その規定に従わないことをもって直ちに個人情報保護法または電気通信事業法違反と判断されることはないが、電気通信事業者の特性や規模に応じて可能な限り遵守に努めることが求められている。

なお、電気通信事業GLの適用を受ける「電気通信事業者」とは、電気通信事業法2条5号が定める電気通信事業者（＝登録または届出をした者）よりも広く、「電気通信事業（電気通信事業法2条4号に定める電気通信事業をいう。）を行う者」（電気通信事業GL 3条1号）とされていることは上述したとおりであり、注意が必要である。

(2) 用語の定義・概念

本Ⅰにおける用語の定義および概念は以下のとおりである。

◇ 通信履歴：
　利用者が電気通信を利用した日時、当該電気通信の相手方その他の利

---

27) 電気通信事業GL解説269頁

用者の電気通信に係る情報であって当該電気通信の内容以外のものをいう。
◇　利用明細：
　利用者が電気通信を利用した日時、当該電気通信の着信先、これらに対応した課金情報その他利用者の当該電気通信の利用に関する情報を記載した書面をいう。
◇　発信者情報：
　発信電話番号、発信者の位置を示す情報等発信者に関する情報をいう。
◇　発信者情報通知サービス：
　発信者情報を受信者に通知する電話サービスをいう。
◇　位置情報：
　移動体端末を所持する者の位置を示す情報であって、発信者情報でないものをいう。
◇　移動体端末：
　広く電波等を用いて通信を行うために用いられる端末をいう。
◇　不払い者等情報：
　支払期日が経過したにもかかわらず電気通信役務に係る料金を支払わない者または携帯音声通信事業者による契約者等の本人確認等及び携帯音声通信役務の不正な利用の防止に関する法律11条各号に該当する場合における携帯音声通信役務等の提供に関する契約に係る名義人の氏名、住所、不払い額、電話番号その他の当該者または当該名義人に関する情報をいう。
◇　加入者情報：
　一時に多数の者に対し、特定電子メール法（後記Ⅴ参照）の規定に違反する電子メールの送信その他の電子メールの送受信上の支障を生じさせるおそれのある電子メールの送信をしたことを理由として、電気通信事業者が利用停止措置を講じ、または契約を解除した加入者の氏名、住所その他の当該加入者に関する情報をいう。
◇　電話番号情報：
　電気通信事業者が電話加入契約締結に伴い知り得た加入者名または加

入者が電話帳への掲載、電話番号の案内を希望する名称およびこれに対応した電話番号その他の加入者に関する情報をいう。

(3) 「本人の同意」

GL通則編と同様に、本人の個人情報が、個人情報取扱事業者によって示された取扱方法で取り扱われることを承諾する旨の当該本人の意思表示をいう。個別の同意がある場合だけではなく、同意の対象となる規定がある電気通信役務の提供に関する契約約款に基づいて電気通信役務の提供に関する契約を締結し、かつ当該規定が私法上有効であるときも、「本人の同意」があるとされる。

もっとも、通信の秘密に該当する個人情報の取扱いに関しては、原則として通信当事者の個別具体的かつ明確な同意が必要であり、契約約款による包括的な同意のみでは有効な同意を得たことにならないとされるため注意が必要である。なお、同意の取得に関しては、総務省から「同意取得の在り方に関する参照文書」[28]が公表されている。

(4) 利用目的の特定

個人情報取扱事業者は、個人情報の利用目的をできる限り特定しなければならない（個情法17条1項）とされているところ、電気通信事業者は、そのように特定した利用目的が、「電気通信サービスを提供するため必要な範囲」を超えないよう努めなければならない（電気通信事業GL4条3項）。

「電気通信サービスを提供するために必要な範囲」には、現在提供している電気通信サービスのために直接必要な範囲に限られず、それと関連性を有するもの（例えば、新サービス提供のためのアンケート調査等）も含まれる。電気通信サービスを提供するために必要な範囲を超えた利用目的を定める場合は、当該利用目的のために利用することについて本人の同意を得ることが適切である[29]。

---

28) 電気通信事業GL解説43頁
29) 電気通信事業GL解説50頁～51頁

(5) 取得の制限

個人情報取扱事業者は、偽りその他不正の手段により個人情報を取得してはならない（個情法20条1項）ところ、電気通信事業者は、個人情報の取得を、電気通信サービスを提供するため必要な場合に限るよう努めなければならない（電気通信事業GL7条）。

また、電気通信事業者は、利用者の同意がある場合その他の違法性阻却事由がある場合を除き、通信の秘密に係る個人情報を取得してはならない（同GL8条3項）。

(6) 保存期間等

個人情報取扱事業者は、利用する必要がなくなったときは、個人データを遅滞なく消去するよう努めるとされている（個情法22条）。

電気通信事業者の場合、通信の秘密に係る個人情報については、利用者の同意がある場合その他の違法性阻却事由がある場合を除いて、通信の秘密に係る個人情報を保存してはならず、保存が許される場合でも、利用目的の達成後は速やかに消去しなければならない（電気通信事業GL11条2項）。これに対して、個人データ（通信の秘密に係るものを除く。）については、利用目的に必要な範囲内で保存期間を定め、当該保存期間経過後また拝領する必要がなくなったときは、法令の規定に基づき保存しなければならないときなどの例外を除き、原則として、遅滞なく消去するよう努めなければならない（同条1項）。

(7) 個人情報保護管理者

電気通信事業者は、当該電気通信事業者の個人データ等の適正な取扱いの確保について必要な権限を有する役員などの組織横断的に監督することのできる者（個人情報保護管理者）を置いて、電気通信事業GLを遵守するための内部規定の作成、監査体制の整備および当該電気通信事業者の個人データ等の取扱いの監督等を行わせるよう努めなければならない（電気通信事業GL14条）。

(8) プライバシーポリシー

電気通信事業者は、次の10項目について定め、利用者に分かりやすく示したプライバシーポリシーを公表することが適切である（電気通信事業GL 15条1項・2項）。

> ① 電気通信事業者の氏名または名称
> ② 取得される情報の項目
> ③ 取得方法
> ④ 利用目的の特定・明示
> ⑤ 通知・公表または同意取得の方法および利用者関与の方法
> ⑥ 第三者提供の有無
> ⑦ 問合せ窓口・苦情の申出先
> ⑧ プライバシーポリシーの変更を行う場合の手続
> ⑨ 利用者の選択の機会の内容、データポータビリティに係る事項
> ⑩ 委託に関する事項

電気通信事業GL解説の3-5-1において、プライバシーポリシーに記載すべきと考えられる事項が挙げられている[30]。

また、電気通信事業者がアプリケーションソフトウェア（以下、本Ⅰにおいて「アプリケーション」という。）を提供する場合は、当該アプリケーションによる情報の取得等について明確かつ適切に定めたプライバシーポリシーを公表することが適切であり、電気通信事業者がアプリケーションを提供するサイトを運営する場合においては、当該サイトを利用してアプリケーションを提供する者に対して、当該アプリケーションによる情報の取得等について明確かつ適切に定めたプライバシーポリシーを公表するよう促すことが適切である（電気通信事業GL 15条3項・4項）。

(9) 第三者提供

電気通信事業者は、利用者の同意がある場合その他の違法性阻却事由がある場合を除いては、通信の秘密に係る個人情報を第三者に提供してはならない（電気通信事業GL 17条8項）。これは、個人情報保護法27条5項の第三者に該当しない場合（委託、事業の承継、共同利用に伴う場合）で

[30) 電気通信事業GL解説80頁～81頁

あっても、同様である[31]。

(10) 通信履歴

電気通信事業者は、課金、料金請求、苦情対応、不正利用の防止その他の業務の遂行上必要な場合に限り、通信履歴を記録することができる。また、利用者の同意がある場合、裁判官の発付した令状に従う場合、正当防衛または緊急避難に該当する場合その他の違法性阻却事由がある場合を除き、通信履歴を他人に提供してはならない（電気通信事業GL38条）。

(11) 利用明細

電気通信事業者が利用明細を加入者その他の者に閲覧または交付する際は、利用者の通信の秘密および個人情報を不当に侵害しないよう必要な措置を講じなくてはならない。また、電気通信事業者が利用明細に記載する情報の範囲は、利用明細の目的を達成するため必要な限度を超えてはならない（電気通信事業GL39条）。

(12) 発信者情報

電気通信事業者は、①発信者情報通知サービスその他のサービスの提供に必要な場合、②利用者の同意がある場合、③裁判官の発付した令状に従う場合、④電話を利用して脅迫の罪を現に犯している者がある場合において被害者および捜査機関からの要請により逆探知を行うとき、人の生命、身体等に差し迫った危険がある旨の緊急通報がある場合において当該通報先からの要請により逆探知を行うときその他の違法性阻却事由がある場合を除き、発信者情報を他人に提供してはならない。なお、発信者情報通知サービスを提供する電気通信事業者は、通信ごとに、発信者情報の通知を阻止する機能を設けるとともに、利用者の権利の確保のため必要な措置を講じる必要がある（電気通信事業GL40条）。

---

31) 電気通信事業GL解説113頁

⒀　位置情報

　電気通信事業者は、あらかじめ利用者の同意を得ている場合、電気通信役務の提供に係る正当業務行為その他の違法性阻却事由がある場合に限り、位置情報を取得することができる（電気通信事業 GL 41 条 1 項）。個々の通信に関係する位置情報は、通信の秘密として保護される通信の構成要素であるから、かかる取得制限を遵守しなければならないことは当然であるが、通信の秘密に該当しない、個々の通信時以外に移動体端末の所持者がエリアを移動するごとに基地局に送られる位置登録情報等についても、プライバシー保護の必要が高いことから、取得制限を遵守することが強く求められる[32]。

　また、電気通信事業者は、あらかじめ利用者の同意を得ている場合、裁判官の発付した令状に従う場合その他の違法性阻却事由がある場合に限り、位置情報について、他人への提供その他の利用をすることができる（電気通信事業 GL 41 条 2 項）。通信の秘密に該当する位置情報は、匿名化した場合でも、他人への提供その他の利用を行うことについてあらかじめ利用者の同意を取得する必要がある[33]。通信の秘密に該当しない位置情報についても遵守が強く求められることは、取得の場合と同様である。

　その他、電気通信事業者は、位置情報を加入者もしくはその指示する者に通知するサービスを提供し、または第三者に提供させる場合には、利用者の権利が不当に侵害されることを防止するため必要な措置を講ずることが適切である（電気通信事業 GL 41 条 3 項）。

⒁　不払い者等情報

　電気通信事業者は、電気通信役務に係る料金不払いまたは携帯音声通信役務の不正な利用を防ぐため特に必要であり、かつ、適切であると認められるときであって、本人の権利利益を不当に侵害するおそれがない場合に限り、他の電気通信事業者との間で不払い者等情報を交換することができる（電気通信事業 GL 42 条 1 項）。電気通信事業者は、交換された不払い者

---

[32]　電気通信事業 GL 解説 205 頁
[33]　電気通信事業 GL 解説 208 頁

等情報を、加入時の審査以外の目的のために使用せず、適切な管理に特に万全を期すことが適切である（同条4項、5項）。

(15) 迷惑メール等送信に係る加入者情報

電気通信事業者は、一時に多数の者に対してされる電子メールの送信による電子メールの送受信上の支障を防止するため特に必要であり、かつ、適切であると認められるときであって、本人の権利利益を不当に侵害するおそれがない場合に限り、他の電気通信事業者との間で加入者情報を交換することができる（電気通信事業GL 43条1項）。電気通信事業者は、交換された加入者情報を、加入時の審査以外の目的のために使用せず、適切な管理に特に万全を期すことが適切である（同条4項・5項）。

(16) 電話番号情報

電気通信事業者が電話番号情報を用いて電話帳を発行しまたは電話番号案内の業務を行う場合、加入者に対して、電話帳への掲載または電話番号の案内をしないことについての選択の機会を与えることが適切であり、加入者が省略を選択したときは、遅滞なく当該加入者の情報を電話帳への掲載または電話番号案内業務の対象から除外しなくてはならない（電気通信事業GL 44条1項）。

33

II　独占禁止法・透明化法

◆独占禁止法

　データの取得および利用に関しては、独占禁止法が問題となる。公正取引委員会（以下、本Ⅱにおいて「公取委」という。）が公表する様々なガイドラインや報告書において独禁法上の問題点が整理されているが、例えば、公取委の「データと競争政策に関する検討会報告書」（平成29年6月6日）においては、単独の事業者や複数の事業者によるデータ収集や、単独の事業者または複数の事業者によって収集されたデータへのアクセス拒絶などについて問題点が指摘されている。また、公取委の「業務提携に関する検討会報告書」（令和元年7月10日）においては、業種横断的データ連携型業務提携に関して、一定の場合に独禁法上の問題が生じることが示されている。そのため、データの取扱いに関してはこれらの考え方を踏まえた対応が必要となる。

　とりわけ、個人情報に関しては、公取委から「デジタル・プラットフォーム事業者と個人情報等を提供する消費者との取引における優越的地位の濫用に関する独占禁止法上の考え方」（令和元年12月7日、令和4年4月1日改正。以下、本Ⅱにおいて「DPFガイドライン」という。）が公表されており、幅広い場面に適用されることになるから、以下ではDPFガイドラインの考え方を概観する。

1　法規制の対象となるケース

　優越的地位の濫用は、伝統的にはBtoB取引に適用されてきた。しかしながら、DPFガイドラインにおいて、BtoC取引にも優越的地位の濫用の規制の適用を受けることが明らかとなった。DPFガイドラインは、BtoCのサービスにおいて、個人情報を取得・利用するケースを対象としたものである。

2　法規制のポイント

　DPFガイドラインによれば、個人情報等は経済的価値を有することから、消費者が、デジタル・プラットフォーム事業者が提供するサービスを利用する際に、その対価として自己の個人情報等を提供する場合には、個人情報等を「対価」とした取引が行われていることとなるとされている。

　そのため、例えば、自己の取引上の地位が取引の相手方である消費者に優越しているデジタル・プラットフォーム事業者が、提供するサービスを利用する消費者に対し、その地位を利用して、提供を受ける個人情報の価値に対して相応でない品質のサービスを提供することは、優越的地位の濫用として問題となり得る。そして、サービスの提供に際して、個人情報を不当に取得したり利用したりすることは、当該サービスに当該個人情報の取得または利用に関して有すべき必要最低限の品質を備えていないものと評価され、正常な商慣習に照らして不当に不利益を与えるものとして、優越的地位の濫用となる[1]。

　優越的地位の濫用は、排除措置命令や課徴金納付命令の対象となり、排除措置命令が確定した後にこれに従わない場合は刑事罰の対象となる可能性がある。優越的地位の濫用が認められない場合でも、そのおそれがある場合などには、警告や注意の対象となる。

3　用語の定義・概念

　本◆における用語の定義および概念は以下のとおりである。

◇　不公正な取引方法：

　　独禁法19条で禁止されている行為であり、公正な競争を阻害するおそれがある場合に禁止される。具体的な内容は独禁法および公取委の告示によって定められている。

◇　優越的地位の濫用：

　　不公正な取引方法の1つ。自己の取引上の地位が相手方に優越していることを利用して、正常な商慣習に照らして不当に、次のいずれかに該

1）　長澤哲也『独禁法務の実践知』（有斐閣、2020年）371頁

当する行為をすることをいう。

> ①　継続して取引する相手方（新たに継続して取引しようとする相手方を含む。②において同じ。）に対して、当該取引に係る商品または役務以外の商品または役務を購入させること
> ②　継続して取引する相手方に対して、自己のために金銭、役務その他の経済上の利益を提供させること
> ③　取引の相手方からの取引に係る商品の受領を拒み、取引の相手方から取引に係る商品を受領した後当該商品を当該取引の相手方に引き取らせ、取引の相手方に対して取引の対価の支払を遅らせ、もしくはその額を減じ、その他取引の相手方に不利益となるように取引の条件を設定し、もしくは変更し、または取引を実施すること

　例えば、自己の取引上の地位が取引の相手方である消費者に優越しているデジタル・プラットフォーム事業者が、取引の相手方である消費者に対し、その地位を利用して、正常な商慣習に照らして不当に不利益を与えることは、公正な競争を阻害するおそれがあることから、優越的地位の濫用として規制される。DPFガイドラインでは、この点の判断基準がより詳しく記載されている（下記5）。

◇　デジタル・プラットフォーム：

　DPFガイドラインにおける「デジタル・プラットフォーム」とは、情報通信技術やデータを活用して第三者にオンラインのサービスの「場」を提供し、そこに異なる複数の利用者層が存在する多面市場を形成し、いわゆる間接ネットワーク効果（多面市場において、一方の市場におけるサービスにおいて利用者が増えれば増えるほど、他方の市場におけるサービスの効用が高まる効果）が働くという特徴を有するものをいう。なお、定義の文言は若干異なるが、透明化法における「デジタル・プラットフォーム」と同じものを意味すると考えられる。

　具体的には、オンライン・ショッピング・モール、インターネット・オークション、オンライン・フリーマーケット、アプリケーション・マーケット、検索サービス、コンテンツ（映像、動画、音楽、電子書籍等）配信サービス、予約サービス、シェアリングエコノミー・プラットフォーム、ソーシャル・ネットワーキング・サービス（SNS）、動画共有サービス、電子決済サービス等がある。

　例えば、オンライン・ショッピング・モールは、利用者が増えれば出店者が増え、出店者が増えれば利用者も増えるという効果（間接ネットワーク効果）が働くから、典型的なデジタル・プラットフォームに当たるということになる。

◇　デジタル・プラットフォーム事業者：
　DPF ガイドラインにおける「デジタル・プラットフォーム事業者」とは、デジタル・プラットフォームを提供する事業者をいう。これに当たる場合、DPF ガイドラインの適用を受けることになる。

◇　個人情報：
　個人情報保護法2条1項に規定する「個人情報」をいう（詳細はⅧ3参照）。

◇　個人情報等：
　「個人情報」および「個人情報以外の個人に関する情報」をいう。

◇　個人データ：
　個人情報保護法16条3項に規定する「個人データ」をいう。

◇　消費者：
　個人をいい、事業としてまたは事業のためにデジタル・プラットフォーム事業者が提供するサービスを利用する個人を含まない。

4　優越的地位の濫用規制

優越的地位の濫用は、以下の3つの要素から判断される。

---

① 自己の取引上の地位が相手方に優越していることを利用すること（優越的地位）
② 正常な商慣習に照らして不当であること
③ 濫用行為であること

---

5 自己の取引上の地位が相手方に優越していることを利用すること（優越的地位）

　DPFガイドラインは、デジタル・プラットフォーム事業者が個人情報等を提供する消費者に対して優越した地位にあるとは、消費者がデジタル・プラットフォーム事業者から不利益な取扱いを受けても、消費者が当該デジタル・プラットフォーム事業者の提供するサービスを利用するためにはこれを受け入れざるを得ないような場合をいうとし、その判断に当たっては、消費者にとっての当該デジタル・プラットフォーム事業者と「取引することの必要性」（必要性の有無ではなく程度）を考慮するとしている。

　その上で、消費者において図表Ⅱ-1の場合に該当するときは、通常、サービスを提供するデジタル・プラットフォーム事業者は、当該消費者に対して取引上の地位が優越していると認められると示している（DPFガイドライン3(1)(2)）。

〔図表Ⅱ-1〕

通常優越的地位が認められる場合	考慮要素
当該サービスと代替可能なサービスを提供するデジタル・プラットフォーム事業者が存在しない場合	・代替可能かどうかは、サービスの機能・内容、品質等を考慮して判断 ・個々の消費者ごとには判断せず、一般的な消費者にとって代替可能かどうかで判断
代替可能なサービスを提供するデジタル・プラットフォーム事業者が存在していたとしても当該サービスの利用をやめることが事実上困難な場合	・サービスの利用をやめることが事実上困難かどうかは、サービスの機能・内容、サービスの利用により形成したネットワークや蓄積したデータが他のサービスでも利用可能かどうか等を考慮して判断 ・個々の消費者ごとには判断せず、一般的な消費者にとって利用をやめることが事実上困難かどうかで判断

当該サービスにおいて、当該サービスを提供するデジタル・プラットフォーム事業者が、その意思で、ある程度自由に、価格、品質、数量、その他各般の取引条件を左右することができる地位にある場合	・ 競争を実質的に制限できる地位にあり、各種の競争圧力を考慮することなく消費者に不利になるように各般の取引条件を変更できるかどうかで判断

　優越的地位にあるデジタル・プラットフォーム事業者が、消費者に対して不当に不利益を課して取引を行えば、通常、自己の取引上の地位が相手方に優越していることを「利用して」行われた行為であると認められる（DPFガイドライン3(3)）。

　なお、以上の判断に当たっては、デジタル・プラットフォーム事業者と消費者との間に、情報の質および量ならびに交渉力の格差が存在することを考慮する必要がある（DPFガイドライン3(4)）。

6　正常な商慣習に照らして不当であること

　「正常な商慣習に照らして不当」である場合とは、公正な競争を阻害するおそれがある場合をいい、優越的地位の濫用の有無が個別の事案ごとに判断されることを示している。「正常な商慣習」とは、公正な競争秩序の維持・促進の立場から是認されるものをいうため、現に存在する商慣習に合致しているからといって、直ちにその行為が正当化されることにはならないことに留意が必要である（DPFガイドライン4）。

7　濫用行為であること

　DPFガイドラインは、図表Ⅱ-2のとおり2つに分類した上で、濫用行為に繋がり得る行為についての考え方を明らかにしている（DPFガイドライン5）。

　なお、優越的地位の濫用として問題となるのは、以下の行為に限られるものではないとされている。

〔図表Ⅱ-2〕

類型	濫用行為に繋がり得る行為
① 個人情報等の不当な取得	ⓐ 利用目的を消費者に知らせずに個人情報を取得すること ⓑ 利用目的の達成に必要な範囲を超えて、消費者の意に反して個人情報を取得すること ⓒ 個人データの安全管理のために必要かつ適切な措置を講じずに、個人情報を取得すること ⓓ 自己の提供するサービスを継続して利用する消費者に対して、消費者がサービスを利用するための対価として提供している個人情報等とは別に、個人情報等その他の経済上の利益を提供させること
② 個人情報等の不当な利用	ⓐ 利用目的の達成に必要な範囲を超えて、消費者の意に反して個人情報を利用すること ⓑ 個人データの安全管理のために必要かつ適切な措置を講じずに、個人情報を利用すること

(1) 個人情報等の不当な取得

(i) 利用目的を消費者に知らせずに個人情報を取得すること

利用目的を知らせずに事業者が消費者の個人情報を取得することは優越的地位の濫用として問題となる（DPFガイドライン5⑴ア）。

自社のウェブサイトの分かりやすい場所に利用目的を掲載した場合や、消費者に対して、電子メール等により利用目的を通知した場合は、通常、本類型は問題とならない。そのため、個人情報保護法21条を遵守している場合は、個人情報等の取得が優越的地位の濫用に該当すると判断されるおそれを一定程度低減できると考えられる。

他方で、利用目的の説明が曖昧である、難解な専門用語によるものである、または利用目的の説明文の掲載場所が容易に認識できない、分散している、他のサービスの利用に関する説明と明確に区別されていないこと等により、一般的な消費者が利用目的を理解することが困難な状況において、消費者の個人情報を取得する場合は、利用目的を消費者に知らせずに個人情報を取得したと判断される場合がある。また、一般には、それ単体

では個人識別性を有しない「個人情報以外の個人に関する情報」（例：ウェブサイトの閲覧情報、携帯端末の位置情報等）であっても、当該情報を、個人を識別して利用する場合は「個人情報」となるため、そのことを消費者に知らせずに取得することは同様に問題となる。

この点は、実務上、DPFガイドラインにおいて重要なポイントといえる。例えば、ソフトウェアやサービスの画面のカスタマイゼーションの制約などから、利用規約と個人情報に関する記載を2つのページ分けることが難しいケースがある。そのような場合に、長大な利用規約の条項の中に利用目的を定める条項を設けてしまうと、優越的地位の濫用に当たる可能性があるということである。個人情報等の利用目的は、分かりやすく区別して記載するよう、画面設計に留意が必要である。

(ii) 利用目的の達成に必要な範囲を超えて、消費者の意に反して個人情報を取得すること

事業者が利用目的の達成に必要な範囲を超えて、消費者の意に反してその個人情報を取得することは優越的地位の濫用として問題となる（DPFガイドライン5(1)イ）。

利用目的の達成に必要な個人情報を取得する場合や、利用目的の達成に必要な範囲を超える個人情報（例えば、商品の販売が目的であるケースで、職業に関する情報を取得するケース）であっても、消費者本人の明示的な同意を得て取得する場合には、通常、本類型が問題となることはない。

ただし、消費者の同意を得ていない場合や、消費者がサービスを利用せざるを得ないことから利用目的の達成に必要な範囲を超える個人情報の取得にやむを得ず同意した場合には、当該同意は消費者の意に反するものと判断される場合があるとされている。

(iii) 個人データの安全管理のために必要かつ適切な措置を講じずに、個人情報を取得すること

本類型は、事業者が個人データの安全管理のために必要かつ適切な措置を講じずに、サービスを利用させ、消費者の個人情報を取得することを優越的地位の濫用に当たるとして問題とするものである（DPFガイドライン5(1)ウ）。そのため、個人情報保護法23条の安全管理措置を講じていれば、通常、本類型が問題となることはないと考えられる。

(ⅳ)　自己の提供するサービスを継続して利用する消費者に対して、消費者がサービスを利用するための対価として提供している個人情報等とは別に、個人情報等その他の経済上の利益を提供させること

　事業者が、自己の提供するサービスを継続して利用する消費者に対して、当該サービスの対価として提供している個人情報等とは別に個人情報等その他の経済上の利益を提供させる場合も優越的な地位の濫用として問題となる（DPFガイドライン5⑴エ）。(例えば、メールアドレスを取得して継続的なサービスを提供している場合に、追加的に氏名・住所・趣味嗜好などを提供させる場合)。これは、上記(ⅰ)から(ⅲ)までにおいて問題とされているような行為を伴わずに行われた場合であっても、問題となる。この場合、まず、消費者が任意に提供するのであれば問題とならない。また、消費者が従来提供を受けていたサービスとは別に追加的なサービスの提供を受けるに当たり、その対価として追加的な個人情報等を提供させる場合、消費者が対価として提供している個人情報等とは別に個人情報等を提供することで消費者に生じる利益を勘案して、当該個人情報等を提供させることが合理的であると認められる範囲のものである場合は、通常、本類型が問題となることはない（例えば、個人情報等の提供によりサービスの品質向上等の個人情報等を提供することが合理的であると認められるような利益が生じる場合）。

⑵　個人情報等の不当な利用
　(ⅰ)　利用目的の達成に必要な範囲を超えて、消費者の意に反して個人情報を利用すること

　事業者が利用目的の達成に必要な範囲を超えて、消費者の意に反して個人情報を利用することは、優越的地位の濫用として問題となる（DPFガイドライン5⑵ア）。

　本類型は、上記⑴(ⅱ)に対応するものであり、個人情報を自己で利用する場合に限らず、第三者に提供する場合も対象となる。

　(ⅱ)　個人データの安全管理のために必要かつ適切な措置を講じずに、個人情報を利用すること

　事業者が個人データの安全管理のために必要かつ適切な措置を講じずに、個人情報を利用することは、優越的地位の濫用として問題となる

（DPF ガイドライン 5 ⑵イ）。

　本類型は、上記⑴(ⅲ)に対応するものであり、そのため、個人情報保護法23条の安全管理措置を講じていれば、通常本類型が問題となることはないと考えられる。

8　行政上の措置・罰則等

⑴　排除措置命令

　公取委は、優越的地位の濫用があると認めるとき、事業者に対して、違反行為を排除するために必要な措置を命ずることができる。また、優越的地位の濫用行為が既になくなっている場合においても、特に必要があると認めるときは、当該行為が既になくなっている旨の周知措置その他当該行為が排除されたことを確保するために必要な措置を命ずることができる（独禁法20条、7条2項）。

⑵　課徴金納付命令

　事業者が優越的地位の濫用（継続してするものに限る。）をしたとき、公取委は、当該事業者に対し、違反行為期間（始期は調査開始日から最長10年前まで遡及）における、当該違反行為の相手方との間における売上額または購入額の1％に相当する額の課徴金を納付することを命じなければならない。ただし、課徴金額が100万円未満となる場合には、課徴金納付命令は行われない（独禁法20条の6、19条）。

⑶　警告・注意

　公取委は、優越的地位の濫用が認められない場合でも、優越的地位の濫用のおそれがある行為があるまたはあったと認める場合において、事業者に対して、その行為を取りやめること等その他必要な事項を指示することがある（公正取引委員会の審査に関する規則26条）。また、優越的地位の濫用のおそれがある行為とまではいえないものの、将来的に優越的地位の濫用に繋がるおそれがあると認められる場合には、注意が行われることがある。

⑷　罰則

　優越的地位の濫用を含む不公正な取引方法は刑事罰の対象とされていない。しかしながら、排除措置命令が確定した後にこれに従わないものは2年以下の懲役または300万円以下の罰金に処される（独禁法90条3号）。後者については両罰規定がある（同法95条1項2号）。また、排除措置命令に違反したものは、50万円以下の過料に処することとされている（同法97条）。

◆透明化法

1 法規制の対象となるケース

デジタルプラットフォーム提供者（後記3参照）のうち、事業の区分ごとに一定の規模以上であるとして経済産業大臣から指定を受けた者（特定デジタルプラットフォーム提供者（後記3参照））が本法の規制を受ける。なお、本法では、日本市場向けのデジタルプラットフォームの提供者であれば、外国の事業者であっても指定の対象となり得る。2024年7月現在、アマゾンジャパン合同会社（Amazon.co.jp）、楽天グループ株式会社（楽天市場）、LINEヤフー株式会社（Yahoo! ショッピング、Yahoo! 広告）、Apple Inc. およびiTunes株式会社（App Store）、Google LLC（Google Playストア、Google広告等）、Meta Platforms, Inc.（Facebook広告）が指定されている。

2 法規制のポイント

特定デジタルプラットフォーム提供者は、利用者に対して提供条件に係る一定の事項の開示（透明化法5条2項）、および、特定の行為を行う際の一定の事項の開示が義務付けられている（同条3項・4項）。

また、特定デジタルプラットフォーム提供者は、商品等提供利用者との間の取引関係における相互理解の促進を図るための体制および手続等に関する必要な措置を講じなければならない（透明化法7条1項）。

さらに、特定デジタルプラットフォーム提供者は、毎年度、取組状況とそれらに対する自己評価を記載した報告書の提出をしなければならず（透明化法9条1項）、経済産業大臣により公表された当該報告書に対する評価結果を踏まえ、当該特定デジタルプラットフォームの透明性および公正性の自主的な向上に努めなければならない（同条5項・6項）。

これらの規定のうち一定のものについては、遵守しない場合において経済産業大臣から勧告または措置命令が下される可能性や、罰金刑の対象となる可能性がある（透明化法6条、8条、23条、24条2号）。

③ 用語の定義・概念

本◆における用語の定義および概念は以下のとおりである。

◇ デジタルプラットフォーム：
　①情報を表示することによって異なる利用者グループをつなぐ「場」であること（多面市場）、②コンピュータを用いた情報処理によって構築され、インターネット等を通じて提供されること（オンライン性）、③利用者の増加に伴い他の利用者にとっての効用が高まるという関係を利用していること（ネットワーク効果）を有するものをいう（透明化法2条1項）。

◇ デジタルプラットフォーム提供者：
　デジタルプラットフォームを単独でまたは共同して提供する事業者をいう（透明化法2条5項）。

◇ 特定デジタルプラットフォーム：
　特定デジタルプラットフォーム提供者の指定に係るデジタルプラットフォームをいう（透明化法2条6項）。

◇ 特定デジタルプラットフォーム提供者：
　透明化法4条1項の規定により指定されたデジタルプラットフォーム提供者をいう（透明化法2条6項。詳細は下記4）。

◇ 利用者：
　デジタルプラットフォームを利用する者をいう（透明化法2条2項）。

◇ 商品等：
　商品、役務または権利をいう（透明化法2条1項）。

◇ 商品等提供利用者：
　デジタルプラットフォームを商品等を提供する目的で利用する者をいう（透明化法2条3項）。

◇ 一般利用者：
　商品等提供利用者以外の利用者をいう（透明化法2条4項）。

④ 特定デジタルプラットフォーム提供者の指定

　透明化法は、経済産業大臣が、デジタルプラットフォームのうち、特に

取引の透明性および公正性の向上を図る必要性が高いものとして政令が定めるものに該当するデジタルプラットフォームの提供者を指定するとしており、当該指定された提供者を特定デジタルプラットフォーム提供者という（透明化法4条1項）。

政令は、デジタルプラットフォームにより提供される場に係る事業の「区分」および「規模」によって、指定の対象となるデジタルプラットフォームを定めており、その概要は図表Ⅱ-3のとおりである。

なお、デジタルプラットフォーム提供者は、その提供するデジタルプラットフォームが指定の対象となるデジタルプラットフォームに該当するときは、当該デジタルプラットフォームに関し、一定の事項を経済産業大臣に届け出なければならない（透明化法4条2項）。

〔図表Ⅱ-3〕

区分	規模
[オンラインモール] 商品等提供利用者が一般利用者に対して商品等を提供する事業であって、以下のいずれにも該当するもの 　① 商品等提供利用者が主に事業者であり、かつ、一般利用者は主に事業者以外の者であること 　② 広く消費者の需要に応じた商品等（食料品、飲料および日用品を必ず含む。）を提供するものであること 　③ 商品等の提供価格等の情報を一般利用者に対して表示して行うものであること	年度における国内売上額（オンラインモールの運営者から一般利用者に対する商品等の提供を含む。）が3,000億円以上
[アプリストア] 商品等提供利用者が一般利用者に対してソフトウェア（携帯電話端末またはこれに類する端末において動作するものに限る。以下同じ。）を提供する事業および当該ソフトウェアにおける権利を販売する場合であって、以下のいずれにも該当するもの 　① 商品等提供利用者が主として事業者であ	年度における国内売上額（アプリストアの運営者から一般利用者に対するソフトウェアの提供および権利の販売を含む。）が2,000億円以上

り、かつ、一般利用者が主として事業者以外の者であること ② 広く消費者の需要に応じたソフトウェア（電子メールの送受信のための機能を有するものおよびインターネットを利用した情報の閲覧のための機能を有するものを必ず含む。）の提供および当該ソフトウェアにおける権利を販売するものであること ③ ソフトウェアの提供価格等の情報を一般利用者に対して表示して行うものであること	
[メディア一体型広告デジタルプラットフォーム] デジタルプラットフォーム提供者が一般利用者に対して情報の検索または文字、画像もしくは映像の投稿による他の一般利用者との交流を目的とする場を提供し、および当該場において商品等提供利用者が一般利用者に対して商品等に係る情報を広告として表示する事業であって、以下のいずれにも該当するもの ① 商品等提供利用者が主に事業者であり、かつ、一般利用者は主に事業者以外の者であること ② 商品等に係る情報を表示すべき商品等提供利用者を主として競りにより決定するものであること	年度におけるデジタルプラットフォーム提供者による商品等提供利用者の商品等に係る情報を広告として表示する役務の提供（当該事業に係る場におけるものに限る。）に係る国内売上額が1,000億円以上
[広告仲介型デジタルプラットフォーム] 商品等提供利用者が一般利用者に対して自らの広告表示枠において一般利用者の広告素材を広告として表示する役務を提供する事業であって、以下のいずれにも該当するもの ① 商品等提供利用者および一般利用者が主として事業者であること ② その広告表示枠において一般利用者の広告素材を広告として表示する役務を提供すべき商品等提供利用者を主として競りにより決定するものであること	年度における商品等提供利用者による広告表示枠において広告素材を広告として表示する役務の提供に係る国内売上額の合計額が500億円以上

5 提供条件等の開示

　透明化法は、デジタルプラットフォームにおいて、提供条件等を明確化し、開示を図ることによって取引の透明性の向上させる観点から、特定デジタルプラットフォーム提供者に対して一定の事項の開示を義務付けている（透明化法5条）。開示事項は、図表Ⅱ-4のとおり大別され、透明化法および施行規則において具体的に定められている。

　また、下記①および②に応じて開示方法も具体的に定められている（透明化法5条1項～4項、施行規則5条～12条）。

〔図表Ⅱ-4〕

① 特定デジタルプラットフォームを提供する場合の条件（以下「提供条件」という。）として開示すべき事項	ⓐ 商品等提供利用者に対して開示すべき事項 ⓑ 一般利用者に対して開示すべき事項
② 利用者の利益を損なうおそれのある行為を行うに際して開示すべき事項	ⓐ 都度開示すべき事項 ⓑ 予告期間を設けて開示すべき事項

6 特定デジタルプラットフォーム提供者が講ずべき措置

　特定デジタルプラットフォーム提供者は、特定デジタルプラットフォーム提供者と商品等提供利用者との間の取引関係における相互理解の促進を図るために必要な措置を講じなければならない（透明化法7条1項）。

　当該措置を適切かつ有効な実施に資するために必要な指針として「特定デジタルプラットフォーム提供者が商品等提供利用者との間の取引関係における相互理解の促進を図るために講ずべき措置についての指針」（令和3年経済産業省告示第16号。以下、本Ⅱにおいて「本指針」という。）が定められており（透明化法7条2項）、本指針は以下の事項が定めている（同法7条3項）。

第1章　一般的に適用される法令

> ①　特定デジタルプラットフォーム提供者と商品等提供利用者との間の取引関係における相互理解の促進を図るために必要な措置に関する基本的な事項
> ②　商品等提供利用者に対する特定デジタルプラットフォームの提供が公正に行われることを確保するために必要な体制および手続の整備に関する事項
> ③　特定デジタルプラットフォームについての商品等提供利用者からの苦情の処理および特定デジタルプラットフォーム提供者と商品等提供利用者との間の紛争の解決のために必要な体制および手続の整備に関する事項
> ④　特定デジタルプラットフォーム提供者が商品等提供利用者その他の関係者と緊密に連絡を行うために国内において必要な業務の管理を行う者の選任に関する事項
> ⑤　その他の、特定デジタルプラットフォーム提供者が商品等提供利用者の意見その他の事情を十分に考慮するために必要な措置に関する事項

　その上で、本指針は、上記①において、本指針の位置付けおよびモニタリング・レビューとの関係等について明示して、上記②〜⑤に関して、「基本的な考え方」を示すとともに、「基本的な考え方」で示された方向性を実現するための取組みを「具体的な取組例」として例示している（本指針1.1）。そのため、実務上は本指針を踏まえた対応が必要となる。

7　モニタリング・レビュー

　透明化法は、特定デジタルプラットフォーム提供者による自主的な改善を促す観点から、①特定デジタルプラットフォーム提供者に対して以下の一定の事項に係る報告書を毎年度提出させ、②経済産業大臣において当該報告書を、経済産業大臣が把握する事実に基づき、本指針を勘案して、特定デジタルプラットフォームの透明性および公正性について評価し、③特定デジタルプラットフォーム提供者が当該評価結果を踏まえた自主的な向上に努める、というサイクルを定めている（透明化法9条1項・2項・6項）。

> ⓐ　特定デジタルプラットフォームの事業の概要に関する事項
> ⓑ　特定デジタルプラットフォームについての苦情の処理および紛争の解決に関する事項
> ⓒ　提供条件等の開示の状況に関する事項
> ⓓ　特定デジタルプラットフォーム提供者が講じた措置に関する事項

> ⓔ　ⓑ～ⓓについて自ら行った評価に関する事項

　モニタリング・レビューにおいては、特定デジタルプラットフォーム提供者が、自らが講じた措置により本指針の「基本的な考え方」に示された方向性を適切かつ有効に実現しているかが評価の対象となる（本指針1.2）。なお、利用者は、提供条件等の開示（上記5）および特定デジタルプラットフォーム提供者が講ずべき措置（上記6）が講じられていないと認めるときは、経済産業大臣に対してその旨を申出ることができる（透明化法10条1項）ところ、上記②の評価に当たって経済産業大臣が基礎とする事実には当該申出のあった事実も含まれる。また、経済産業大臣は、必要に応じて利用者団体、学識経験者等の意見を聴取することが可能である（同法9条2項・4項）。

8　行政上の措置・罰則等

(1)　勧告および措置命令

　経済産業大臣は、提供条件等の開示（上記5）が透明化法5条の規定を遵守していないと認めるときや、特定デジタルプラットフォーム提供者が講ずべき措置（上記6）に関して適切かつ有効な実施を図るために特に必要があると認めるときは、特定デジタルプラットフォーム事業者に対して必要な措置をとるべき旨の勧告・公表を行うことができる（透明化法6条1項・3項、8条1項）。

　また、特定デジタルプラットフォーム事業者が正当な理由がなく提供条件等の開示に関する勧告に係る措置をとらないときは、命令・公表を行うことができる（透明化法6条4項・6項）。

(2)　罰則

　上記5の提供条件等の開示に関する措置命令に違反した場合には、100万円以下の罰金刑が科される（透明化法23条）。その他、上記4のデジタルプラットフォームが指定の対象となるデジタルプラットフォームに該当する旨の不届出等、上記7のモニタリング・レビューにおける報告書の不提出等には、50万円以下の罰金刑が科される（同法24条）。いずれも両罰規

定がある（同法25条）。

(3) 公取委への措置請求

　経済産業大臣は、特定デジタルプラットフォーム提供者について特定デジタルプラットフォームの透明性および公正性を阻害する行為があり、その事実が独禁法の不公正な取引方法の禁止に違反していると認める場合は、公取委に対し、同法の規定に従い適当な措置をとるべきことを求めることができる。なお、一定の重大な事案については、経済産業大臣は同法の規定に従い適当な措置をとるべきことを求めることが義務付けられている（透明化法13条）。

Ⅲ　特定商品取引法

1　法規制の対象となるケース

販売業者や役務提供事業者が、顧客に対して通信販売を行う際の広告（ウェブページなど）が、本法の規制を受ける。

2　法規制のポイント

特定商取引法は、通信販売、訪問販売などの特定の商取引について、購入者の利益を保護し、あわせて商品等の流通および役務の提供を適正かつ円滑にすることを目的とする法律である。

昨今普及している通信販売等のＥコマースにおいては、販売業者等が顧客から注文を受けるときに、顧客の個人情報の取得に際し、販売業者等による「利用目的の特定」（個情法17条）や「利用目的の通知、公表」（同法21条）が求められる。

このような個人情報保護法上の規制に加え、隔地者間の取引である通信販売においては、上記の購入者の利益の保護の趣旨から、広告に表示すべき事項、誇大広告等の禁止など、購入者に提供される情報について規制が設けられている。これは、消費者が契約を締結するか否か判断するための材料（販売条件など）が広告のみを通じて提供されるという性質に鑑み、広告表示の適正化を確保するための規制である。

3　用語の定義・概念

本Ⅲにおける用語の定義および概念は以下のとおりである。

◇　通信販売：

販売業者または役務提供事業者が郵便等により売買契約または役務提供契約の申込みを受けて行う商品もしくは特定権利の販売または役務の提供であって電話勧誘販売に該当しないものをいう（特商法2条2項、特定商取引に関する法律施行規則（以下、本Ⅲにおいて「施行規則」という。）2条）。例えば、新聞や雑誌、テレビ、インターネット上のホームペー

ジ（インターネット・オークションサイトを含む。）などによる広告や、ダイレクトメール、チラシ等を見た消費者が、郵便や電話、ファクシミリ、インターネット等で購入の申込みを行う取引方法をいうとされている（特商法ガイド[1]の「通信販売」の項）。

なお、電話勧誘販売に該当するものが除外されているのは、電話勧誘販売（事業者が電話で勧誘し、申し込みを受ける取引）に該当するものについては、それらの規定を適用するという趣旨である。

◇　広告：

通信販売広告の規制を受ける「広告」とは、販売業者等が通信手段により申込みを受けて商品の販売等を行うことを意図していると認められる広告を指す（消費者庁「特定商取引に関する法律等の施行について」（令和5年4月21日付。以下、本Ⅲにおいて「通達」という。）第2章第3節1(1)）。

特商法上、「広告」の定義規定は存在しておらず、何が広告に当たるかは解釈に委ねられており、社会通念によって判断されるとされている[2]。

なお、広告の方法には限定がされておらず、新聞、雑誌に掲載される広告、ダイレクトメール、テレビ放映、折り込みちらし、インターネット上のウェブサイト（オークションサイトを含む。）、電子メール等において表示される広告を広く含む概念である（通達第2章第3節1(1)）。

◇　商品：

特商法には定義規定が置かれていないものの、商取引の対象となる物をいう[3]。販売業者の扱う商品は、中古品、輸入品または注文生産品であっても規制の対象となる（通達第2章第1節1(12)）。

◇　郵便等：

①郵便、信書便、②電話機、ファクシミリ装置、その他の通信機器または情報処理の用に供する機器を利用する方法、③電報、④預金または貯金の口座に対する払込みをいう（施行規則2条）。

1）　消費者庁ウェブサイト「特定商取引法ガイド」（https://www.no-trouble.caa.go.jp/）をいう。
2）　阿部高明『逐条解説　特定商取引法Ⅰ』（青林書院、2022年）198頁
3）　法令用語研究会『有斐閣　法律用語辞典〔第5版〕』（有斐閣、2020年）615頁

①でいう「郵便」とは、郵便法に規定される「郵便」のことをいい、封書、葉書、現金書留等が含まれる（通達第 2 章第 1 節 1 (9)）。

②でいう「通信機器または情報処理の用に供する機器」には、パソコン、携帯電話、スマートフォン、またはその他モバイル端末等によるネットを利用する場合のほか、コンビニ等に設置されている専用端末機を利用する場合も含まれる。

◇ 販売業者：
商品・特定権利の販売を、営利意思をもって反復継続して行う者をいう。営利意思の有無は、客観的に判断される（通達第 2 章第 1 節 1 (12)）。

◇ 役務提供事業者：
有償での役務提供を、営利意思をもって反復継続して行う者をいう。役務提供とは、労務または便益の提供のことをいい、「権利の販売」と称するものであっても、その実態が労務または便益の提供であると評価される場合には、規制対象となる（通達第 2 章第 1 節 1 (12)）。

◇ 特定権利：
①リゾート会員権、映画チケット、英会話サロン利用権など、国民の日常生活に関する取引において販売される施設利用権・役務提供受領権、②社債その他の金銭債権、③株式会社の株式等を指すとされている（特定商取引に関する法律施行令別表第 1）。

4 広告に記載すべき事項

通信販売は非対面で行われ、購入者等にとって取引に関する情報源が広告のみとなることが多いため、取引条件に係る後日の紛争を防止するため広告規制が設けられている[4]。

特定商取引法11条は、①販売事業者が通信販売をする場合であり、かつ、②商品や特定権利の販売条件や役務の提供条件の広告をする場合に、かかる広告に所定の事項を表示することを義務付けている。

広告に表示することが義務付けられる事項は特定商取引法11条、施行規則 8 条に定められているとおりであるが、かかる広告中に、消費者等から

4） 阿部・前掲注 2 ）197頁

の請求があった場合で、法定記載事項を記載した書面または電磁的記録を遅滞なく提供する旨の表示をする場合には、これらの事項の一部を表示しないことができる（特商法11条ただし書、施行規則25条）。

　法定記載事項と、各事項の省略の可否については、図表Ⅲ－1のとおりである。

　なお、法定記載事項に関する詳細な説明については、特商法ガイドの「通信販売広告について」[5]および通達第2章第3節1(2)を参照されたい。

〔図表Ⅲ－1〕

法定記載事項		省略の可否	
		購入者や役務の提供を受ける者の負担すべき金銭（特商法11条1号、施行規則23条4号）を	
		全部表示するとき（施行規則25条2項）	全部表示しないとき（施行規則25条1項）
① 販売価格または役務の対価（送料）（特商法11条1号）		省略不可	省略可
② 代金または役務の対価の支払の時期および方法（特商法11条2号）	前払い	省略不可	省略可
	前払い以外	省略可	
③ 商品の引渡時期もしくは権利の移転時期または役務の提供時期（特商法11条3号）	遅滞なく引渡し等を行う場合	省略可	省略可
	それ以外	省略不可	
④ 申込みの期間に関する定めがあるときは、その旨およびその内容（特商法11条4号）		省略不可	省略不可
⑤ 返品に関する事項を除く契約の申込みの撤回または解除		省略可	省略可

---

5) https://www.no-trouble.caa.go.jp/what/mailorder/advertising.html

に関する事項（特商法11条5号本文）			
⑥ 返品に関する事項（返品の可否・返品の期間等条件・返品の送料負担の有無）（特商法11条5号かっこ書）		省略不可	省略不可
⑦ 事業者の氏名または名称、住所および電話番号（特商法11条6号、施行規則23条1号）		省略可	省略可
⑧ 事業者が法人であって、電子情報処理組織を使用する方法により広告をする場合には、当該事業者の代表者または通信販売に関する業務の責任者の氏名（特商法11条6号、施行規則23条2号）		省略可	省略可
⑨ 事業者が外国法人または外国に住所を有する個人であって、国内に事務所、事業所その他これらに準ずるものを有する場合には、当該事務所等の所在場所および電話番号（特商法11条6号、施行規則23条3号）		省略可	省略可
⑩ 販売価格、送料等以外に購入者等が負担すべき金銭があるときは、その内容およびその額（特商法11条6号、施行規則23条4号）		省略可	省略不可
⑪ 引き渡された商品が種類または品質に関して契約の内容に適合しない場合の販売業者の責任についての定めがあるときは、その内容（特商法11条6号、施行規則23条5号）	販売業者が責任を負う場合	省略可	省略可
	販売業者が責任を負わない場合	省略不可	

⑫ いわゆるソフトウェアに関する取引である場合には、そのソフトウェアの動作環境（特商法11条6号、施行規則23条6号）		省略不可	省略不可
⑬ 契約を2回以上継続して締結する必要があるときは、その旨および金額、契約期間その他の販売条件または提供条件（特商法11条6号、施行規則23条7号）		省略不可	省略不可
⑭ 商品の販売数量の制限その他の特別の商品もしくは特定権利の販売条件または役務の提供条件があるときは、その内容（特商法11条6号、施行規則23条8号）		省略不可	省略不可
⑮ 広告の表示事項の一部を表示しない場合であって、特商法11条ただし書の書面または電磁的記録を請求した者に当該書面または電磁的記録に係る金銭を負担させるときは、その額（特商法11条6号、施行規則23条9号）		省略不可	省略不可
⑯ 通信販売電子メール広告をするときは、販売業者または役務提供事業者の電子メールアドレス（特商法11条6号、施行規則23条10号）		省略不可	省略不可

5 誇大広告等の禁止

　特商法12条では、業者・消費者間の紛争を防止し消費者を保護する観点から、販売業者または役務提供事業者による、商品等の性能や特定権利・役務の内容等に関する誇大広告が禁じられている。

(1) 禁止されている誇大広告の対象となる事項
① 商品の種類、性能、品質もしくは効能（特商法12条、施行規則26条1号）
② 役務の種類、内容もしくは効果（特商法12条、施行規則26条1号）
③ 特定権利の種類、内容もしくは当該権利に係る役務の種類、内容もしくは効果（特商法12条、施行規則26条1号）
④ 当該商品もしくは当該権利の売買契約または当該役務の役務提供契約の申込みの撤回または解除に関する事項（特商法15条の3第1項ただし書記載の申込みの撤回等についての特約がある場合は、その内容も含む。同法12条）
⑤ 商品、権利もしくは役務、販売業者もしくは役務提供事業者または販売業者もしくは役務提供事業者の営む事業についての国、地方公共団体、通信販売協会その他著名な法人その他の団体または著名な個人の関与（施行規則26条2号）
　・法律上の権限に基づくか否かにかかわらず、「○○協会認定」や「○○医師推薦」といった表示がこれに該当し、「認定」や「推薦」の対象は、商品等だけでなく通信販売業者がその対象とされている場合も含まれるとされている[6]
⑥ 商品の原産地もしくは製造地、商標または製造者名（施行規則26条3号）
⑦ 特商法11条に掲げる事項（施行規則26条4号）
　・詳しくは、上記4参照

(2) 禁止されている誇大広告の態様
禁止されている誇大広告の態様につき、運用指針は以下の①～③のように示している。
① 著しく事実に相違する表示（特商法12条）
　・社会一般に許容される程度を超えて、事実に相違する表示を指す（通達添付4「特定商取引に関する法律第6条の2等の運用指針——不実

---

6) 阿部・前掲注2）214頁

勧誘・誇大広告等の規制に関する指針」（以下、本Ⅲにおいて「運用指針」という。）2頁）
② 実際のものよりも著しく優良であると人を誤認させるような表示（特商法12条）
・ 社会一般に許容される誇張の程度を超えて、商品の性能、役務の効果、取引により得られる利益等が、実際のものよりも著しく優良であると人を誤認させるような表示を指す（運用指針2頁）
③ 実際のものよりも著しく有利であると人を誤認させるような表示（特商法12条）

具体的に何が「社会一般に許容される程度を超えて」いるといえるかについては、個々の広告表示について判断されるべきであるが、表示上の特定の文章、図表、写真等から消費者等が受ける印象・認識ではなく、表示内容全体から消費者等が受ける印象・認識が基準となり、例えば、「消費者等が広告に書いてあることと事実との相違を知っていれば、当然契約に誘い込まれることはない」等の場合は、社会一般に許容される程度を超えていると考えられるとされる（運用指針2頁）。

なお、虚偽広告・誇大広告を禁ずるタイプの消極規制で最も重要であるのが、課徴金の制裁も存する景品表示法上の優良誤認表示規制（景品表示法5条1号）および有利誤認表示規制（同条2号）であり、上記の②は前者、③は後者に対応するものである。

(3) 合理的な根拠を示す資料の提出

主務大臣[7]が、通信販売業者による広告が特商法12条違反であるとして規制を行うためには、広告の表示内容と商品等の現実的な状態の間の著しい差異を、具体的に立証する必要がある（運用指針3頁）。しかしながら、当該立証のためには、専門機関による調査・鑑定等を要し、費用・時間面のコストが発生する。

---

7) 内閣総理大臣、経済産業大臣および商品・特定権利・役務に係る事業を所掌する大臣を指す（特商法67条）。

そこで、特商法12条の2は、主務大臣が特商法12条に規定する表示に該当するか否かを判断するために必要があると認めるときは、当該表示を行った業者に対して、期間[8]を定めて、当該表示の裏付けとなる合理的な根拠を示す資料の提出を求めることができるとした。

合理的な根拠を示すものと認められるためには、以下の①および②の要件をいずれも満たす必要がある（運用指針7頁、8頁）。

① 提出資料が客観的に実証された内容のものであること。
   以下のいずれかに該当するものを指すとされる。
   ⓐ 試験・調査によって得られた結果
   ⓑ 専門家、専門家団体もしくは専門機関の見解または学術文献
② 勧誘に際して告げられた、または広告において表示された性能、効果、利益等 と提出資料によって実証された内容が適切に対応していること。

6　電子メール広告の規制

迷惑メールの防止を目的として[9]、特定電子メール法（詳細はⅤ参照）と同様に、電子メールを利用する広告についてもオプトイン規制がなされている。

オプトイン規制とは、消費者があらかじめ承諾し、あるいは請求したのではない限り、電子メール広告の送信が原則的に禁止されることをいう（特商法12条の3）。

(1)　対象となる電子メール広告

オプトイン規制の対象となる「通信販売電子メール広告」とは、通信販売における取引条件に係る電子メール広告を指し（特商法12条の3第1項1号）、「電子メール広告」とは、広告内容を電磁的方法により送信し、購入者等のパソコン等の画面に表示させる広告のことをいう（同項柱書）。

この「電磁的方法」（特商法12条の3第1項）とは、以下の①または②の

---

[8]　主務大臣が資料の提出を求めた日から原則として15日後までとされる（運用指針13頁）。
[9]　阿部・前掲注2）217頁

送信方法をいう。
① 電話番号を送受信のために用いて電磁的記録を相手方の使用に係る携帯して使用する通信端末機器に送信する方法（他人に委託して行う場合を含む。）（施行規則27条1号）

①の方法は、いわゆる「ショートメッセージサービス（SMS）」を意味する[10]。

② 電子メールを送信する方法（他人に委託して行う場合を含む。）（施行規則27条2号）

したがって、取引条件に関係しないイメージ広告のような宣伝、広告の電子メールや電子メール広告の送信の承諾を得るためだけの電子メールはオプトイン規制の対象とならない[11]。ただし、そのような電子メールについても、特定電子メール法では規制の対象となる点に注意が必要である。

(2) 対象となる事業者

オプトイン規制の対象となる「販売業者又は役務提供事業者」および「通信販売電子メール広告受託事業者」とは、以下の事業者をいう。
① 販売業者または役務提供事業者（特商法12条の3第1項）
② 通信販売電子メール広告受託事業者（同条5項）
　ⓐ 通信販売電子メール広告をすることにつきその相手方の承諾を得、またはその相手方から請求を受ける業務
　ⓑ 第三項に規定する記録を作成し、および保存する業務
　ⓒ 前項に規定する通信販売電子メール広告の提供を受けない旨の意思の表示をするために必要な事項を表示する業務

(3) 規制の概要

(i) オプトイン規制

消費者があらかじめ承諾しない限り、事業者が通信販売電子メール広告を送信することを禁止している（特商法12条の3第1項）。

---

10) 齋藤雅弘ほか『特定商取引法ハンドブック〔第6版〕』（日本評論社、2019年）346頁
11) 齋藤雅弘ほか・前掲注10）348頁

なお、承諾の取り方について、施行規則42条2項および4項は、消費者が、あるボタンをクリックすれば、それが通信販売電子メール広告を受けることについての請求または承諾となることを容易に認識できるように表示していない場合には、通信販売に係る取引の公正および購入者または役務の提供を受ける者の利益を害するおそれがあると判断される可能性があると規定しており、注意が必要である[12]。

　(ii)　承諾を得ていない場合であっても通信販売電子メール広告をすることができる例外的場合

以下の場合には、例外として、消費者の承諾を得ていない場合であっても電子メール広告を送信することができる。

① 購入者等の請求に基づく場合（特商法12条の3第1項1号）
② 申込内容・契約内容等または契約の履行に関する事項の通知に付随して送信する場合（同項2号）
③ 購入者等の請求に基づきまたはその承諾を得て送信する電磁的記録・通信分の一部に掲載することにより広告する場合（同項3号、施行規則11条の4第1号）

　(iii)　承諾または請求の記録の保存義務

最後に電子メール広告を送信した日から3年間承諾や請求があった記録を保存する義務を負う（特商法12条の3第3項、施行規則30条）。

　(iv)　オプトアウト規制

消費者から同意を得て通信販売電子メール広告を送信する場合であっても、通信販売電子メール広告の提供を受けない旨の意思表示を受けたときは、事業者が通信販売電子メール広告を送信することは禁止される（特商法12条の3第2項本文）。

なお、通信販売電子メール広告には、「通信販売電子メール広告の提供を受けない旨の意思を表示するために必要な事項」を表示することが求められているが（特商法12条の3第4項）、オプトアウトの際の連絡方法についても「容易に認識できるように表示」することが求められているため

---

12)　消費者庁「電子メール広告をすることの承諾・請求の取得等に係る『容易に認識できるように表示していないこと』に係るガイドライン」（令和5年4月1日付）1頁～2頁

（施行規則31条）、注意が必要である。

　　(v)　配信停止手続に関する表示義務
　通信販売電子メール広告には、広告における表示事項のほか、配信停止手続に関する事項を表示しなければならない（特商法12条の3第4項）。

(4) 規制の適用除外となる場合
　以下の場合は、オプトイン規制の適用対象から除外される。

　　(i)　消費者からの請求に基づく広告（特商法12条の3第1項1号）
　消費者の請求に基づいて通信販売電子メール広告をする場合には、オプトアウト規制は適用されない（特商法12条の3第1項2号）。

　　(ii)　契約の成立、注文確認、発送通知などに付随した広告
　契約内容や契約履行に関する通知など、重要な事項を通知するメールの一部に広告が含まれる場合にはオプトイン規制の適用対象から除外される（特商法12条の3第1項2号）。

　　(iii)　メルマガに付随した広告
　消費者からの請求や承諾を得て送信する電子メールの一部に広告を記載する場合はオプトイン規制の適用対象から除外される（特商法12条の3第1項3号、施行規則29条1号）。

　　(iv)　フリーメール等に付随した広告
　インターネット上で、無料でメールアドレスを取得できるサービスで、無料の条件として、利用者がそのアドレスからメールを送ると、当該メールに広告が記載されるものなどの一部に広告を記載する場合もオプトイン規制の適用対象から除外される（特商法12条の3第1項3号、施行規則29条2号）。

7　ファクシミリ広告の規制

　6で述べた通信販売電子メール広告のオプトイン規制と同様に、通信販売ファクシミリ広告についてオプトイン規制を課すものである。

(1) 対象となるファクシミリ
　対象となる「通信販売ファクシミリ広告」とは、当該広告に係る通信文

その他の情報をファクシミリ装置を用いて送信する方法により行う広告のことをいう（特商法12条の5第1項柱書）。

(2) 対象となる事業者
販売業者または役務提供事業者（特商法12条の5第1項柱書）。

(3) 規制の概要
　(i) オプトイン規制
消費者があらかじめ承諾しない限り、事業者が電子メール広告を送信することを禁止している（特商法12条の5第1項柱書）。
　(ii) 承諾または請求の記録の保存
上記事業者は最後にファクシミリ広告を送信した日から1年の間、消費者から承諾や請求があった記録を保存する義務を負う（特商法12条の5第3項、施行規則35条）。
　(iii) オプトアウト規制
消費者から同意を得てファクシミリ広告を送信する場合であっても、通信販売ファクシミリ広告については提供を受けない旨の意思表示を消費者から受けたときは、事業者が電子メール広告を送信することは禁止される（特商法12条の5第2項本文）。

(4) 規制の対象外となる場合
ファクシミリ広告規制の対象外となるのは、以下の(i)～(iii)の場合である。
　(i) 消費者からの請求に基づく広告
例えば、消費者からの請求に基づき、通信販売の商品等に係るファクシミリ広告をするときは、規制の対象外（特商法12条の5第1項1号）。
　(ii) 消費者からの契約の申込みの受理および当該申込みの内容、契約の成立および当該契約の内容、ならびに契約の履行に係る事項のうち重要なものの通知に付随して行う広告
例えば、以前に商品を購入した顧客に対して、「以前御購入いただきました商品の具合はいかがでしょうか。」などとアフターフォローを行う場

合や、「以前は当社の商品を御購入いただき、ありがとうございました。今後ともよろしくお願いいたします。」などと単なる挨拶をする場合等は、特商法12条の5第1項2号には該当せず、依然規制の対象になるとされている（特商法12条の5第1項2号、施行規則33条）（通達第2章第3節6(2)）。

 (iii) 消費者からの請求に基づいて、または消費者の承諾を得てファクシミリ装置を用いて送信する方法により送信される通信文の一部に掲載することにより行う広告

通信販売ファクシミリ広告の提供を受ける者の利益を損なうおそれがないと認められる場合は、規制の対象外（特商法12条の5第1項3号、施行規則34条）。

例えば、いわゆるFAXマガジンの一部に広告を掲載する場合である（通達第2章第3節6(2)）。

8 特定申込みを受ける際の表示

(1) 規制の概要

通信販売業者が購入者等から特定申込みを受ける場合においては、商品の分量等（以下、本Ⅲにおいて「積極表示事項」という。）の表示をすることが義務付けられており（特商法12条の6第1項）、また、特定申込みにおいて書面の送付または情報の送信が契約の申込みとなることについて人を誤認させるような表示をすること、および積極表示事項について人を誤認させる表示をすることが禁止されている（同条2項）。

「特定申込み」とは、通信販売業者またはその委託先が作成した書面を用いて購入者等が通信販売に係る契約の申込みをする場合、または通信販売業者が作成したパソコンやスマートフォン上の画面表示に従って購入者等が通信販売に係る契約の申込みをする場合をいう[13]。要するに、最終的な申込みの段階で販売業者等が定める様式の書面または画面を用いる場合のことであり、インターネット上のECサイト等に幅広く適用される規制ということになる[14]。

---

13) 阿部・前掲注2）235頁
14) 消費者庁「通信販売の申込み段階における表示についてのガイドライン」（令和4年6月22日）2頁

(2) 規制に違反した場合の効果

特商法12条の6の規定に違反する表示により、消費者が誤認をして意思表示をした場合には、これを取り消すことができることとされている（特商法15条の4）。

9　意に反して契約の申込みをさせようとする行為

販売業者または役務提供事業者が、「顧客の意に反して通信販売に係る売買契約又は役務提供契約の申込みをさせようとする行為として主務省令で定めるもの」をした場合において、取引の公正および購入者等の利益が害されるおそれがあると認めるときには、主務大臣が指示を行うことができる（特商法14条1項2号）。

これを受け、施行規則16条1項1号および2号がインターネット通販における「顧客の意に反して……契約の申込みをさせようとする行為」の具体的内容を定めている[15]。

10　法定返品権

通信販売については、クーリング・オフ制度の適用はない。

商品の返品制度（特約）については、事業者が自由に定めることができ、消費者は、事業者が定めた特約（以下、本Ⅲにおいて「返品特約」という。）があれば返品特約により、返品特約が定められていない場合には、法定返品権により、それぞれ返品を検討することになる。

法定返品権は、通信販売に係る売買契約に基づく商品の引渡し（特定権利の移転）を受けた日から数えて8日以内であれば、消費者は事業者に対して、契約申込みの撤回や解除をすることができ、消費者の送料負担で返品することができるという制度である（特商法15条の3）。

ただし、返品特約については、その内容に係る事項の省略が認められていないため（図表Ⅲ-1の⑥参照）、消費者庁「通信販売における返品特約の表示についてのガイドライン」を参考に表示に工夫することが実務では

---

15) 消費者庁「インターネット通販における『意に反して契約の申込みをさせようとする行為』に係るガイドライン」（2021年）参照。

重要である。また、インターネット通販の場合には、最終確認画面において表示することが求められているため（特商法15条ただし書、施行規則44条）、留意が必要である。

11 行政処分・罰則等

(1) 行政処分

業務改善の指示（特商法14条1項）、業務停止命令（同法15条1項前段）、役員等の業務禁止命令（同法15条の2第1項）の対象となり得る。

(2) 罰則

(i) 広告における表示義務違反の場合

表示義務違反そのものに対する罰則規定は存在しない。

(ii) 誇大広告禁止違反の場合

特商法12条の規定に違反して、著しく事実に相違する表示をし、または実際のものよりも著しく優良であり、もしくは有利であると人を誤認させるような表示をしたときは、100万円以下の罰金が科されるおそれがある（特商法72条1項1号）。

(iii) 電子メール広告規制違反の場合

特商法12条の3第1項から3項に違反した場合は、100万円以下の罰金が科されるおそれがある（特商法72条1項2号・3号）。

さらに、特商法72条1項2号の対象となる場合であって、特商法11条各号の事項または配信停止手続に関する事項（特商法12条の3第4項）を表示せず、または特商法12条に違反して誇大広告・虚偽広告をしたときは、1年以下の懲役もしくは200万円以下の罰金、またはこれらが併科されるおそれがある（同法72条2項）。

(iv) ファクシミリ広告規制違反の場合

通信販売ファクシミリ広告に係るオプトイン規制（特商法12条の5）違反に対して罰則は設けられていない。

(3) 事業者の行為の差止請求

事業者が通信販売に関し、以下の行為を不特定かつ多数の者に、現に行

い、または行うおそれがあるときは、適格消費者団体は、事業者に対し、かかる行為の停止もしくは予防その他の必要な措置をとることを請求することができる（特商法58条の19）。

① 誇大広告等をする行為（同条1号）
② 特定申込みに係る書面や映像面において、商品の販売価格や支払時期等の表示を義務付けられた事項につき表示をしない行為または不実の表示をする行為（同条2号）
③ 特定申込みに係る書面や映像面において、その書面や情報の送信が通信販売の売買契約等の申込みとなること等につき誤認させるような表示をする行為（同条3号）
④ 契約の申込みの撤回または解除を妨げるため、申込みの撤回や解除に関する事項や売買契約等の締結を必要とする事情について不実のことを告げる行為（同条4号）

Ⅳ　消費者契約法

1　法規制の対象となるケース

　事業者が、消費者との契約を締結する際に、本法の規制を受ける。あらゆる取引分野におけるBtoCの消費者契約（消費者と事業者との間の契約）について幅広く適用されるが、いわゆるBtoBの取引には適用はない。また、労働契約にも適用がない。

2　法規制のポイント

　消費者契約法（以下、本Ⅳにおいて「法」という。）は、消費者契約において、契約の締結、取引に関する構造的な「情報・交渉力の格差」が存在する場合が一般的であることに着目したものである。したがって、本法により、事業者の一定の行為により消費者が誤認し、または困惑した場合等について契約の申込みまたはその承諾の意思表示を取り消すことができることとするとともに、事業者の損害賠償の責任を免除する条項その他の消費者の利益を不当に害することとなる条項の全部または一部を無効とするほか、消費者の被害の発生または拡大を防止するため適格消費者団体が事業者等に対し差止請求をすることができることとしている（法1条）。

3　用語の定義・概念

　本Ⅳにおける用語の定義および概念は以下のとおりである。
◇　消費者：
　「個人（事業として又は事業のために契約の当事者となる場合におけるものを除く。）をいう」（法2条1項）。上記のとおり、本法において、消費者と事業者とを区別する観点は、契約の締結、取引に関する情報や交渉力の格差にあるところ、この格差は「事業」に由来するため、個人であっても「事業として又は事業のために契約の当事者となる場合」には、「消費者」から除外されている。

◇　事業：

　「一定の目的をもってなされる同種の行為の反復継続的遂行」をいう。公益・非公益を問わず反復継続して行われる同種の行為が含まれ、さらには弁護士、税理士等の自由職業（専門的職業）の概念も含まれるが、労働契約に基づく労働は含まれない（法48条で労働契約は本法の適用除外とされている。）。

◇　「事業として」または「事業のために」：

　同種の行為を反復継続して行うことをいい、ある期間継続する意図をもって行われたものであれば、最初の行為も事業として行われたものと解され、事業規模や形態のいかんは問わない。

　「事業のために」とは、事業の用に供するために行うことをいう。

　例えば個人事業主によるパソコンや不動産の購入など、個人が「事業のために」契約の当事者となるか、それとも「事業のためではない目的のために」契約の当事者となるかの判断を一概に決めることができない場合について、消費者庁の「逐条解説」（以下、本Ⅳにおいて「逐条解説」という。）[1]では、以下の要素から判断する考え方が示されている。

---

① まず、契約締結の段階で、該当事項が目的を達成するためになされたものであることの客観的、外形的基準（例：名目等）があるかどうかで判断し、

② ①のみで判断することにつき現実的に困難がある場合は、物理的、実質的（例：時間等）基準に従い、該当事項が主として（例：上記のパソコン購入の例の場合、使用時間のうち、その2分の1以上を事業のために使用しているか等）目的を達成するためになされたものであるかどうかで判断する

　また、当初事業としてまたは事業のためにではなく、個人利用として締結した契約について、ある期間経過後、事業のために利用した場合であっても、契約内容に連続性があれば、契約当初における利用目的によって判断されるため、本法の適用があり得る。

1）　令和5年9月（https://www.caa.go.jp/policies/policy/consumer_system/consumer_contract_act/annotations/）

◇ 事業者：
　法人その他の団体および事業としてまたは事業のために契約の当事者となる場合における個人をいう（法2条2項）。

　「法人」とは、自然人以外で、法律上の権利義務の主体となることを認められているものをいう。国・県・市・町・村のような公法人、特別法による特殊法人、一般社団法人または一般財団法人、株式会社のような営利法人、協同組合のように個別法に根拠をもつ法人、特定非営利活動促進法人等に分類され、宗教法人や労働組合法11条に基づく労働組合もこれに含まれる。

　「その他の団体」とは、民法上の組合（民法667条～688条）を始め、法人格を有しない社団（権利能力なき社団など）または財団が含まれる。

◇ 消費者契約：
　民法における「契約」のうち、「消費者」と「事業者」との間で締結される契約をいう（法2条3項）。

◇ 適格消費者団体：
　不特定かつ多数の消費者の利益のために消費者契約法の規定による差止請求権を行使するのに必要な適格性を有する法人である消費者団体（消費者基本法8条の消費者団体をいう。以下、本Ⅳにおいて同じ。）として法13条の定めるところにより内閣総理大臣の認定を受けた者をいう（法2条4項）。

4　個人情報の取扱いとの関係

　個人情報を収集、利用等するサービスを開始するにあたり、利用規約やプライバシーポリシーを作成することが考えられる。

　利用規約については、定型約款（民法548条の2～548条の4。後記Ⅵ◆定型約款2参照）に該当すると考えられ、個人（事業としてまたは事業のために契約の当事者となる場合を除く。）が利用主体となる場合には、「消費者契約」に該当する。

　また、実務的には、プライバシーポリシーに個人データの取扱いに関する記載をし、利用規約においてこれに同意することをサービス提供等の条件とする例がよく見られる。この場合、公法である個人情報保護法上の同

意のみならず、個人情報の取扱いに関する私法上の契約としての性質も持つと考えられ[2][3]、利用規約およびプライバシーポリシーに同意する主体が「消費者」である場合には、消費者契約に該当する。

5 事業者の努力義務

事業者は、以下の措置を講ずることの努力義務が定められている（法3条1項各号）。

> ① 契約条項の明確化
> 　消費者契約の条項を定めるに当たっては、消費者の権利義務その他の消費者契約の内容が、その解釈について疑義が生じない明確なもので、かつ、消費者にとって平易なものになるよう配慮すること（1号）
> ② 情報提供
> ・　消費者契約の締結について勧誘をするに際しては、消費者の理解を深めるために、物品、権利、役務その他の消費者契約の目的となるものの性質に応じ、事業者が知ることができた個々の消費者の年齢、心身の状態、知識および経験を総合的に考慮した上で、消費者の権利義務その他の消費者契約の内容についての必要な情報を提供すること（2号）
> ・　定型約款の内容を消費者が容易に知り得る状態に置いていない場合には、消費者が定型約款の内容の表示の請求（民法548条の3第1項）を行うために必要な情報を提供すること（3号）
> ・　消費者の求めに応じて、消費者契約により定められた当該消費者が有する解除権の行使に関して必要な情報を提供すること（4号）

本条の義務は努力義務であって、義務違反を理由として契約の取消しや損害賠償責任といった私法的効力が直ちに生ずるものではない。

もっとも、本条の義務違反が他の規定の解釈や適用に影響を与えることはあり得るため、注意が必要である（本章6(6)(iv)参照）。

2） 消費者庁「『集団的消費者被害回復に係る訴訟制度案』についての意見募集（別紙）主な意見の概要及び意見に対する考え方」(2013年) 6頁には、「いわゆるプライバシーポリシーに基づき個人情報保護の措置を講ずることがうたわれている場合に当該プライバシーポリシーが消費者契約の内容になっていると認められるとしても」との記載がある。
3） 板倉陽一郎「プライバシーに関する契約についての考察(2)」情報法制研究2巻(2017年) 67頁～71頁

(1) 条項の明確化

　事業者には、消費者契約の条項における「消費者の権利義務その他の消費者契約の内容」について、明確かつ平易なものになるよう配慮する努力義務が課されている（法3条1項1号）。「権利義務」とは契約の目的物の対価や取引条件（解除条件を含む）を指し、「契約の内容」には、商品・権利・役務等の質および用途、契約の目的物の対価や取引条件、商品名、事業者の名称等が含まれる。例えば契約書の条項を単に「A、B」と記載する場合について、「一見すると明確のようであるが、『AかつB』とも『AまたはB』とも解釈することが可能となり、解釈について疑義が生じ得る」、とされているため[4]、単に項目を列記するのではなく、「かつ」であるのか「または」であるのかを明確に記載するよう努める必要がある。

　消費者契約の条項においては「当社が合理的に判断した場合」といった文言の利用は控え、具体的な基準を定めるべきであると考えられる。「当社が合理的に判断した場合」との文言について、「『合理的な判断』を行うに当たって極めて広い裁量を有し、客観的には合理性がなく会員に対する不法行為又は債務不履行を構成するような会員資格取消措置等を『合理的な判断』であるとして行う可能性が十分にあり得るが、会員である消費者において、訴訟等において事後的に客観的な判断がされた場合は格別、当該措置が『合理的な判断』に基づかないものであるか否かを明確に判断することは著しく困難である」として、法3条1項1号違反を認めた裁判例がある[5]。

　また、サルベージ条項（ある条項が本来は強行法規に反し全部無効となる場合に、その条項の効力を強行法規によって無効とされない範囲に限定する趣旨の条項であり、例えば、本来であれば無効となるべき条項に「関連法令に反しない限り」、「法律で許容される範囲において」といった留保文言を加えたも

---

4)　逐条解説19頁
5)　東京高判令和2年11月5日裁判所ウェブサイト。原審であるさいたま地判令和2年2月5日判時2458号84頁が、「当社が判断した場合」との文言について、「『判断』が『合理的な根拠に基づく合理的な判断』といった通常の裁量の範囲内で行われると一義的に解釈することは困難であると言わざるを得ない」としたため、事業者側は控訴までの間に「当社が合理的に判断した場合」との文言に変更したものの、控訴審判決において基本的に原審判決が維持された、という経緯がある。

のをいう。)は使用せず、具体的に条項を作成するサルベージ条項が使用された場合、有効とされる条項の範囲が明示されていないため、消費者が不利益を受けるおそれがある。サルベージ条項のうち、事業者の損害賠償責任の一部を免除する条項は、法8条3項により無効となる（下記6参照）。

(2) 情報提供
(i) 契約内容に関する情報提供

事業者には、消費者契約の締結について勧誘をするに際して、物品、権利、役務その他の消費者契約の目的となるものの性質に応じ、事業者が知ることができた個々の消費者の年齢、心身の状態、知識および経験を総合的に考慮した上で、消費者の権利義務その他の消費者契約の内容についての必要な情報を提供する努力義務が課されている（法3条1項2号）。

ここで情報提供が必要となる「消費者契約の内容」には、対象となっている商品以外の商品に関する比較情報や、モデルチェンジに関する情報等の周辺的な情報は含まれない。また、「必要な情報」のみ提供すれば良く、消費者が当然に知っているような情報まで提供する努力義務はない。

(ii) 定型約款の表示請求権に関する情報提供

定型約款を準備した者は、定型取引を行うことの合意の前またはその合意の後相当の期間内に相手方から請求があった場合には、遅滞なく、相当な方法でその定型約款の内容を示さなければならないが（民法548条の3第1項。下記Ⅵ◆定型約款8参照）、消費者がそのような請求権の存在を知らないことも多いと考えられる。したがって、定型約款準備者である事業者には、定型約款の内容を容易に知り得る状態に置く措置を講じている場合を除き、当該請求権についての必要な情報を提供する努力義務が課されている（法3条1項3号）。

「請求を行うために必要な情報」には、定型約款の表示請求権の存在のみならず、消費者が請求をする場合の事業者の連絡先（住所やメールアドレス）、事業者が表示請求に関して書式を用意しているのであればその書式等が含まれる。

消費者が定型約款の内容を容易に知り得る状態に置く措置としては、定型約款を記載した書面を交付することや、定型約款を記録したCD、DVD

などの電磁的記録を提供することが考えられる（民法548条の3第1項ただし書参照）。また、定型約款を契約の内容とするためには、定型約款準備者（事業者）は、定型約款を契約の内容とする旨の合意をするか、または、あらかじめ定型約款を契約の内容とする旨を相手方（消費者）に表示する必要があるので（民法548条の2第1項各号。下記Ⅵ◆定型約款6参照）、この合意または表示と連携する形で、契約を締結しようとしている消費者が定型約款の内容を確認したいと考えたときに、容易に定型約款の内容に辿り着く（アクセスする）ことができるようにすることも、消費者が定型約款の内容を容易に知り得る状態に置く措置であると考えられる。

(iii) 消費者の解除権の行使に関する情報提供

事業者には、「消費者の求めに応じて」、「消費者契約により定められた当該消費者が有する解除権の行使に関して必要な情報を提供する」努力義務が課されている（法3条1項4号）。消費者の有する解除権の内容については、上記(i)の勧誘時の契約内容に関する情報提供の対象であるが、実際に消費者が任意解除について関心を抱くのは、解除しようと考えた段階であることが多いため、「消費者の求めに応じて」解除権の行使に関して必要な情報を提供する努力義務が定められている。

「消費者契約により定められた当該消費者が有する解除権」とは、消費者と事業者の解除についての合意によって発生する解除権（約定解除権）であり、法律の規定による法定解除権（例えば債務不履行解除について定めた民法541条等）について消費者契約において合意した場合は含まれないが、消費者契約において法定解除権の条件を変更する合意をする場合は含まれる。

「解除権の行使に関して必要な情報」とは、消費者契約を消費者が解除する際に必要な具体的な手順等の情報である。

6　契約条項の無効に関する規制

(1)　不当条項の類型

消費者にとって不当な契約条項により消費者が権利を制限される場合には、消費者の正当な利益を保護するため当該条項の効力の全部または一部を否定すべきである。本法は、以下の類型に該当する条項を無効とする。

① 事業者の損害賠償の責任を免除する条項等（法8条）
② 事業者の債務不履行により生じた消費者の解除権を放棄させ、または当該事業者にその解除権の有無を決定する権限を付与する条項（法8条の2）
③ 事業者に対し、消費者が後見開始、保佐開始または補助開始の審判を受けたことのみを理由とする解除権を付与する条項（法8条の3）
④ 契約の解除の際または契約に基づく金銭の支払義務を消費者が遅延した際に、消費者が支払う損害賠償額を予定し、または違約金を定める条項であって、その額が一定の限度を超えるもの（法9条）
⑤ 信義則（民法1条2項）に反して消費者の利益を一方的に害する条項（法10条）

(2) 事業者の損害賠償の責任を免除する条項等

事業者の債務不履行責任および不法行為責任について、全部免除する条項や、その責任の有無を当該事業者が決定する条項は無効である（法8条1項1号・3号）。

[全部免責として無効とされる可能性のある条項の例][6]
・ いかなる理由があっても一切損害賠償責任を負わない
・ 事業者に責めに帰すべき事由があっても一切損害賠償責任を負わない
・ 事業者に故意または過失があっても一切損害賠償責任を負わない
・ 事業者は、人的損害については責任を負うが、物的な損害については一切損害賠償責任を負わない
・ 事業者は、商品の品質等に不適合（契約不適合）があっても、一切損害賠償、交換、修理をいたしません
[当該事業者にその責任の有無を決定する権限を付与するとして無効とされる可能性のある条項の例]
・ 会社は一切損害賠償の責を負いません。ただし、会社の調査により会社に過失があると認めた場合には、会社は一定の補償をするものとします

また、故意または重過失が認められる場合の債務不履行責任または不法行為責任の一部を免除する条項や、その責任の限度を当該事業者が決定する条項も無効である（法8条1項2号・4号）。

---

6) 逐条解説134頁以下

[責任を一部免除するものとして無効とされる可能性のある条項の例][7]
・ いかなる理由があっても事業者の損害賠償責任は○○円を限度とする
・ 事業者は通常損害については責任を負うが、特別損害については責任を負わない

[当該事業者にその責任の有無を決定する権限を付与するとして無効とされる可能性のある条項の例]
・ 当社が損害賠償責任を負う場合、その額の上限は10万円とします。ただし、当社に故意または重過失があると当社が認めたときは、全額を賠償します
・ 弊社が賠償責任を負う条件は以下のとおりです
　①当該商品お渡し日より60日以内に事故が判明し、お申し出頂いた場合、もしくは②弊社が事故扱いと認めた場合

　これらの条項については、事業者に故意または重大な過失がある場合を除く以下のような場合には有効となる。

・ 事業者に故意または重大な過失がある場合を除き、損害賠償責任は○○円を限度とする[8]
・ 当社が負うべき損害賠償義務は、当社に故意または重過失がある場合を除き、受領済みの代金相当額／サービス料金の6ヶ月分相当額を上限とする[9]

　これらの条項が無効になる場合、民法の原則どおりの責任を負うこととなる。
　もっとも、消費者契約が有償契約である場合において、事業者が契約不適合責任を負う条項（事業者が契約不適合のない物と取り換え、目的物を修補する責任を負う、または代金もしくは報酬を減額する旨の条項）がある場合は、消費者の正当な利益が侵害されているとはいえないため、上記の条項は無効とはならない（法8条2項）。
　例えば、ソフトウェアの使用許諾契約が有償契約である場合に、ソフト

7） 逐条解説135頁以下
8） 逐条解説136頁
9） ただし、サービスの対価が無料の場合は、代金額を基準として上限を定めると全部免責となるため、このような条項は無効となる（法8条1項1号および3号）。

ウェアの契約不適合について事業者が一切責任を負わない旨の規定は全部免責条項として無効となり得る（法8条1項1号）。しかし、「ソフトウェアの不適合については交換・修補・代金返還のいずれかにより対応する」といった条項が定められている場合には、ソフトウェアの契約不適合について損害賠償責任の全部を免除する旨の契約条項は無効とはならない[10]。

簡潔にまとめると、図表Ⅳ-1のとおりとなる。

〔図表Ⅳ-1〕

事業者の故意・過失		債務不履行責任		不法行為責任	
		故意・重過失	軽過失	故意・重過失	軽過失
免責	全部免除	×無効※		×無効	
	責任の有無を事業者が決める	×無効※		×無効	
責任制限	一部免除	×無効※	○有効	×無効	○有効
	責任の限度を事業者が決める	×無効※	○有効	×無効	○有効

※契約不適合責任（追完責任・代金減額責任等）を負う条項がある場合は無効とならない。

なお、事業者の軽過失に基づく損害賠償責任を一部免除等する条項については本条項に抵触するものではないが、消費者の生命または身体の侵害による事業者の損害賠償責任を一部免除等する条項について、事業者の軽過失によるものを一部免除等するものについては、法10条違反となり得る[11]。したがって、一部免除条項においては、事業者に故意または重過失がある場合に加え、消費者の生命または身体の侵害による損害賠償請求の場合も除外するべきである。

---

10) 逐条解説142頁〔事例8-18〕
11) 札幌高判平成28年5月20日判例時報2314号40頁は、事業者が損害賠償責任を負う範囲を、事業者の故意または重過失に起因する損害以外は治療費等の直接損害に限定する契約条項について、法10条の規定により無効である疑いがある旨を判示した。（逐条解説173頁〜174頁〔事例10-6〕）

また、事業者に軽過失がある場合に、その責任を一部免除する条項を定めることは可能であるが、一部免除条項に「関連法令に反しない限り」や「法律上許される限り」などと記載（いわゆる「サルベージ条項」）する場合は、無効となる（法8条3項）。消費者にとって、一部免除条項が、事業者の重大な過失を除く過失による行為にのみ適用されることが明らかになるよう、「当社に軽過失がある場合に限り」や「当社に故意または重大な過失がある場合を除き」といった具体的な記載が必要である。

(3) 消費者の解除権を放棄させる条項等
　事業者に債務不履行があり、民法541条等の規定による解除の要件を満たす場合であっても、消費者に一切解除を認めないこととする条項や、消費者に債務不履行に基づく解除権が生じるにもかかわらず、当該事業者の決定により、当該消費者の解除権を放棄させることを可能とする条項は、無効となる（法8条の2）。

[無効とされる可能性のある条項の例][12]
- いかなる場合でも契約後のキャンセルは一切受け付けられません
- 契約後のキャンセル・返品、返金、交換は一切できません
- お客様は、本サービス上にて行った注文に関して、注文番号が発行された後は、弊社に過失があると弊社が認める場合を除き注文のキャンセルはできないものとします

　本条により無効となるのは「事業者の債務不履行により生じた消費者の解除権を放棄させ、または当該事業者にその解除権の有無を決定する権限を付与する条項」であるから、解除権を制限する条項（解除権の行使期間や行使方法を限定したり、解除要件を加重したりする条項）は本条には抵触しないが、法10条により無効になる可能性がある。

(4) 事業者に対し後見開始の審判等による解除権を付与する条項
　消費者が、後見開始、保佐開始または補助開始の審判（以下、本Ⅳにおいて「後見開始の審判等」という。）を受けたことのみによって事業者に当

---
[12] 逐条解説148頁

該消費者との契約の解除権が付与される場合、後見開始の審判等を受けることが消費者に不利益を生じさせるおそれをもたらすこととなり、成年後見制度の趣旨と抵触するため、無効とされている（法8条の3）。もっとも、本条が無効とするのは、後見開始の審判等を受けること「のみ」を理由とする解除権の付与であり、後見開始の審判等があったことを契機に、事業者が個別に当該消費者の状況の確認等を行い、その結果、合理的な事情があるときに、最終的に解除に至ることを定めた契約条項までを一律に無効とするものではない。

なお、消費者が事業者に対し物品、権利、役務その他の消費者契約の目的となるものを提供することとされている消費者契約については、後見開始の審判等を受けたことのみを理由に事業者に解除権を付与する条項であっても、無効とはならない（法8条の3かっこ書）。

(5) 消費者が支払う損害賠償の額を予定する条項等

消費者契約において、事業者が、契約の解除に伴う消費者による損害賠償額を予定し、または違約金を定める条項について、その額が事業者に生ずべき平均的な損害の額を超える場合には、平均的な損害の額を超える部分は無効となる（法9条1項1号）。遅延損害金を定める場合、年14.6％を超える部分は無効となる（同項2号）。

また、契約の解除に伴う消費者による損害賠償額を予定し、または違約金を定める条項に基づいて消費者に対して支払いを請求する場合、事業者は、「当該消費者から説明を求められたときは」、算定根拠の概要を説明する努力義務がある（法9条2項）。

本条1項1号の「平均的な損害の額」とは、同一事業者が締結する多数の同種契約事案について類型的に考察した場合に算定される平均的な損害の額をいうため、あらかじめ算定することが可能なものである。なお、当該消費者契約の当事者たる個々の事業者に生ずべき損害の額について、契約の類型ごとに合理的な算出根拠に基づき算定された平均値であり、当該業種における業界の水準を指すものではない[13]。例えば、冠婚葬祭事業を営む会社と会員との契約中の解約払戻金を制限する条項が本条項に違反するか否か等が争われた事案において、会員の募集に関して作成した約款、

パンフレット、親睦会規則、入会申込書、申込書記入例、確認書、会員証ケース、自動払込利用申込書、加入者証等の書類作成費用などが「平均的な損害」として認められている[14]。また、逸失利益は、当該消費者契約における目的が他の契約において代替される可能性がない場合に限り、「平均的な損害」に含まれると考えられている。よって、結婚式場等の契約について、実際に使用される日から1年以上前に解約された場合に契約金額の80％を解約料として請求する条項については、通常は平均的な損害の額を超えると考えられる一方、実際に使用される日の前日に解約された場合に契約金額の80％を請求する条項については、通常は平均的な損害の額を超えるとはいえず、無効とはならないと考えられる[15]。

本条2項の「損害賠償の額の予定又は違約金の算定の根拠」とは、違約金等を事業者が設定するに当たって考慮した事項、当該事項を考慮した理由、使用した算定式、金額が適正と考えた根拠など違約金等を設定した合理的な理由を意味しているが、事業者に求められる説明は損害賠償の額の予定または違約金の算定の根拠の「概要」であるため、費用などの具体的な数字についてまでは説明する必要はなく、違約金等の設定に当たり考慮された費用項目などを説明することで足りる[16]。

(6) 消費者の利益を一方的に害する条項

(i) 趣旨

法令中の公の秩序に関しない規定の適用による場合に比して消費者の権利を制限しまたは消費者の義務を加重する消費者契約の条項であって（要件①）、民法1条2項に規定する基本原則に反して消費者の利益を一方的に害するもの（要件②）は無効となる（法10条）。

---

13) 逐条解説155頁
14) 大阪高判平成25年1月25日判例時報2187号30頁
15) 逐条解説158頁～159頁
16) 逐条解説165頁

(ii) 「法令中の公の秩序に関しない規定の適用による場合に比して消費者の権利を制限しまたは消費者の義務を加重する消費者契約の条項」(要件①)

「法令中の公の秩序に関しない規定」とは、強行規定ではない規定、すなわち、任意規定を指す。強行規定とは、当該規定に反する当事者間の特約が無効となる規定であり、任意規定とは、当該規定よりも当事者間の特約が優先する規定である。強行規定に反する条項は法10条ではなく民法90条により無効となる。

ここでいう任意規定には、明文の規定のみならず、契約に関する一般的な法理等も含まれるとされている[17]。

また、「消費者の権利を制限し又は消費者の義務を加重する消費者契約の条項」とは、消費者が本来任意規定によって行使できたはずの権利を制限し、または、任意規定の下では本来消費者が負担しなかった義務を負担させる消費者と事業者の間の契約の条項を指す。

(iii) 「民法1条2項に規定する基本原則に反して消費者の利益を一方的に害するもの」(要件②)

「民法1条2項に規定する基本原則」とは、同項に定めるいわゆる信義誠実の原則(信義則)を指す。信義誠実の原則は、権利の行使および義務の履行に際して、相手方の信頼を裏切らないよう誠意をもって行動することを求める原則である。

また、「消費者の利益を一方的に害するもの」とは、当該条項により事業者による消費者の利益の不当な侵害が認められるものを指す。

契約自由の原則からは、本来は契約中の条項が「法令中の公の秩序に関しない規定の適用による場合に比して消費者の権利を制限しまたは消費者の義務を加重する」ものであっても有効となるはずである。しかし、本条は消費者と事業者との間の情報の質および量ならびに交渉力の格差に鑑み、消費者の利益を不当に害する条項を無効とすることにより、事業者の不利益のもと消費者を保護するものであるから、任意規定と比較して消費者の権利を制限しまたは義務を加重するもののうち要件②を満たすものの

---

17) 最判平成23年7月15日判時2135号38頁

みを無効とするものである。

例えば、「消費者の生命又は身体の侵害による事業者の損害賠償責任を免除する契約条項」は無効となり得るとされているから[18]、実務上注意が必要である（「お客様の生命又は身体の侵害による損害を除き、」といった文言が必要となる。）。

　(ⅳ)　事業者による契約内容の一方的変更を認める条項

利用規約等に、事業者が一方的に当該利用規約等を変更することができる旨の条項（以下、本Ⅳにおいて「変更条項」という。）が定められることがある。

契約自由の原則からは、契約当事者は、契約締結時に当事者間で合意した契約内容に拘束され、契約内容を変更する旨の新たな合意をしない限り変更後の契約内容に拘束されないはずであるところ、変更条項は、消費者に対して契約締結時に予想していなかった不利益を被らせるおそれがあるものとして、契約に関する一般的な法理等に比して消費者の権利を制限しまたは消費者の義務を加重する消費者契約の条項（要件①）に該当するかが問題となり得る。

この点、事業者が不特定かつ多数の消費者との間で締結した携帯電話利用契約（以下「本件契約」という。）における変更条項（「当社は、この約款を変更することがあります。この場合には、料金その他の提供条件は、変更後の約款によります。」というもの。以下「本件変更条項」という。）について、概ね以下のとおり示して、上記要件①の該当性を否定した裁判例[19]がある。

① 　民法548条の4第1項は、定型約款について、相手方に何らかの不利益を生ずる変更であっても、客観的に変更が合理的といえる場合には、一方的に約款を変更することを認めており、その限りで契約自由の原則の例外を認めている。

② 　本件変更条項は、一定の合理的な範囲においてのみ変更が許される趣旨と限定的に解するべきであるから、本件変更条項が、一般的な法理と比べて、消費者の権利を制限しまたは義務を加重する条項である

---

18)　逐条解説173頁〜174頁〔事例10-6〕
19)　東京高判平成30年11月28日判時2425号20頁

とはいえない。
③　なお、約款の文言について合理的な限定解釈を加えることは認められるべきものであるから、無限定な変更を認めるかのような変更条項であっても、事業者側を一方的に利する合理性を欠く恣意的な変更が許容されると解釈される余地はない。
④　また、本件変更条項自体は、価値中立的なものであり、消費者の権利を制限し、義務を加重するかは変更される条項の内容次第であるから、法10条該当性も、変更後の内容について判断されるべきである。

当該高裁判決に照らすと、例えば、「当社は本規約を変更することができる。この場合、本サービスの利用条件は変更後の本規約による。」といった「無限定」かつ「価値中立的」な変更条項は法10条に違反しないということになる。もっとも、本件高裁判決後の前掲東京高判令和2年11月5日（上記(1)）に照らすと、文言の明確性の観点（法3条1項1号）から、変更が許される一定の合理的な範囲について、できる限り明確な文言により定めておくことが求められているともいえよう。

7　行政処分・制裁・罰則など

(1)　行政処分・制裁・罰則
事業者の本法違反は行政処分や罰則等の対象とされていない（一方、適格消費者団体については、内閣総理大臣による報告徴求、職員による立入検査等に服し、適合命令や改善命令の対象となり得る（法32条、33条）上、一定の場合、罰則の対象となる。）。

(2)　差止請求権等
適格当事者団体は、事業者、受託者等または事業者の代理人もしくは受託者等の代理人が、消費者契約の締結について勧誘をするに際し、不特定かつ多数の消費者に対して、法4条1項から4項までに規定する行為や、法8条から法10条までに規定する不当条項を含む消費者契約の申込みまたはその承諾の意思表示を、現に行いまたは行うおそれがあるとき、その事業者等に対し、当該行為の停止もしくは予防または当該行為に供した物の

廃棄もしくは除去その他の当該行為の停止もしくは予防に必要な措置をとることを請求することができる（法12条1項・3項）。「不特定かつ多数」とは、特定されていない相当数という意味であり、例えば、特定の販売組織の会員や特定の職業に従事する者を対象として勧誘するような場合においても、その対象となる者が容易に拡散し得る場合には、この要件に該当すると考えられる。また、受託者との関係で委託者である事業者、再受託者との関係で再委託者である受託者、代理人との関係で本人である事業者および復代理人との関係で代理人である代理人に対しても、是正の指示または教唆の停止その他の当該行為の停止または予防に必要な措置をとることを請求することができる（法12条2項・4項）。

さらに、適格消費者団体は、一定の場合に、契約条項の開示の要請（法12条の3）、損害賠償の額を予定する条項等に関する説明の要請（法12条の4）、または差止請求に係る講じた措置の開示要請（法12条の5）ができる。

V　特定電子メール法

1　法規制の対象となるケース

　特定電子メール（自己または他人の営業につき広告または宣伝を行う手段として送信する電子メール）を送信する際に、特定電子メール法（以下、本Vにおいて「法」という。）の規制を受ける。営利を目的とする団体および営業を営む場合における個人が本法の対象者となるため、非営利団体および営利目的のない個人は規制の対象外となる。

2　法規制のポイント

　特定電子メールを送信する者（送信者）は、原則として、事前に同意の通知等をした者にしか特定電子メールを送信することができず（法3条1項。いわゆるオプトイン規制。例外あり。）、同意があった場合にはこれを証する記録を保存しなければならない（同条2項）。

　また、送信者は、事前に同意の通知等をした者から、事後に、特定電子メールの送信をしないように求める旨の通知（オプトアウトの通知）を受けた場合には、以降一定の例外を除き特定電子メールを送信することができない（法3条3項。いわゆるオプトアウト規制）。

　送信者は、特定電子メールの送信にあたり、送信責任者の氏名または名称およびオプトアウトの通知を受け付けるための連絡先等を表示しなければならず（法4条）、また、送信者情報を偽った送信（法5条）や架空の電子メールアドレスを宛先とする送信（法6条）が禁じられている。

　これらの規定を遵守しない場合、総務大臣および内閣総理大臣から措置命令が下される可能性がある（法7条）。特に、送信者情報を偽った送信（法5条）や架空の電子メールアドレスを宛先とする送信（法6条）を行った場合には、上記措置命令のほかに、電子通信事業者から電気通信役務の提供を拒否されることがある（法11条）。さらに、送信者情報を偽った送信（法5条）や措置命令違反（法7条）に対しては、罰則が設けられている（法34条以下。両罰規定あり）。

3 用語の定義・概念

本Vにおける用語の定義および概念は以下のとおりである。

◇ 電子メール：

　特定の者に対し通信文その他の情報をその使用する通信端末機器（入出力装置を含む）の映像面に表示されるようにすることにより伝達するための電気通信（電気通信事業法2条1号に規定するものをいう。）であって、総務省令で定める通信方式を用いるものをいう。上記総務省令（特定電子メールの送信の適正化等に関する法律第2条第1号の通信方式を定める省令）は、電子メールの送信プロトコルであるSMTP（Simple Mail Transfer Protocol）や、携帯電話のショート・メッセージ・サービスであるSMSのみを該当する通信方式として定めているため、SMSは本法の電子メールに該当する一方、LINEや、アプリ内の通知は該当しない。

◇ 特定電子メール：

　電子メールの送信（国内にある電気通信設備（電気通信事業法2条2号に定めるものと同じ）からの送信または国内にある電気通信設備への送信に限る）をする者（営利を目的とする団体および営業を営む場合における個人に限る）が自己または他人の営業につき広告または宣伝を行うための手段として送信をする電子メールをいう。詳細について、下記4参照。

◇ 送信者：

　電子メールの送信をする者。電気通信としての電子メールを発信する操作の主体となる者（団体を含む。）と解される。

◇ 送信委託者：

　電子メールの送信を委託した者。電子メールの送信に関し送信先や送信事項について一定の指示をしている者と解される[1]。

---

1) 単に広告の依頼を行っているだけの者や自らは電子メールを発信する操作をせずに他人に電子メール送信のためのシステムを提供しているだけのメール配信サービス事業者・配信ASP（Application Service Provider）事業者は、送信者や送信委託者には該当しない。

4 特定電子メールの範囲

　上記のとおり、特定電子メールは、「営利を目的とする団体および営業を営む場合における個人」である送信者が「自己または他人の営業につき広告または宣伝を行うための手段として送信する電子メール」であると定義される。

　政治団体・宗教団体・NPO法人・労働組合等の非営利団体が送信する電子メールは、「営利を目的とする団体および営業を営む場合における個人」の要件を満たさないため、特定電子メールに該当しない。

　「広告または宣伝を行うための手段として」に該当するか否かについて、「特定電子メールの送信等に関するガイドライン」（以下、本Vにおいて「ガイドライン」という。）は、図表V-1のように整理している。

〔図表V-1〕

「広告または宣伝を行うための手段として」に該当する	・営業上のサービス・商品等に関する情報を広告または宣伝しようとするもの ・営業上のサービス・商品等に関する情報を広告または宣伝しようとするウェブサイトへ誘導することがその送信目的に含まれるもの ・SNSへの招待や懸賞当選の通知、友達からのメールや会員制サイトでの他の会員からの連絡などを装って営業目的のウェブサイトへ誘導しようとするもの
「広告または宣伝を行うための手段として」に該当しない	・取引上の条件を案内する事務連絡や料金請求のお知らせなど取引関係に係る通知であって広告または宣伝の内容を含まず、広告または宣伝のウェブサイトへの誘導もしないもの ・単なる時候の挨拶であって、広告や宣伝の内容を含まず広告または宣伝のウェブサイトへの誘導もしないもの

　なお、ガイドラインは、広告・宣伝メールを送信するための同意の取得・確認のために送信される電子メールも、最終的に広告・宣伝メールを送信するために送信されるものであることから、広告または宣伝を行うた

めの手段として送信される特定電子メールに該当するとしている（そのため、事前の同意の取得（下記5⑴またはオプトイン規制の例外（下記5⑵を遵守する必要がある）ことに留意する必要がある。個人情報保護法では、利用目的の変更の同意を得るために個人情報を利用すること（メールの送信や電話をかけること等）は、当初特定した利用目的として記載されていない場合でも、目的外利用には該当しないとされているが（GL通則編3-1-3、3-1-4）、広告・宣伝メールでの利用という利用目的を追加するために同意を求める（すなわち広告・宣伝メールの送信に同意を求める）ことは、特定電子メール法の規制の範囲内でしかできないことになる。

5 特定電子メール送信に関する同意取得

⑴ 原則——事前の同意取得（オプトイン規制）

(i) 適正な同意取得のための要求事項

上記のとおり、特定電子メールを送信する者（送信者）は、原則として、事前に同意の通知等をした者にしか特定電子メールを送信することができない（法3条1項。いわゆるオプトイン規制）。「同意」とは、「他の者がある行為をすることについて、賛成の意思を表示すること」と解されるため、①受信者が広告・宣伝メールの送信が行われることを認識した上で、②それについて賛成の意思を表示した場合に、同意が得られたものと考えられる。

ガイドラインは、具体的に以下の観点から適正な「同意」が取得されているかどうかを判断すべきであるとしている。

- 通常の人間であれば広告・宣伝メールの送信が行われることが認識されるような形で説明等が行われていること
- 賛成の意思表示があったといえること

なお、同意の範囲については、特定電子メールの「送信をすること」について同意を取得していればよく、送信する電子メールの種類や内容まで特定して同意を取得することまでは、法律上の義務としては求められていない。

また、特定電子メールの送信を行うことが認められる送信先として「送信をすることに同意する旨を送信者または送信委託者に対し通知した者」

と規定されていることから、同意の通知をする者にとって、その通知の相手方となる送信者または送信委託者が特定されており、通常の人間であれば認識できるような形でその相手方の名称等が認識できるようになっていることが必要である。

同意取得の方法について法律上の定めはないが、ガイドラインは以上を前提に適切な同意取得に該当する場合とそうでない場合について図表V-2のように整理している。

〔図表V-2〕

適切な同意取得に該当する	営業上のメールマガジンなど、広告や宣伝が掲載されている雑誌や新聞と同様に広告・宣伝が掲載されていることが想定される電子メールについて、同意の取得に当たり、かかる電子メールが送信されることが表示されている場合（当該電子メールに付随的に広告や宣伝が掲載されることまで表示されている必要はない）
適切な同意取得に該当しない	・ 電子メールアドレスの登録時に、契約を申し込むサービスの約款や利用規約に同意の通知の相手方の名称および特定電子メールを送信する旨の記載があっても、極めて小さい文字または極めて目立たない色の文字で記載されている場合 ・ 約款や利用規約が長くウェブサイトを膨大にスクロールして、注意しないと認識できないような場所に記載されている場合 ・ 同意の通知の相手方が具体的に特定されていない場合（例：電子メールアドレスの登録時に、「関連サイト（or姉妹サイト）から広告・宣伝メールが送信される」旨の表記のみしかない場合）

なお、実務上、個人情報保護法21条の利用目的の通知等と兼ねる形（特定電子メールを送信することを利用目的として記載し、それに同意させる形）とすることも多いが、その際には、以上の特定電子メール法の要請と、GL通則編で「○○事業における商品の発送、関連するアフターサービス、新商品・サービスに関する情報のお知らせのために利用いたします。」が「具体的に利用目的を特定している事例」として挙げられていることと

を合わせて満たすような文言・形式とすることが必要となる。

　その上で、ガイドラインは、利用者が広告・宣伝メールの送信がされる旨の記載を見落として、誤って広告・宣伝メールの送信に同意することを防ぐため、最後の確認画面などにおいて、利用者に対して、広告・宣伝メールの送信について同意した状態となっていることや送信される広告・宣伝メールのタイトル等を表示することが望ましいとしている。また、送信される広告・宣伝メールの頻度が多い場合や容量が大きい場合など、受信者にとって負担が大きくなることが想定される場合には、同意の取得に当たり、そのような内容を受信者に伝えるよう推奨されている。

　(ii)　第三者を通じて同意取得する場合の留意事項

　送信者や送信委託者が、広告媒体事業者やプラットフォーム事業者、イベント主催者等の第三者を通じて利用者から同意を取得し、その送信者や送信委託者の名前で広告・宣伝メールを送信することも可能である。ただし、この場合は、第三者を通じた同意取得の際に、当該第三者とは別の特定の送信者・送信委託者から広告・宣伝メールが送信される旨が通常の利用者が認識できるような形で表示しなくてはならない。

　また、第三者を通じた同意取得の際に、受信者が同時に複数の送信者・送信委託者に対し同意の通知を行うことも可能である。ただし、この場合は、それらの送信者・送信委託者を受信者が明確に認識できるように表示されなくてはならない。もっとも、あまりに多数の者に一斉に同意の通知がされるときには、利用者が個々の送信者・送信委託者を認識しづらくなることから、利用者が正確に認識できるような範囲で同意の通知が行われるようにすることが推奨されている。

　この規制は、実務的には、グループ会社が取得したメールアドレスを使って広告メールを送信しようとすると問題となるから、注意が必要である。

　(iii)　合併・事業承継等の場合の同意・受信拒否の有効性

　送信者または送信委託者において、名称の変更や合併・事業承継等があった場合に特定電子メール送信の同意またはオプトアウトの通知による受信拒否（詳細は下記7）の有効性が継続するか否かについて、ガイドラインは、図表Ⅴ-3のように整理している。

〔図表Ⅴ-3〕

名称に変更があった場合	有効性が継続
合併・事業承継等があった場合	送信者または送信委託者において特定電子メールの送信に関する権利義務を承継していれば、有効性が継続

　もっとも、ガイドラインは、全ての受信者に対して名称の変更や合併・事業承継等があった旨を通知して、その事実を受信者側に認識させることが必要であるとしている。その方法としては、名称の変更や合併・事業承継等の後に独立して個別に通知を行う方法のほか、名称の変更や合併・事業承継等の後に最初に送信する電子メールにおいて行う方法が挙げられている。

　(iv)　ダブルオプトインの推奨

　ガイドラインは、他人の電子メールアドレスを無断で用いて同意の通知をするいわゆる「なりすまし」の同意を防止する必要性が高い場合や、受信者等からの同意の有無に関する問合せに対して同意があることを立証する必要がある場合などには、通知等されたメールアドレスに対し広告・宣伝内容を含まない確認の電子メールを送付し、当該電子メールに対して返信等の受信者本人の操作があって初めてその後の特定電子メールについての同意を確定するいわゆる「ダブルオプトイン」を実施することが推奨されている（推奨であって義務であるとまではされていない。）。ただし、ダブルオプトインを行うことは受信者にとっても負担となる場合があることから、ダブルオプトインを実施することが適当か否かは受信者が求めているサービスも踏まえた検討が必要となる。

　なお、ダブルオプトインを実施しない場合であっても、「なりすまし」の同意を防止する観点からは、同意の確認のため、通知等されたメールアドレスに対して、受信者本人ではない場合に返信を求める旨の広告・宣伝内容を含まない電子メールを送付し、受信者からの返信がない場合に限り広告・宣伝メールを送信する方法などのより簡便な方法を実施することも検討すべきであるとされている。

第1章　一般的に適用される法令

(v)　デフォルトオフの推奨およびデフォルトオンを採用する場合の注意事項

　ウェブフォーム等を活用して同意を取得する場合などでは、同意する旨のチェックボックスにあらかじめチェックがされている状態など、利用者による作為がない場合には同意したこととなる方法（デフォルトオン）と、予めチェックがされておらず、利用者による作為がない場合には同意はしなかったこととなる方法（デフォルトオフ）の2種類がある。ガイドラインは、同意の有無は一概にデフォルトオンかデフォルトオフかのみで決まるものでないとしつつも、デフォルトオフによることを推奨している。

　また、ガイドラインは、仮にデフォルトオンによる場合、以下を推奨している。

- チェックボックスのチェックを外さない場合には送信に同意したこととなる旨の記載やチェックの外し方に関する記載を、利用者が容易に認識できるようにわかりやすく表示すること
- チェックボックスが複数ある場合に、一括で全てのチェックを外す機能を実装すること
- チェックボックスを、利用者が通常容易に認識できる場所に設置すること
  （容易に認識できない場所に設置する場合には、画面上で利用者が通常容易に認識することができる場所において、画面の下部に広告・宣伝メールの送信に同意することとなるチェックボックスがある旨の注意文を、利用者が明確に認識できる文字の大きさ、色等により表示させる等の工夫を行うこと）
- デフォルトオンで同意を取得する画面で、利用者がチェックを外して次の画面に進んだにもかかわらず、「戻る」ボタン等で前の画面に戻ると、チェックボックスに再度チェックがされている状態に戻ってしまう仕様を採用しないこと

(vi)　1つの電子メールアドレスに複数の使用者がいる場合の取扱い

　1つの電子メールアドレスを複数の者が使用している場合もあるが、ガイドラインは、通常1つのメールアドレスは一人の受信者と紐付けて扱われている場合が多いことを理由に、特段の事情がない限り、複数の使

用者のうち一人が同意の通知をすれば、特定電子メールの送信が可能であるとしている。

(2) 例外——事前の同意取得が不要な場合
　以下の者に特定電子メールを送付する場合は、事前の同意取得は不要である（法3条1項2号～4号）。実務的には、これらの例外がしばしば使われている。
　① 自己の電子メールアドレスを送信者または送信委託者に対し通知した者
　② 当該特定電子メールを手段とする広告または宣伝に係る営業を営む者と取引関係にある者
　③ 自己の電子メールアドレスを公表している団体または個人（個人にあっては、営業を営む者に限る）

個人情報保護法において利用目的の通知等をしなくてよい場合として、同法21条4項4号の「取得の状況からみて利用目的が明らかであると認められる場合」があり、GL通則編では「一般の慣行として名刺を交換する場合、直接本人から、氏名・所属・肩書・連絡先等の個人情報を取得することとなるが、その利用目的が今後の連絡や、所属する会社の広告宣伝のための冊子や電子メールを送付するという利用目的であるような場合」がこれに当たるとされているが、実際に広告メールを送信するためには、特定電子メール法の本例外に当てはまらない限り、同意（オプトイン）を取得する必要があるから注意が必要である。

　(i) 自己の電子メールアドレスを送信者または送信委託者に対し通知した者
　例えば、名刺交換をした相手方に広告メールを送る際には、この例外を使うことになる。
　「自己の電子メールアドレスを送信者または送信委託者に対し通知した」といえるためには、少なくとも、通知の対象である自己の電子メールアドレスと、通知の相手方となる送信者または送信委託者が特定されている必要がある。したがって、例えば送信者が受信者に対して「第三者からメールを送ることがあります」という表示をし、これに対して受信者が通知を

行ったような場合には、送信者等が特定されていないため、「通知した」とは解されない。

「通知」の方法としては、原則として書面による通知（例：上述した名刺などの書面により自己の電子メールアドレスを通知する場合）が必要となる。しかしながら、以下の場合に限り、書面以外の手段による通知（例：ウェブサイト等を通じた通知）も認められる（施行規則2条1項。これは、上記4で述べたものとは異なる論点であるから注意が必要である。）。

- フリーメール等において広告宣伝が付随的に行われる場合（特定電子メールの送信の適正化等に関する法律施行規則（以下、本Vにおいて「施行規則」という。）2条1項1号）
- 契約の申込みをした者や契約を締結した者に対し当該契約の申込み、内容または履行に関する事項を通知するために送信される電子メールにおいて広告宣伝が付随的に行われる場合（同号）
- 同意の取得や確認のための電子メールを送信し、その結果受信者から同意の通知を受けたときにのみ以降、特定電子メールを送信する場合（同項2号）

なお、受信者がオプトアウトを行う際の通知は、形式的には上記通知の要件に合致することとなる場合があるものの、上記通知（オプトインの例外となる電子メールアドレスの通知）には該当しないことが明示的に定められている（施行規則2条2項）。

(ii) 当該特定電子メールを手段とする広告または宣伝に係る営業を営む者と取引関係にある者

「取引関係にある者」は、「社会通念上、明示の拒否がなければ広告・宣伝メールが送付されることを許容していると認められるような社会関係にある者」と考えられている。具体的には、事業者と消費者の間の関係では、例えば、金融機関の顧客であって、当該金融機関に口座を開設し継続的に金融商品等の購入等を行っている場合などが取引関係に当たると考えられる。また、商品・サービスを購入については、一度の購入のみでは必ずしも継続的な関係にあるとはいえないが、以後の購入等の取引が予定されている場合には、外形的に判断して取引関係にあるといえる場合もあると考えられる。

(iii) 自己の電子メールアドレスを公表している団体または個人

「公表」の方法については、「インターネットを利用して公衆が閲覧することができる状態に置く方法」と定められているが、当該方法による公表と併せて特定電子メールの受信を拒否する旨を表示している場合には、「自己の電子メールアドレスの公表に該当しない」ことが定められている（施行規則3条）。ここでいう「受信を拒否する旨の表示」に関しては、広告宣伝メールの送信をしないように求めることを目的とし、明確に拒否する旨の意思表示であることが判る用語（例えば、「特定電子メール」、「広告メール」、「宣伝メール」、「迷惑メール」等の文字と、「拒否」、「お断り」、「送信しない」等の文字を組み合わせたもの）を用いて、電子メールアドレスの直前または直後など公表する電子メールアドレスと併せて表示することが適当であるとされている。

6 同意を証する記録の保存

特定電子メール法は、オプトイン方式による規制を実効性のあるものとするために、「同意を証する記録」の保存を義務付けている。特定電子メール法のオプトインの記録が保存できていないというのは、ありがちなコンプライアンス違反といえるから、注意したい。

具体的な保存の内容および保存期間については施行規則において以下のとおり定められている。なお、ガイドラインは、法律に基づいて作成が義務付けられる記録とは別に、同意の取得に関して受信者とトラブルが発生した場合など、同意取得を適正に行ったことを受信者側に説明する必要がある場合に備え、トラブル発生の蓋然性に応じ、コスト等も勘案の上、説明のために最低限必要な記録を保持しておくことを推奨している。

(1) 保存の内容

法律上保存が義務付けられている内容は、次のいずれかである（施行規則4条1項）。

① 同意を取得している個別の電子メールアドレスに関し同意を取得した際の時期、方法等の状況を示す記録

② 特定電子メールの宛先とすることができる電子メールアドレスが区

別できるようにされている記録に加えて、以下のⓐからⓒまでの区分に応じた記録
ⓐ　書面を提示、または交付することにより同意を取得した場合：当該書面に記載した定型的な事項の記録
ⓑ　電子メールの送信をすることにより同意を取得した場合：当該電子メールの通信文のうち定型的な部分
ⓒ　ウェブサイトを通じて通信文を伝達することにより同意を取得した場合：当該通信文のうち定型的な部分（同意の取得に際して示す当該ウェブサイトの画面構成）

(2)　保存期間

保存期間については図表Ⅴ-4のとおり整理される（施行規則4条2項）。

〔図表Ⅴ-4〕

1度も広告・宣伝メールを送信することがない場合			当該送信をしないこととした日まで
広告・宣伝メールを送信した場合	原則		当該記録に係る特定電子メールの送信をしないこととなった日から1ヶ月を経過する日まで
	例外：措置命令（法7条）を受けた場合	措置命令を受けた日以降に送信を行った場合	以下のどちらか遅い日まで (a) 命令を受けた日から1年が経過するまでの間に当該送信を最後に行った場合は、当該送信を最後に行った日から1年間 (b) 命令を受けた日から1年を経過した日以降に当該送信を最後に行った場合は、当該送信を最後に行った日から1ヶ月間

| | | 措置命令を受けた日以前であって、命令を受けた日から起算して1ヶ月前までの間に当該送信を行った場合 | 当該送信を最後に行った日から1年間 |

7 オプトアウト

　法3条3項は、事前の同意を取得した場合（オプトイン）またはオプトインの例外に該当する場合であっても、特定電子メールの送信をしないように求める通知（オプトアウトの通知）を受けたときは、その通知に示された意思に反した特定電子メールの送信を禁止している。

(1) 通知の方法
　オプトアウトの通知について、具体的な方法は特に限定されておらず、電子メールの送信その他の任意の方法で構わない（施行規則5条）。

(2) 通知の内容
　オプトアウトの通知は、特定電子メールの受信に係る電子メールアドレスを明らかにして行う必要がある（施行規則5条）。
　また、受信者は、オプトアウトの通知に条件を付し、一定の事項に係る特定電子メールの送信のみをしないように求めることや、特定電子メールの送信を一定の期間しないように求めることも可能であり、かかる要請があった場合、送信者は受信者の指定した特定電子メールを送信してはならないが、反対に、送信者は受信者の指定した以外の特定電子メールの送信を続ける義務を負うものではない。

(3) オプトアウトの例外
　以下の場合には、オプトアウトの通知にかかわらず、特定電子メールの送信が許容される（法3条3項ただし書、施行規則6条）。
　①　契約に伴う料金請求等やサービス内容の変更のための事務連絡等の

電子メールに付随的に広告・宣伝が含まれる場合
② いわゆるフリーメールサービスを利用して送信する電子メールに付随的に広告・宣伝が含まれる場合
③ 契約の前段のやりとりとして顧客から行われる問合せに対する返信等に付随的に広告・宣伝が含まれる場合

(4) 簡便なオプトアウト方法提供の推奨

ガイドラインは、電子メール利用の良好な環境の整備の観点から、送信者・送信委託者が受信者に対して簡便なオプトアウトの方法を提供することを推奨している。ガイドラインが提案する簡便なオプトアウトの方法としては以下のものがある。

- 広告・宣伝メール本文に記載するオプトアウトの通知の連絡先となるURLを受信者ごとに異なるものとし、そのURLをクリックすることで表示されるウェブサイトの画面で簡便にオプトアウトができるようにする
- 複数の広告・宣伝メールを送信している場合であって、オプトアウトの画面上で利用者が選択してオプトアウトの通知ができるようにしているときには、一括で全ての項目のオプトアウトができる設定を用意する
- 複数の者による特定電子メールの送信について、送信者を明示した上で、ある者が責任を持って一括して同意を取るような場合などにおいて、オプトアウトについても一回の手続でまとめて行うことができる方法を提供する

(5) 個人情報保護法との関係

GL通則編において、「ダイレクトメールを送付するために個人情報取扱事業者が保有していた情報について、当該個人情報取扱事業者がダイレクトメールの送付を停止した後、本人が消去を請求した場合」は、利用停止等または第三者提供の停止請求が認められるとされているから、注意が必要である（GL通則編3-8-5-1）。

8 表示義務

　法は、オプトイン方式を機能させ、また、受信者が確実にオプトアウトを行えるように、送信者に対して、特定電子メールの送信にあたり、一定の事項について所定の方法による表示義務を課している。特定電子メールであるにもかかわらずこの表示が行われていない広告メールがしばしば見られるから、法務・コンプライアンス担当者としては注意が必要である。

(1)　表示すべき事項

　送信者は、特定電子メールの送信にあたり、以下の事項を表示しなければならない（法4条、施行規則9条）。

① 　特定電子メールの送信について責任のある者の氏名・名称・住所
② 　オプトアウトの通知ができる旨の記載
③ 　オプトアウトの通知を受けるための電子メールアドレスまたはURL
④ 　苦情や問合せ等を受け付けるための電話番号、電子メールアドレスまたはURL

　ただし、オプトアウトの例外（上記7(3)）の場合には、①の住所、②および④の表示は不要である。

(2)　表示場所・方法

　施行規則は、表示を図表V-5の場所において行うべき旨を定めている（施行規則7条）。

〔図表V-5〕

送信責任者の氏名・名称およびオプトアウトの通知を受けるための電子メールアドレスまたはURL	受信者が容易に認識することができる任意の場所
オプトアウトの通知ができる旨の記載／送信元の電子メールアドレス宛に送信することで通知ができる場合はその旨の記載	オプトアウトの通知を受けるための電子メールアドレスまたはURLの前後／受信者が容易に認識できる場所

送信責任者の住所、苦情等を受け付けるための電話番号、電子メールアドレスまたはURL	リンク先を含む任意の場所

　なお、ガイドラインは、表示の方法等について、受信者にとって判りやすいよう、電子メール本文の最初または最後に記載することを推奨している。また、リンク先に記載することが認められる表示事項についても、リンク先に当該事項が表示されていることを受信者が容易に認識できるようにされていることを推奨している。ただし、リンク先のURLを記載することが認められる場合やオプトアウトの通知先をURLとする場合であっても、何度もクリックしないと必要な表示にたどりつかないようなときには、表示として不適当であるとされている。

9　禁止行為

　送信者は、送信者情報（送信に用いた電子メールアドレス等）を偽って特定電子メールの送信をしてはならない（法5条）。また、送信者は、自己または他人の営業のために多数の電子メールの送信をする目的で、架空電子メールアドレスをその宛先とする電子メールの送信をしてはならない（法6条）。

10　行政処分・制裁・罰則など

(1)　措置命令

　総務大臣および内閣総理大臣は、以下の場合に、送信者（または送信者・送信委託者双方）に対し、電子メールの送信の方法の改善に関し必要な措置をとるべきことを命ずる（措置命令を下す）ことができる（法7条）。

①ⓐ　送信者が一時に多数の者に対してする特定電子メールの送信その他の電子メールの送信につき、法3条（オプトイン・オプトアウト義務）もしくは法4条（表示義務）の規定を遵守していないと認める場合または

　ⓑ　送信者情報を偽った電子メールもしくは架空電子メールアドレスをその宛先とする電子メールの送信をしたと認める場合で、

② 電子メールの送受信上の支障を防止するため必要があると認めるとき
※架空電子メールアドレスをその宛先とする電子メールの送信に関する場合は、総務大臣のみが措置命令を下すことができる。

上記①ⓐの「一時に多数」について、ガイドラインは、一回の操作により、広範囲な受信者にあてて、無差別かつ大量に電子メールを送信する場合などであり、一般の電子メール利用者が通常の電子メールの送信に当たり想定される送信先の範囲・件数を超える場合を想定している。

上記②の「電子メールの送受信上の支障」について、ガイドラインは、以下のような場合を想定している。

・電子メールが遅配する等の支障が生じる場合など、電気通信事業者の提供する電子メール通信役務の円滑な提供の支障がある場合
・受信者側で電子メールの通常の利用に支障をきたし、電子メールの利用に不便が生じるとともに私的生活領域が侵害され、それによりプライバシーやコミュニケーションに係る正当な利益が侵害されているような場合

原則として、措置命令の対象となるのは送信者であるが、送信委託者が電子メールの送信に係る業務の一部を行った場合であって、その送信委託者の責めに帰すべき事由があると認められるときは、送信者のみならず送信委託者も措置命令の対象となる。「送信委託者の責めに帰すべき事由がある」場合について、ガイドラインは、法3条1項1号および2号の通知を受けていないにもかかわらず、通知を受けた者であるとして送信者に送信先となる電子メールアドレス等を提供して送信をさせた場合など、不適正な電子メールの送信の原因が送信委託者にある場合を挙げている。

措置命令の内容について、ガイドラインは、送信行為の具体的態様によって異なるとしつつ、例えば、法4条違反の特定電子メールの送信をした場合であれば、表示義務を遵守した電子メールの送信を行うべき旨の命令の発出、送信者情報を偽った電子メールの送信をした場合には、送信者情報を正確に記載した電子メールの送信を行うべき旨の命令を発出するこ

とが考えられるとしている。

(2) 制裁——電気通信役務の提供の拒否

電気通信事業者は、①送信者情報を偽った電子メールの送信がされた場合において自己の電子メール通信役務の円滑な提供に支障を生じ、またはその利用者における電子メールの送受信上の支障を生ずるおそれがあると認められるとき、②一時に多数の架空電子メールアドレスをその宛先とする電子メールの送信がされた場合において自己の電子メール通信役務の円滑な提供に支障を生ずるおそれがあると認められるとき、③その他電子メールの送受信上の支障を防止するため電子メール通信役務の提供を拒むことについて正当な理由があると認められる場合には、当該支障を防止するために必要な範囲内において、送信者に対して、電子メール通信役務の提供を拒むことができる（法11条）。

(3) 罰則

本法への違反については罰則が定められているが、特に以下に留意する必要がある。なお、図表Ⅴ-6のとおり、両罰規定も存在する。

〔図表Ⅴ-6〕

違反の内容	罰則
・5条違反（送信者情報を偽った送信） ・措置命令違反	1年以下の懲役または100万円以下の罰金（法34条） ※両罰規定（法37条1号）：3,000万円以下の罰金
・措置命令違反（同意の記録保存に関する） ・当局への虚偽報告または検査拒否等	100万円以下の罰金（法35条） ※両罰規定（法37条2号）：100万円以下の罰金

Ⅵ 民法

◆ 定型約款

1 法規制の対象となるケース

　対象となる事業者に限定はなく、事業者が個人情報の取扱いを定めたプライバシーポリシー・利用規約を利用する場合に対象となり得る。

2 法規制のポイント

　個人情報の取扱いに関するの「本人の同意」は、「本人の個人情報が、個人情報取扱事業者によって示された取扱方法で取り扱われることを承諾する旨の当該本人の意思表示をいう」とされ（GL通則編2-12）、意思表示であることは明らかにされているものの、その法的性質については必ずしも明らかではない。そのため、個人情報保護法という行政法規に基づく同意であり、契約の成立に向けられたものではないため、個人情報の取扱いについて定めるプライバシーポリシーは定型約款に該当しないとする見解[1]もあるが、定型約款に該当するという見解もある[2]。これは、結局のところ、当該プライバシーポリシーが、本人との間の契約となっているかどうかの問題であるように思われる。プライバシーポリシーに同意を求めている場合には、定型約款に該当すると考えるべきであるからである。また、個人情報の取扱いについて利用規約の中に組み込む実務もあり得ると思われるが、この場合にはいずれにせよ定型約款に関する規律には服する。

　以上に鑑みると、実務的には、プライバシーポリシー・利用規約が定型約款に該当することを前提に、定型約款の規律に反しないような対応をす

---

1) 村松秀樹＝松尾博憲『定型約款の実務Q&A〔補訂版〕』（商事法務、2023年）80頁
2) 加藤伸樹「本人の同意の理論的検討」NBL1181号（2020年）47頁、大澤彩「民法・消費者からみた『同意』――事業者・消費者間取引における消費者の個人データ取得の場面等を素材に」NBL1167号（2020年）5頁〜6頁

ることが望ましい。

　プライバシーポリシー・利用規約が定型約款に該当する場合、定型約款中の不当条項は合意をしなかったものとみなされる（民法548条の2第2項）。また、定型約款を準備した者（以下、本Ⅵにおいて「定型約款準備者」という。）は約款内容の開示義務を負い（同法548条の3）、それに違反した場合には損害賠償義務を負う可能性などがあるほか、相手方の個別の合意を得ずに定型約款の変更をしようとする場合には、一定の要件の遵守が求められる（同法548条の4）。

3　用語の定義・概念

◇　定型取引：

　定型取引とは、ある特定の者が不特定多数の者を相手方として行う取引であって、その内容の全部または一部が画一的であることがその双方にとって合理的なものをいう（民法548条の2第1項）。詳細について、下記4参照。

◇　定型約款：

　定型取引において、契約の内容とすることを目的として当事者の一方により準備された条項の総体をいう（民法548条の2）。例えば、普通預金規程、保険取引における保険約款、インターネットを通じた物品売買における購入約款、インターネットサイトの利用取引における利用規約、市販のコンピュータソフトウェアのライセンス規約等が該当する[3]。詳細について、下記6参照。

◇　プライバシーポリシー：

　法令上、プライバシーポリシーという文言は用いられていないが、プライバシーポリシーは、一般的に、個人情報等の取得、利用、管理、提供、本人の権利行使等の取扱いの方針を明文化したものとされており、GL通則編では安全管理措置の一環として「個人情報保護方針」の策定が重要であるとされている[4]。

---

[3]　村松＝松尾・前掲注1）11頁

4 定型取引

定型取引とは、以下の①および②のいずれにも該当する取引のことをいう（民法548条の2第1項）。

① ある特定の者が不特定多数の者を相手方として行う取引であること
② 取引の内容の全部または一部が画一的であることが当事者の双方にとって合理的なものであること

上記①にいう「不特定多数の者を相手方として行う取引」とは、相手方の個性に着目せずに行う取引を意味する。したがって、一定の集団に属する者との取引であっても、相手方の個性に着目せずに行う取引であればこれに該当する[5]。

上記②とは、ⓐ多数の相手方に対して同一の内容で契約を締結することが通常であり（画一性）、かつ、ⓑ相手方が交渉を行わず、一方当事者が準備した契約条項の総体をそのまま受け入れて契約の締結に至ることが取引通念に照らして合理的である（画一性に関する合理性）取引を意味する[6]。

5 定型約款

定型約款とは、上記のとおり、定型取引において、契約の内容とすることを目的として当事者の一方により準備された条項の総体をいう（民法548条の2）。

「契約の内容とすることを目的として」とは、当該定型約款を契約内容に組み入れることを目的とするという意味である[7]。

「条項の総体」という表現から明らかなとおり、複数の契約条項が存在することが前提となり、契約に際してある特定の相手方との関係で特別な条項が設けられた場合には、その条項は事前に準備された定型的な条項ではないため、「条項の総体」には含まれない[8]。

---

4) 白石和泰ほか『プライバシーポリシーの作成のポイント』（中央経済社、2022年）2頁
5) 筒井健夫＝村松秀樹『一問一答 民法（債権関係）改正』（商事法務、2019年）244頁
6) 潮見佳男『新債権総論Ⅰ』（信山社、2017年）36頁
7) 潮見・前掲注6）36頁

また、「作成された」ではなく「準備された」という表現が使用されていることから、定型約款は、一方当事者が、自らその内容を検討して作成したもののみを指すのではなく、第三者がその内容を検討して作成したものであっても、これに該当する場合がある[9]。

6 定型約款の合意

(1) 概要
　民法の一般原則からすれば、契約の当事者は契約の個別の条項の内容を認識して意思表示をしなければ契約に拘束されない[10]。しかし、定型取引の合意をした者は、以下の①または②のいずれかの場合には、定型約款の個別の条項についても合意をしたものとみなされる（民法548条の2第1項「みなし合意」）。
　① 定型約款を契約の内容とする旨の合意をしたとき（民法548条の2第1項1号）
　② 定型約款準備者があらかじめその定型約款を契約の内容とする旨を相手方に表示していたとき（同項2号）

(2) 定型約款を契約の内容とする旨の合意をしたとき
　「定型約款を契約の内容とする旨の合意をしたとき」とは、約款の条項を認識してその内容を了承する合意を意味するのではなく、特定の定型約款を契約内容とする旨の合意である[11]。なお、この合意には黙示の合意も含まれる[12]。

(3) 定型約款準備者があらかじめその定型約款を契約の内容とする旨を相手方に表示していたとき
　「定型約款を契約の内容とする旨を相手方に表示していたとき」とは、

---

8) 筒井＝村松・前掲注5）244頁
9) 村松＝松尾・前掲注1）45頁
10) 筒井＝村松・前掲注5）249頁
11) 経済産業省「電子商取引及び情報財取引等に関する準則」（平成14年3月、令和4年4月改訂）27頁
12) 筒井＝村松・前掲注5）249頁

定型約款を契約の内容とする旨を相手方に示すことで足り、その定型約款に含まれる条項そのものを示す必要はない[13]。

ここでいう「表示」とは、「公表」では足りず、契約の相手方に対してなされるものでなければならないとされている。また、定型約款が契約内容になることが相手方に認識可能な形でされたものでなければならないとされている[14]。

したがって、例えば自社ホームページ等で一般的に公表するだけでは足りず、インターネット経由の取引であれば契約締結画面までの間に画面上で認識可能な状態に置くことが必要になると考えられる[15]。

7 不当条項規制

定型取引の合意をした者が定型約款の個別の条項について合意したとみなされる場合であっても、不当条項は合意したものとみなされる条項には含まれず、契約の内容にならない（民法548条の2第2項）。

具体的には、相手方の権利を制限し、または相手方の義務を加重する条項であって、当該定型取引の態様およびその実情ならびに取引上の社会通念に照らして民法1条2項に規定する基本原則に反して相手方の利益を一方的に害すると認められるものについては、合意をしなかったものとみなされる。

不当条項として合意をしなかったものとみなされる条項としては、例えば、相手方に対して過大な違約罰を定める条項、定型約款準備者の故意または重過失による損害賠償責任を免責する旨の条項等、その条項の内容自体に強い不当性が認められるもの等が想定される[16]。

8 定型約款の内容の開示義務

定型取引合意の前または定型取引合意の後相当期間内に相手方から開示請求があった場合、定型約款準備者は約款内容の開示義務を負う（民法

---

13) 経済産業省・前掲注11) 28頁
14) 潮見・前掲注6) 43頁
15) 筒井＝村松・前掲注5) 250頁
16) 筒井＝村松・前掲注5) 252頁

548条の3第1項本文)。

ただし、定型約款準備者が定型取引合意の前に、相手方に対して定型約款を記載した書面を交付し、またはこれを記録した電磁的記録を提供していたときは、定型約款準備者には合意前・合意後の開示義務はない(民法548条の3第1項ただし書)。

なお、開示義務違反の場合の効力について明文の定めはないが、定型約款の内容の開示は約款の拘束力の要件として位置付けられているものではないため定型約款が契約の内容になることは否定されないと考えられる。しかしながら、相手方から、強制的な履行の請求、債務不履行に基づく損害賠償請求を受ける可能性があるため、留意が必要である[17]。

9 定型約款の変更

(1) 概要

民法の一般原則からすれば、契約内容を変更するためには相手方の個別の同意が必要である[18]。

しかしながら、定型約款準備者が一定の要件を満たす場合は、変更後の定型約款の条項について合意があったものとみなされ、個別に相手方と合意することなく、定型約款を変更することができる(民法548条の4第1項)。

(2) 定型約款の変更要件

定型約款の変更は、以下のいずれかの場合に限り、変更後の定型約款の条項について合意があったものとみなされる。

① 定型約款の変更が、相手方の一般の利益に適合すること(民法548条の4第1項1号)

② 定型約款の変更が、契約をした目的に反せず、かつ、変更の必要性、変更後の内容の相当性、この条の規定による定型約款の変更をすることがある旨の定めの有無およびその内容その他の変更に係る事情

---

[17] 松岡久和＝中田邦博『新・コンメンタール　民法(財産法)〔第2版〕』(日本評論社、2020年)934頁

[18] 筒井＝村松・前掲注5)257頁

に照らして合理的なものであること（民法548条の4第1項2号）
　(i)　定型約款の変更が、相手方の一般の利益に適合すること
　「相手方の一般の利益に適合する」とは、特定の相手方の利益に適合するだけでは足りず、変更の内容が客観的に見て相手方全員の利益に適合することを意味する[19]。

　例えば、継続的に一定のサービスを有料で提供する契約において、顧客である相手方が支払い義務を負う金額を減額する場合や、定型約款準備者が提供するサービスの内容を相手方に負担を課すことなく拡充する場合等が想定されている[20]。

　(ii)　定型約款の変更が、契約をした目的に反せず、合理的なものであること
　「契約をした目的」とは、相手方の主観的な意図を意味するのではなく、契約の両当事者で共有された当該契約の目的を意味するものである。
　「変更が……合理的なものである」か否かは、定型約款準備者にとってかかる変更をすることが合理的か否かを問題とするものではなく、客観的に判断される[21]。

(3)　変更後の定型約款の周知義務

　効力発生時期を定め、かつ、定型約款を変更する旨および変更後の定型約款の内容ならびにその効力発生時期をインターネットの利用その他の適切な方法により周知しなければならない（民法548条の4第2項）。なお、民法548条の4第1項2号による定型約款の変更については、効力発生時期が到来するまでに周知をしなければ効力が生じない（同条3項）。

(4)　実務上の留意点

　経済産業省は、「変更の対象や要件等を具体的に定めてあり、かつ信義則に反して相手方の利益を一方的に害するとは解されない変更条項が存在していること」を定型約款内の変更の合理性を肯定する方向で考慮される

---

[19]　経済産業省・前掲注11）33頁
[20]　筒井＝村松・前掲注5）259頁
[21]　筒井＝村松・前掲注5）260頁

要素として挙げている[22]ことからすると、実務上の対応としては、できる限り変更の対象を限定し、周知期間を定めておく等した上で、変更の要件を具体化した条項を設けておくことが考えられる[23]。

---

22) 経済産業省・前掲注11) 32頁
23) 中山茂ほか「利用規約の変更・未成年者の取扱い・ID・パスワードの流用」ビジネス法務2022年12月号（2022年）60頁以下

◆ 民法の意思表示の規定

1 法規制の対象となるケース

対象となる事業者に限定はなく、個人情報の取扱いについて本人の同意を取得する場合が対象となる。

2 法規制のポイント

上記◆定型約款2で述べたとおり、本人の同意は、個人情報保護法という行政法規に基づく同意であるから、民法は適用されない、あるいは修正されるという見解がある一方[24]、錯誤、詐欺といった意思表示の瑕疵に関する条文も本人の同意に適用されるという見解もある[25]。そのため、実務的には、本人の同意の取得時には、民法の意思表示の規定が適用されたとしても、錯誤による取消し（民法95条）、詐欺による取消し（同法96条）等が問題となることのないように対応をすることが望ましい。

3 用語の定義・概念

◇ 本人の同意：

本人の同意とは、本人の個人情報が、個人情報取扱事業者によって示された取扱方法で取り扱われることを承諾する旨の当該本人の意思表示をいう[26]。

個人情報保護法上、本人の同意が必要となるのは、要配慮個人情報を取得する場合（個情法20条2項）、利用目的の範囲を超えて個人情報を取り扱う場合（同法18条1項）、個人データを第三者に提供する場合（同法27条1項）、個人データを外国にある第三者へ提供する場合（同法28条）である。詳細については、下記Ⅷ 4(2)、5(2)、7(1)(i)、7(2)(i)を参照。

---

[24] 白石ほか・前掲注4）71頁
[25] 加藤・前掲注2）48頁、石井夏生利「『同意』の横断的考察」NBL1167号（2020年）38頁。なお、電気通信事業 GL 43頁も、民法の意思表示の瑕疵に関する条文が適用されるという前提に立っていると思われる。
[26] GL通則編2-12

◇　意思表示：

　意思表示とは、一定の法律効果の発生を欲する意思を外部に対して表示する行為をいう[27]。

◇　錯誤：

　民法における錯誤とは、表示の内容と内心の意思とが一致しないことを表意者（意思表示を行った者）自身が知らないことをいう[28]。錯誤による意思表示は原則として取り消すことができる。詳細については、下記4(1)参照。

◇　詐欺：

　民法における詐欺とは、なんらかの方法による欺罔行為によって人を錯誤に陥れ、それによって意思表示をさせることをいう[29]。詐欺による意思表示は原則として取り消すことができる。詳細については、下記4(2)参照。

◇　電子消費者契約：

　電子消費者契約に関する民法の特例に関する法律（以下、本◆において「電子契約法」という。）にいう電子消費者契約とは、消費者と事業者との間で電磁的方法により電子計算機の映像面を介して締結される契約であって、事業者またはその委託を受けた者が当該映像面に表示する手続に従って消費者がその使用する電子計算機を用いて送信することによってその申込みまたはその承諾の意思表示を行うものをいう（電子契約法2条1項）。

◇　消費者：

　電子契約法にいう消費者とは、個人（事業としてまたは事業のために契約の当事者となる場合におけるものを除く。）をいう（電子契約法2条2項）。

◇　事業者：

　電子契約法にいう事業者とは、法人その他の団体および事業としてまたは事業のために契約の当事者となる場合における個人をいう（電子契

---

27)　法令用語研究会編『有斐閣　法律用語辞典〔第5版〕』（有斐閣、2020年）18頁
28)　我妻榮ほか『我妻・有泉コンメンタール民法──総則・物権・債権〔第8版〕』（日本評論社、2022年）207頁
29)　松岡＝中田・前掲注17）112頁

約法2条2項)。

4 本人の同意における意思表示の瑕疵

(1) 錯誤

(i) 要件

錯誤には、表示の錯誤(民法95条1項1号)と基礎事情の錯誤(同項2号)がある。それぞれの要件は図表Ⅵ-1のとおりである。

〔図表Ⅵ-1〕

錯誤の類型	要件
表示の錯誤	① 意思表示が「意思表示に対応する意思を欠く錯誤」に基づくこと(民法95条1項1号) ② その錯誤が「法律行為の目的および取引上の社会通念に照らして重要なものである」こと(同項柱書)
基礎事情の錯誤	① 意思表示が「表意者が法律行為の基礎とした事情についてのその認識が真実に反する錯誤」(民法95条1項2号)に基づくこと ② その錯誤が「法律行為の目的および取引上の社会通念に照らして重要なものである」こと(同項1号) ③ 「その事情が法律行為の基礎とされていることが表示されていた」こと(同条2項)

ア 表示の錯誤

(ア) 意思表示が「意思表示に対応する意思を欠く錯誤」に基づくこと

「意思表示に対応する意思を欠く錯誤」とは、いわゆる表示の錯誤のことである(民法95条1項1号)。表示の錯誤とは、意思表示の内容と真意とが一致しないことをいい、表示行為の錯誤(例:3万円で買いたいとの申込みをする意思で6万円と誤記をした場合)と表示内容の錯誤(例:1グロスが10ダース(120本)の意味であると誤解して1グロス(=12ダース=144本)の注文をした場合)とに分類される[30]。

(イ) その錯誤が「法律行為の目的および取引上の社会通念に照らして重要なものである」こと

---

30) 松岡=中田・前掲注17)101頁

錯誤が「法律行為の目的および取引上の社会通念に照らして重要なものである」（民法95条1項柱書）か否かは、①その点について錯誤がなかったならば、表意者がその意思表示をしなかったであろうということ（主観的因果関係）、および②通常人が表意者の立場にあったとしても、その意思表示をしなかったであろうこと（客観的重要性）から判断される[31]。

　　イ　基礎事情の錯誤
　　　(ア)　意思表示が「表意者が法律行為の基礎とした事情についてのその認識が真実に反する錯誤」に基づくこと

「表意者が法律行為の基礎とした事情についてのその認識が真実に反する錯誤」とは、いわゆる基礎事情の錯誤のことである（民法95条1項2号）。基礎事情の錯誤とは、意思表示の内容と真意が一致しているもののその基礎となった事実に誤解があることを意味する。

　　　(イ)　その錯誤が「法律行為の目的および取引上の社会通念に照らして重要なものである」こと

上記ア(イ)を参照。

　　　(ウ)　「その事情が法律行為の基礎とされていることが表示されていた」こと

基礎事情の錯誤の場合は、当該事情が「法律行為の基礎とされていることが表示されていた」こと、すなわち、表意者にとって法律行為の動機となった事情が契約の当然の前提となっていたなど法律行為の基礎とされ、そのことが相手方に対して表示されていた場合を意味する（民法95条2項）[32]。表意者が意思表示の動機となった事情を明示的に表示していない場合であっても、相手方において認識することができ、黙示的に表示されていたと評価することができるときも「表示」されていたといえる[33]。

　　(ii)　効果

錯誤が認められる場合、錯誤に基づく意思表示は取り消すことができる（民法95条1項柱書）。ただし、錯誤が表意者の重大な過失によるものであった場合には、①相手方が、表意者が錯誤に陥っていることを知り、もしく

---

31)　松岡＝中田・前掲注17）105頁
32)　筒井＝村松・前掲注5）22頁
33)　筒井＝村松・前掲注5）22頁

は重大な過失により知らなかった場合、または②相手方が表意者と同一の錯誤に陥っていた場合を除き、意思表示の取消しをすることができない（同条3項）。

意思表示の取消しをするには、取消権の行使、すなわち取消しの意思表示をする必要がある（民法123条）。取消権の行使がされた場合、意思表示は無効であったものとみなされる（同法121条）。その効果が民法の定めるとおり意思表示の時点に遡って生じること（遡及効）を否定する見解もある[34]が、仮に錯誤に基づく取消しに遡及効があるとされる場合には、善意かつ無過失の第三者には対抗することができない（同法95条4項）ことになると思われる。

なお、錯誤取消しを招来するような手法による同意の取得は、通常、「本人が同意に係る判断を行うために必要と考えられる合理的かつ適切な方法」によるものとは評価できず、もとより有効な同意を取得できていなかったものとして、かかる同意を根拠とする個人情報の取扱いにつき勧告（個情法148条1項）等の対象となる可能性を示唆する見解[35]もあることから、留意が必要である。

(iii) 電子消費者契約法による特則

上記(ii)のとおり、民法上は表意者に重過失がある場合には原則として錯誤を理由に意思表示を取り消すことはできないが、電子消費者契約においては、消費者の操作ミスが想定されるため、以下の要件をいずれも満たす場合、重過失があったとしても錯誤に基づく取消しが認められる（電子契約法3条本文）。

① 民法95条1項1号に掲げる錯誤の場合であること
② その錯誤が法律行為の目的および取引上の社会通念に照らして重要なものであること
③ 次のいずれかに該当すること
　ⓐ 消費者がその使用する電子計算機を用いて送信した時に当該事業者との間で電子消費者契約の申込みまたはその承諾の意思表示を行

---

34) 加藤・前掲注2）48頁
35) 岡田淳ほか「個人情報保護をめぐる実務対応の最前線（第12回）同意」NBL1232号（2022年）81頁

う意思がなかったとき。
　　ⓑ　消費者がその使用する電子計算機を用いて送信した時に当該電子消費者契約の申込みまたはその承諾の意思表示と異なる内容の意思表示を行う意思があったとき

ただし、㋐電子消費者契約の相手方である事業者が、意思表示に際して消費者の意思の有無について確認を求める措置を講じたとき、または、㋑消費者から事業者に対して当該措置を講ずる必要がない旨の意思の表明があったときは、消費者に重過失があると消費者は錯誤を理由に意思表示を取り消すことができない（電子契約法3条ただし書）。

(2)　詐欺

(i)　要件

詐欺の要件は以下のとおりである（民法96条1項）。

① 欺罔行為
② 欺罔行為による錯誤
③ 錯誤による意思表示（因果関係）
④ 詐欺の故意があること

なお、詐欺をしたのが相手方ではなく、第三者であった場合には、上記①から④までに加えて、相手方が詐欺の事実を知っていたことも必要となる。

ア　欺罔行為

欺罔行為とは、事実に関して誤った認識や判断を他人に生じさせる行為をいい、積極的に虚偽の事実や判断を告げることのほか、状況に応じてではあるが沈黙も含まれ得る[36]。

イ　欺罔行為による錯誤

錯誤の意義については上記(1)を参照。欺罔行為によって表意者に錯誤が生じたことが必要である[37]。

ウ　錯誤による意思表示

---

36)　松岡＝中田・前掲注17）113頁
37)　松岡＝中田・前掲注17）114頁

上記イの錯誤に基づいて意思表示をしたことが必要である[38]。

　　エ　詐欺の故意があること

詐欺をする者に表意者を欺こうとする意思と欺くことによって一定の意思表示をさせようとする二重の故意があることが必要である[39]。

(ⅱ)　効果

詐欺が認められる場合、詐欺に基づく意思表示は取り消すことができる（民法96条1項）。意思表示の取消しをする場合には取消しの意思表示が必要であること、取消しに遡及効があるか否かについて否定する見解もあるが、遡及効がある場合には善意かつ無過失の第三者に対抗することができない（同条3項）ことになると思われること、および、詐欺取消しを招来するような同意取得は、もとより有効な同意を取得できていなかったものとして、かかる同意を根拠とする個人情報の取扱いにつき、勧告（個情法148条1項）等の対象となる可能性があることは、錯誤による取消しの場合と同様である。

---

38)　松岡＝中田・前掲注17）114頁
39)　松岡＝中田・前掲注17）113頁

Ⅶ　プライバシー（民法）

1　検討が必要となるケース

　個人情報を取り扱う場合、プライバシー侵害による不法行為の成否についても留意する必要がある。住所、氏名、電話番号、メールアドレス等の個人の識別を行うための基礎的な情報であっても、秘匿されるべき必要性が高くはないものの、プライバシーに係る情報として法的保護の対象になる[1]。

　また、写真撮影行為について、Googleストリートビューにより、ベランダに干していた洗濯物が撮影、公表された事案において、容ぼう・姿態以外の私的事項についても、撮影行為により私生活上の平穏の利益が侵され、違法と評価されるものであれば、プライバシーを侵害する行為として、法的保護の対象となると判示されている[2]。

　これを踏まえると、個人情報ではない、個人に関する情報を取り扱う場合であっても、プライバシー侵害にならないよう留意する必要があるといえる。

2　プライバシー

(1)　プライバシーとは

　プライバシーが論点となった裁判例は、情報が公開されたことに関するものが多い。

　「宴のあと」事件[3]は、「いわゆるプライバシー権は私生活をみだりに公開されないという法的保障ないし権利として理解されるから、その侵害に対しては侵害行為の差し止めや精神的苦痛に因る損害賠償請求権が認められるべき」とし、プライバシーの侵害に対し法的な救済が与えられるためには、①私生活上の事実または私生活上の事実らしく受け取られるおそれ

1）　大阪地判平成18年5月19日判タ1230号227頁（Yahoo！BB事件）
2）　福岡高判平成24年7月13日判時2234号44頁（Googleストリートビュー事件）
3）　東京地判昭和39年9月28日下民集15巻9号2317頁

のあることがらであること、②一般人の感受性を基準にして当該私人の立場に立った場合公開を欲しないであろうと認められることがらであること、③一般の人々に未だ知られていないことがらであることを必要とするが、公開されたところが名誉、信用といった他の法益を侵害するものであることは要しないとした。

個人情報の取扱いとプライバシー侵害の関係が問題となった事案としては、私立大学が中国国家主席の講演会に参加する者の名簿を警察に提出したことについての裁判例がある[4]。本件は、プライバシーに係る情報は、取扱い方によっては個人の人格的な権利利益を損なうおそれがあるものであるから、本人の意思に基づかずみだりに他者に開示することは許されず、本人に「無断で本件個人情報を警察に開示した同大学の行為は、上告人らが任意に提供したプライバシーに係る情報の適切な管理についての合理的な期待を裏切るものであり、上告人らのプライバシーを侵害するものとして不法行為を構成するというべき」とし、個人情報の秘匿性の程度や、開示による具体的な不利益の不存在、開示の目的の正当性と必要性などの事情は、この結論を左右しないと示した。

(2) 企業における対応

プライバシー侵害に関しては、(1)で紹介した以外にも、個別の裁判例が積み重なっているところではあるが、プライバシー侵害とならないようにするための画一的な基準があるわけではなく、個別の裁判例や、社会状況に照らして、個別的な判断を行っていかざるを得ない。

企業においては、個人情報ないしは個人に関する情報を取り扱うビジネスを行うにあたり、プライバシー侵害についての検討が必要なものを漏れなく把握することができるよう、法務部門に相談すべき事案のチェックシートを作成しておくなどの対応をするべきであろう。

以下では、特にプライバシーや不法行為について問題となる場合が多い事項について検討する。

---

[4] 最判平成15年9月12日民集57巻8号973頁（早稲田大学名簿提出事件）

3 肖像権

(1) 容ぼう等の撮影・公表

　人の容ぼうや姿態が映る画像を撮影し、利用する場合は、肖像権について留意する必要がある。

　写真撮影については、不法行為の成否が争われた事案ではないものの京都府学連事件[5]が、「個人の私生活上の自由の一つとして、何人も、その承諾なしに、みだりにその容ぼう・姿態……を撮影されない自由を有するものというべきである」と示した。

　さらに、写真週刊誌のカメラマンが刑事事件の法廷において被告人を撮影した事案[6]において、「ある者の容ぼう等をその承諾なく撮影することが不法行為法上違法となるかどうかは、①被撮影者の社会的地位、②撮影された被撮影者の活動内容、③撮影の場所、④撮影の目的、⑤撮影の態様、⑥撮影の必要性等を総合考慮して、被撮影者の上記人格的利益の侵害が社会生活上受忍の限度を超えるものといえるかどうかを判断して決すべきである」と具体的な判断基準が示された（丸数字は著者による。）。また、近時の裁判例では、⑦撮影の範囲や、⑧撮影された画像の管理方法を検討するものも見られる[7]。

　撮影した写真の公表については、違法に撮影された写真を公表する行為も、本人の人格的利益を侵害するものとして違法性を有すると指摘されている[8]。また、裁判例においては、諸般の事情を考慮し、私生活上の姿を撮影した画像を公表等されない利益と、公表等する利益を比較衡量して、人格的利益およびプライバシー権の侵害が社会生活上受忍限度内にある場合は、不法行為法上違法でないと示すものもある[9]。また、本人の同意を得て写真を公表することは可能であるが、肖像権に関する同意については、「肖像権を放棄し、自らの写真を雑誌等に公表することを承諾するか

---

5 ）　最大判昭和44年12月24日刑集23巻12号1625頁
6 ）　最判平成17年11月10日民集59巻 9 号2428頁
7 ）　名古屋地判令和元年 9 月 5 日 LEX/DB25564163等
8 ）　最判平成17年11月10日民集59巻 9 号2428頁
9 ）　東京地判平成22年 9 月27日判タ1343号153頁

否かを判断する上で、当該写真の公表の目的、態様、時期等の当該企画の内容は、極めて重要な要素であり、人が自らの写真を公表することにつき承諾を与えるとしても、それは、その前提となった条件の下での公表を承諾したにすぎ」ず、「公表者において、承諾者が承諾を与えた上記諸条件と異なる目的、態様、時期による公表をするには、改めて承諾者の承諾を得ることを要するものというべき」として、同意取得時と異なる目的、態様、時期による公表をする際には、再度同意取得をする必要があると述べたものがある[10]。

IoT推進コンソーシアムほかは、カメラ画像や特徴量データを取扱う際に、プライバシーや肖像権を違法に侵害することを防ぐため、カメラ画像を利用する目的が正当であり、撮影の必要性があることと、撮影方法・手段や利用の方法が相当であることが重要であると指摘している[11]。

また、個人情報保護委員会が、上記最判平成17年11月10日以降の防犯カメラによる撮影に関する裁判例の動向を詳細に分析しており[12]、撮影方法・手段や利用方法の相当性を検討する際の参考にすることができる。

(2) 生体情報

近年、カメラ画像から顔特徴量や歩行の態様といった特徴量を抽出し、マーケティングや防犯のために利用する事例が増加している。

このような特定の個人を識別することができる特徴量の利用におけるプライバシーについて判示した裁判例は見当たらない。

しかし、例えば顔特徴量を用いて特定の個人を識別、追跡することができる顔識別システムについては、以下の懸念点等が指摘されている[13]。

- 顔特徴量は不変性が高く、長期かつ広範にわたり個人を追跡できること
- 顔特徴量はカメラにより撮影された画像から取得されるところ、本

---

10) 東京地判平成13年9月5日判タ1070号77頁
11) 「カメラ画像利活用ガイドブック ver3.0」(令和4年3月)
12) 個人情報保護委員会「犯罪予防や安全確保のための顔識別機能付きカメラシステムの利用について」(令和5年3月)
13) 個人情報保護委員会・前掲注12) 13頁

第1章　一般的に適用される法令

人が撮影されている事実や顔特徴量を取得されている事実を認識せず、そのような取扱いを受容するか選択できないまま、カメラの撮影範囲に入った全ての者について自動的かつ無差別、大量に情報が取得されること
・　顔画像や顔特徴量からは様々な情報を分析・推知することができ、今後の技術進歩によっては現時点で予期しない取扱い方法が可能となる可能性が高いこと
これらの特徴が、肖像権・プライバシー侵害の成否の判断において考慮される可能性がある。

4　位置情報

位置情報は、単に個人の位置が把握できるのみならず、職業、収入、生活スタイル、趣味嗜好、交友関係から、健康状態、信条といった機微な情報まで分析することが可能である。

GPS端末を利用した位置情報の把握については、刑事事件において、犯行が疑われていた者が使用する可能性のある車両複数台に、車両使用者の承諾なくGPS端末を取り付けて位置情報を把握するという捜査の適法性が問題となった判例[14]において、「GPS捜査は、対象車両の時々刻々の位置情報を検索し、把握すべく行われるものであるが、その性質上、公道上のもののみならず、個人のプライバシーが強く保護されるべき場所や空間に関わるものも含めて、対象車両及びその使用者の所在と移動状況を逐一把握することを可能に」し、「個人の行動を継続的、網羅的に把握することを必然的に伴うから、個人のプライバシーを侵害し得る」と指摘されている。

また、電気通信事業者における個人情報保護に関するガイドラインにおいては、電気通信事業者が通信の秘密として保護される位置情報を取得および他人への提供その他の利用をすることができるのは、本人の同意を得ている場合その他の違法性阻却事由がある場合に限るとされており、通信の秘密に該当しない位置情報についても、本人の同意を得るまたは違法性

---

14)　最大判平成29年3月15日刑集71巻3号13頁

阻却事由がある場合に限定することが強く求められる、とされている（電気通信事業GL41条1項、2項、電気通信事業GL解説207頁〜208頁）。

さらに、総務省は、電気通信事業GL 41条の趣旨について、「高いプライバシー性を有することから強く保護が図られているものである」と指摘している[15]。

そこで、電気通信事業者のみならず、一般の企業においても、位置情報を取り扱う場合は、プライバシー侵害が問題となる可能性があることに留意し、取扱い方法を検討する必要がある。

5　プロファイリング

個人情報や個人に関する情報を分析することで、当該本人の行動・関心等を詳細に分析したり、病歴や信条といった機微な情報、すなわち一般人の感受性を基準にして公開を欲しないであろう可能性が高い情報を推知することも可能である。また、能力を分析して採用活動に用いたり、信用力を分析して与信審査等に用いることも考えられる。

プロファイリングを行うこと自体が不法行為に当たるかについて判示された裁判例は現時点では見当たらない。

個人情報保護法との関係では、2022年4月1日に施行された改正個人情報保護法において、プロファイリングへの対応として、①利用停止等請求の要件緩和（個情法35条）、②不適正利用禁止の明確化（同法19条）、③個人関連情報に関する規律の導入（同法31条）、④第三者提供記録の開示請求の導入（同法33条5項）がなされたとされている[16]。また、利用目的の特定（同法17条1項）において、本人から得た情報から、本人に関する行動・関心等の情報を分析する場合、どのような取扱いが行われているかを本人が予測・想定できる程度に利用目的を特定しなければならないことが明示された（GL通則編3-1-1）。もっとも、どのようなプロファイリングが不適正利用（同法19条）に当たるかは明らかになっていない。

以上のとおり、現時点ではプロファイリングの法的位置付けは明らかに

---

15) 「位置情報プライバシーレポート」（平成26年7月）
16) 佐脇紀代志編著『一問一答 令和2年改正個人情報保護法』（商事法務、2020年）109頁

なっていないが、今後の議論や社会状況を注視していく必要がある。

6 漏えい事案

(1) 漏えいによる損害賠償請求

個人情報の漏えい等が生じた場合、本人からプライバシー侵害等による不法行為に基づく損害賠償請求を受ける可能性がある。

第一次的な不法行為責任の主体は、注意義務違反のある企業か、漏えい等を生じさせた従業員になるが、従業員が不法行為責任の主体となる場合、企業は、下記(2)の委託先において漏えいが生じた場合と同様に、使用者責任を負うことになる。

認定された慰謝料額は、漏えいした個人情報の性質や、漏えい態様により異なるが、これまでの裁判例では、一人につき1,000円から3万円程度が認められている[17]。

近時、漏えい等が生じた際に、一人につき500円の商品券をお詫びとして配布する実務が行われていたことがあるが、損害賠償請求がなされた際に賠償額が500円で足りた事例は見当たらない。他方、一定程度機微な情報が漏えいしたケースですら、3万円しか慰謝料が認められていないことに照らすと、個人が損害賠償請求を行うことのハードルは高い。これを踏まえると、お詫びとして500円の商品券を配布することの効果には疑問がある。

(2) 委託先において漏えいが生じた場合の委託元の責任

委託先において、漏えい等が生じた場合、委託元も使用者責任（民法715条）により責任を負う可能性がある。

使用者責任の要件と考え方は図表Ⅶ-1のとおりである。

使用者責任を否定するために、①の実質的な指揮・監督関係がなかったことを主張することが考えられるが、個人データの取扱いを委託している場合は、委託先に対する監督義務（個情法25条）があるため、かえって委

---

[17] 前者につき、大阪高判令和元年11月20日判時2448号28頁、後者につき、東京高判平成19年8月28日判タ1264号299頁。

〔図表Ⅶ-1〕

	要件	考え方
①	ある事業のため他人を使用していること	雇用や請負や、さらには両者の間に契約関係が存在するかどうかといった点は重要でなく、実質的にみて使用者が被用者を指揮監督すべき関係があれば足りる[18]
②	事業の執行につき行われたこと	被用者の職務の執行行為其のものには属しないが、その行為の外形から観察して、恰も被用者の職務の範囲内の行為に属するものと見られる場合をも包含する[19]
③	第三者への加害	被用者の行為が不法行為であることが認められた場合は、認められる
④	従業員の選任・監督につき相当の注意をしたこと または 相当の注意をしても損害が生じたことを使用者が証明できないこと	これらの免責立証が認められた事例はない

託元自身の不法行為責任が問われる可能性がある。

そうすると、委託先において漏えいが生じ、大きな損害が生じたときには、何らかの形で使用者が責任を負わざるを得ない可能性が高いことから、委託先に個人データを取り扱わせるに当たっては、そもそも漏えい等が生じないようにする仕組みや、漏えい等のおそれが生じた際に直ちに検知し、被害を最小限とするための仕組みを構築していくことが重要になる。

7 個人情報保護法との関係

上記1で述べたとおり、個人情報を取り扱う場合のみならず、個人関連

---

[18] 最判昭和41年6月10日民集20巻5号1029頁。潮見佳男『民法（全）〔第3版〕』（有斐閣、2022年）530頁
[19] 最判昭和32年7月16日民集11巻7号1254頁、最判昭和36年6月9日民集15巻6号1546頁

情報等の個人に関する情報を取り扱う場合もプライバシー侵害が認められ得るため、個人情報保護法の適用がない場合であっても、プライバシー侵害の有無については検討する必要がある。

また、個人情報保護法は、「個人の権利利益を保護すること」を目的とするものであるところ、「個人の権利利益」とは、個人情報の取扱いの態様いかんによって侵害されるおそれのある「個人の人格的、財産的な権利利益[20]」全般であり、プライバシーはその主要なものであるが、それに限られないと解されている[21]。

不法行為法と個人情報保護法の関係については、その目的や性格に異なる部分があることから、不法行為が成立するからといって必ずしも個人情報保護法違反となるわけではないが、個人情報保護法19条（不適正利用の禁止）および20条（適正取得）の解釈において、不法行為の成否を評価するに当たり考慮される要素が考慮されるべきであると考えられる[22]。

したがって、個人情報保護法の対象範囲と、プライバシー侵害が生じる範囲は、重なる部分もあるが、重ならない部分もあることから、個人情報保護法に定められた手続規定を遵守するのみならず、プライバシー侵害の有無についても別途検討する必要がある。

---

[20] 情報通信技術（IT）戦略本部個人情報保護法制化専門委員会「個人情報保護基本法制に関する大綱」（平成12年10月）
[21] 園部逸夫＝藤原靜雄編『個人情報保護法の解説〔第三次改訂版〕』（ぎょうせい、2022年）60頁
[22] 個人情報保護委員会・前掲注12）20頁

VIII　個人情報保護法

1　法規制の対象となるケース

　生存する個人に関する情報を取り扱う際に、個人情報保護法の規制を受ける。

　個人情報保護法は、事業者の業種・規模等を問わず、個人情報取扱事業者等に該当する事業者に広く適用される。

2　法規制のポイント

　個人情報を取り扱うに当たっては、法令のほか、個人情報保護委員会（以下「個情委」という。）が公表する以下のガイドラインおよびQ&Aを参照する必要がある。

　① 　個人情報の保護に関する法律についてのガイドライン
　　・　GL通則編
　　・　GL外国第三者編
　　・　GL確認記録編
　　・　GL仮名加工匿名加工編
　　・　GL認定団体編
　② 　Q&A

　また、特定分野ガイドラインが定められている分野があるため、注意が必要である（第1章I、第2章III、第3章I・II、第4章I・II参照）。

　本VIIIでは、個人情報の取扱いにおいて実務上よく問題となる①取得、②利用、③保管、④提供、⑤開示等の5つの段階における法規制を解説する。

3　用語の定義・概念

　本VIIIにおける用語の定義および概念は以下のとおりである。
　◇　個人情報：
　　生存する個人に関する情報であって、当該情報に含まれる氏名、生年

月日その他の記述等により特定の個人を識別することができるもの（他の情報と容易に照合することができ、それにより特定の個人を識別することができるものを含む。）、または個人識別符号が含まれるものをいう（個情法2条1項）。

　容易照合性により特定の個人を識別することができるものも個人情報に含まれる点がポイントである。なお、「個人情報」該当性は「情報」単位で考えられるため、1つの情報として保存されているものは、その情報全体が「個人情報」に該当する。

◇　要配慮個人情報：
　個人情報のうち、以下の11種類の情報が含まれるものをいう（個情法2条3項、個情法施行令2条）。

① 人種
② 信条
③ 社会的身分
④ 病歴
⑤ 犯罪の経歴
⑥ 犯罪により害を被った事実
⑦ 心身の機能の障害があること。
⑧ 医師等により行われた健康診断等の結果
⑨ 健康診断等の結果に基づき、または疾病、負傷その他の心身の変化を理由として、医師等により指導または診療もしくは調剤が行われたこと
⑩ 本人を被疑者または被告人として、逮捕、捜索、差押え、勾留、公訴の提起その他の刑事事件に関する手続が行われたこと
⑪ 本人を少年法に規定する少年またはその疑いのある者として、調査、観護の措置、審判、保護処分その他の少年の保護事件に関する手続が行われたこと

なお、これらを推知させる情報や真偽不明の伝聞情報は要配慮個人情報に該当しない。

◇　個人データ：
　個人情報データベース等を構成する個人情報をいう（個情法16条3項）。

単体で存在している情報（いわゆる「散在情報」）が「個人情報」であるのに対して、それを容易に検索できるように体系的に構成したものが「個人情報データベース等」であり、個人情報データベース等を構成する1つ1つのデータが「個人データ」である。

個人情報データベース等を構成することになった個人情報は、そこから1つだけ取り出したとしても「個人情報」ではなく「個人データ」である点がポイントである。

◇ 保有個人データ：

個人情報取扱事業者が、開示、内容の訂正、追加または削除、利用の停止、消去および第三者への提供の停止を行うことのできる権限を有する個人データをいう（個情法16条4項）。

◇ 個人情報データベース等：

個人情報を含む情報の集合物であって、特定の個人情報を（容易に）検索できる形で体系的に構成したものをいう（個情法16条1項）。典型的には、データベースや表形式のソフトに個人情報を保存したものや、五十音順にファイリングした名刺入れ等がこれに当たる。

◇ 個人情報取扱事業者：

個人情報データベース等を事業の用に供している者をいう（個情法16条2項）。

◇ 仮名加工情報：

他の情報と照合しない限り特定の個人を識別することができないように個人情報を加工して得られる個人に関する情報をいう（個情法2条5項）。

◇ 匿名加工情報：

特定の個人を識別することができないように個人情報を加工して得られる個人に関する情報であって、当該個人情報を復元することができないようにしたものをいう（個情法2条6項）。

◇ 個人関連情報：

生存する個人に関する情報であって、個人情報、仮名加工情報および匿名加工情報のいずれにも該当しないものをいう（個情法2条7項）。典型的には、ウェブサイトの閲覧履歴や購買履歴等がこれに当たる。

4 取得に関する規制

(1) 利用目的の特定・通知等
(i) 利用目的の特定

個人情報取扱事業者は、個人情報を取り扱う場合、利用目的をできる限り特定しなければならない（個情法17条1項）。そのため、本人が、自らの個人情報がどのように取り扱われることとなるか、利用目的から合理的に予測・想定できないような場合は、できる限り利用目的を特定したことにはならない（GL通則編3-1-1（※1））。

具体例には、以下の粒度で利用目的を特定する必要がある。

- 事業者が商品の販売に伴い、個人から氏名・住所・メールアドレス等を取得する場合
  - × 事業活動に用いるため／マーケティング活動に用いるために利用いたします。
  - ○ △△事業における商品の発送、関連するアフターサービス、新商品・サービスに関する情報のお知らせのために利用いたします。
- 本人から得た情報から、行動・関心等の情報を分析する場合
  - × 広告配信のために利用いたします。
  - ○ 取得した閲覧履歴や購買履歴等の情報を分析して、趣味・嗜好に応じた新商品・サービスに関する広告のために利用いたします。

(ii) 利用目的の通知等

個人情報取扱事業者は、個人情報を取得した場合は、あらかじめその利用目的を公表している場合を除き、原則として、速やかに、その利用目的を、本人に通知し、または公表しなければならない（個情法21条1項）。

また、本人との間で契約を締結することに伴って契約書その他の書面（電磁的記録を含む。）に記載された当該本人の個人情報を取得する場合その他本人から直接書面に記載された当該本人の個人情報を取得する場合は、原則として、あらかじめ、本人に対し、その利用目的を明示しなければならない（個情法21条2項）。

他方で、取得の状況からみて利用目的が明らかであると認められる場合には通知、公表または明示は不要とされている（個情法21条4項）。例え

ば、名刺交換した場合の当該名刺に記載された個人情報は、今後の連絡や、所属する会社の広告宣伝のための冊子や電子メールを送付する等の目的で利用されることが明らかであるため、かかる目的で利用する限りは利用目的を通知、公表または明示する必要はない。

(2) 要配慮個人情報の取得

　要配慮個人情報を取得する場合には、原則としてあらかじめ本人の同意を得なければならない（個情法20条2項）。ここでいう「本人の同意を得（る）」とは、本人の承諾する旨の意思表示を当該個人情報取扱事業者が認識することをいい、事業の性質および個人情報の取扱状況に応じ、本人が同意に係る判断を行うために必要と考えられる合理的かつ適切な方法によらなければならない（GL通則編2-16）。そのため、一定期間回答がなかったことのみをもって、一律に本人の同意を得たものとする、いわゆる「みなし同意」では本人の同意を得たとはいえないため、留意する必要がある。

　なお、要配慮個人情報を書面または口頭等により本人から適正に直接取得する場合は、本人が当該情報を提供したことをもって本人の同意があったものと解される（GL通則編3-3-2（※2））。

　他方で、法令に基づく場合等、同項各号のいずれかに該当する場合には、例外として本人の同意なく取得することができる。また、要配慮個人情報を第三者提供の方法により取得する際には、提供元は必ず要配慮個人情報の取得についての同意（個情法20条2項）と第三者提供についての同意（同法27条1項）を取得していることになるから、提供を受けた者が、改めて本人から個人情報保護法20条2項に基づく同意を得る必要はないと解される（GL通則編3-3-2（※2））。委託、事業承継、共同利用に伴い、個人データである要配慮個人情報の提供を受けるときも、同意を得る必要はない（個情法施行令9条2号）。

　なお、通常の個人情報を取得する際に、本人の同意を得ることは求められていない。

(3) 適正取得

個人情報取扱事業者は、偽りその他不正の手段により個人情報を取得してはならない（個情法20条1項）。例えば、相手方が不正の手段で個人情報が取得されたことを知りまたは容易に知ることができるにもかかわらず、当該個人情報を取得する場合、適正取得違反となるため、注意が必要である。

5 利用に関する際の規制

(1) 利用目的の範囲内での利用

個人情報取扱事業者は、本人の同意なく利用目的の達成に必要な範囲を超えて個人情報を利用してはならない（個情法18条1項）。また、個人情報取扱事業者は、合併その他の事由により他の個人情報取扱事業者から事業を承継することに伴って個人情報を取得した場合は、あらかじめ本人の同意を得ないで、承継前における当該個人情報の利用目的の達成に必要な範囲を超えて、当該個人情報を取り扱ってはならない（同条2項）。そのため、個人情報を利用する際には、取得時に特定して本人に通知等した利用目的の範囲内での利用となるよう注意しなければならない。もっとも、法令に基づく場合等、例外的に、特定された利用目的の範囲を超えて個人情報を取り扱うことができる場合が認められている（同条3項）。

(2) 利用目的の変更

当初特定して本人に通知等した利用目的の範囲を超えて個人情報を利用する場合は、本人の同意が必要となる[1]。他方で、変更前の利用目的と関連性を有すると合理的に認められる範囲を超えない限りであれば、利用目的を変更することができ、本人の同意なく変更後の利用目的で利用することができる（個情法17条2項）。

この「関連性を有すると合理的に認められる範囲」とは、「変更後の利用目的が変更前の利用目的からみて、社会通念上、本人が通常予期し得る限度と客観的に認められる範囲」をいう（GL通則編3-1-2）。そして、

---

1) 仮名加工情報を作成し、利用目的を変更することも考えられる（本文下記9(2)参照）。

ここでいう「本人が通常予期し得る限度と客観的に認められる範囲内」とは、「本人の主観や事業者の恣意的な判断によるものではなく、一般人の判断において、当初の利用目的と変更後の利用目的を比較して予期できる範囲をいい、当初特定した利用目的とどの程度の関連性を有するかを総合的に勘案して判断される」とされている（GL通則編3-1-2（※1））。

どのような場合に関連性が認められるかについては、Q&A2-8、2-9において以下のとおり具体例が挙げられている。

［関連性が認められる例］
① 「当社が提供する新商品・サービスに関する情報のお知らせ」という利用目的について、「既存の関連商品・サービスに関する情報のお知らせ」を追加する場合
② 「当社が提供する既存の商品・サービスに関する情報のお知らせ」という利用目的について、「新規に提供を行う関連商品・サービスに関する情報のお知らせ」を追加する場合（例えば、フィットネスクラブの運営事業者が、会員向けにレッスンやプログラムの開催情報をメール配信する目的で個人情報を保有していたところ、同じ情報を用いて新たに始めた栄養指導サービスの案内を配信する場合もこれに含まれ得ると考えられます。）
③ 「当社が取り扱う既存の商品・サービスの提供」という利用目的について、「新規に提供を行う関連商品・サービスに関する情報のお知らせ」を追加する場合（例えば、防犯目的で警備員が駆け付けるサービスの提供のため個人情報を保有していた事業者が、新たに始めた「高齢者見守りサービス」について、既存の顧客に当該サービスを案内するためのダイレクトメールを配信する場合もこれに含まれ得ると考えられます。）
④ 「当社が取り扱う商品・サービスの提供」という利用目的について、「当社の提携先が提供する関連商品・サービスに関する情報のお知らせ」を追加する場合（例えば、住宅用太陽光発電システムを販売した事業者が、対象の顧客に対して、提携先である電力会社の自然エネルギー買取サービスを紹介する場合もこれに含まれ得ると考えられます。）

［関連性が認められない例］
⑤ 当初の利用目的に「第三者提供」が含まれていない場合において、新たに、オプトアウトによる個人データの第三者提供を行う場合
⑥ 当初の利用目的を「会員カード等の盗難・不正利用発覚時の連絡のため」としてメールアドレス等を取得していた場合において、新たに「当社が提供する商品・サービスに関する情報のお知らせ」を行う場合

上記の例を踏まえると、ⓐ事業者が提供する商品・サービス、ⓑ個人情

報の利用の態様といった観点から考えると分かりやすい。図にすると、図表Ⅷ-1のようになる。

〔図表Ⅷ-1〕

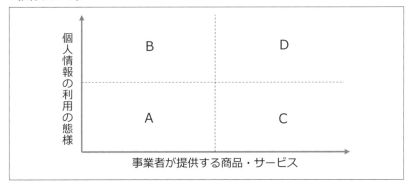

例えば、上記④の例では、「商品・サービスの提供」という利用態様が「情報のお知らせ」という利用態様に変わっている上（AからBに変更）、提供する商品・サービスも「当社が取り扱う商品・サービス」から「当社の提携先が提供する関連商品・サービス」へと提供主体まで変更されているが（B（A）からDに変更）、その場合でも関連性があるとされている。

他方で、上記⑤の例は、事業者内での利用と第三者提供とは利用の態様が全く異なるため、図表Ⅷ-1Bの範囲を超え、また上記⑥の例は、盗難・不正利用発覚時に連絡するためだけの利用と商品・サービスのダイレクトメールの送信は、事業者が提供する商品・サービスおよび利用の態様が大きく異なるため、図表Ⅷ-1Dの範囲を超えるものとして、いずれも関連性が否定されるものと考えられる。

利用目的の変更に当たっては、Q&Aの具体例および上図を踏まえつつ、変更の幅が関連性を有すると合理的に認められる範囲内であるかを検討する必要がある。

6 保管に関する規制

(1) 個人データの管理

個人データの保管に関する規制の対象は「個人データ」（個人データとし

て取り扱うために取得し、または取得しようとしている個人情報を含む。）である。

また、金融庁が所管する分野において個人データを保管する場合には、金融分野における個人情報保護に関するガイドラインおよび業法において上乗せ規制が定められているため、留意する必要がある（詳細は、下記第3章Ⅰ・Ⅱ参照）。

(i) データ内容の正確性の確保等

個人情報取扱事業者は、利用目的の達成に必要な範囲内において、個人データを正確かつ最新の内容に保つとともに、利用する必要がなくなったときは、当該個人データを遅滞なく消去するよう努めなければならない（個情法22条）。

そのため、利用目的が達成され当該目的との関係では当該個人データを保有する合理的な理由が存在しなくなった場合や、利用目的が達成されなかったものの当該目的の前提となる事業自体が中止となった場合等には、遅滞なく個人データを消去する努力義務が生じる。ここでいう「消去」とは、当該個人データを個人データとして使えなくすることであり、当該データを削除することのほか、当該データから特定の個人を識別できないようにすること等を含む（GL通則編3-4-1）。

なお、利用目的との関係で保有しておく必要がある限り消去の努力義務は生じず、保有する個人データについて利用する必要がなくなったとしても、保存期間が法定されている場合には、当該保存期間が満了するまでの間は、当該個人データを消去する必要はない。

(ii) 安全管理措置の実施

個人情報取扱事業者は、その取り扱う個人データの漏えい、滅失または毀損（以下、本Ⅷにおいて「漏えい等」という。）の防止その他の個人データの安全管理のために必要かつ適切な措置を講じなければならない（個情法23条）。

「その他の個人データの安全管理のために必要かつ適切な措置」には、個人情報取扱事業者が個人データとして取り扱うために取得し、または取得しようとしている個人情報の漏えい等を防止するために必要かつ適切な措置も含まれる。

第1章　一般的に適用される法令

また、ここでいう「必要かつ適切な措置」については、GL通則編10において、講ずべき措置およびその具体的な手法の例示がなされている。

〔図表Ⅷ-2〕

	GL通則編の記載（概要）	実務的な対応（例）
基本方針の策定	個人情報取扱事業者は、個人データの適正な取扱いの確保について組織として取り組むために、基本方針を策定することが重要である	プライバシーポリシーを策定
「規律」の整備	［個人データの取扱いに係る規律の整備］ 個人情報取扱事業者は、その取り扱う個人データの漏えい等の防止その他の個人データの安全管理のために、個人データの具体的な取扱いに係る規律を整備しなければならない	「個人情報取扱規程」を策定（中小規模事業者：個人データの取扱い方法や管理方法をルールとして決めておく）
組織的安全管理措置	［組織体制の整備］ 安全管理措置を講ずるための組織体制を整備しなければならない	責任者を置く
	［個人データの取扱いに係る規律に従った運用］ あらかじめ整備された個人データの取扱いに係る規律に従って個人データを取り扱わなければならない なお、整備された個人データの取扱いに係る規律に従った運用の状況を確認するため、利用状況等を記録することも重要である ［個人データの取扱状況を確認する手段の整備］ 個人データの取扱状況を確認するための手段を整備しなければならない	「個人データ取扱台帳」を整備（中小規模事業者：ルールに従って取り扱われていることを責任者が確認）
	［漏えい等の事案に対応する体制の整備］ 漏えい等の事案の発生または兆候を把握した場合に適切かつ迅速に対応するための体制を整備しなければならない	漏えい等発生時の報告先を決める（例：「内線○○、夜間は

		なお、漏えい等の事案が発生した場合、二次被害の防止、類似事案の発生防止等の観点から、事案に応じて、事実関係および再発防止策等を早急に公表することが重要である	メール○○@○○○」)
		［取扱状況の把握および安全管理措置の見直し］ 個人データの取扱状況を把握し、安全管理措置の評価、見直しおよび改善に取り組まなければならない	責任者が年に1回に点検
人的安全管理措置		［従業者の教育］ 従業者に、個人データの適正な取扱いを周知徹底するとともに適切な教育を行わなければならない	役員・従業員に個人情報の取扱いルールを徹底
物理的安全管理措置		［個人データを取り扱う区域の管理］ 個人情報データベース等を取り扱うサーバやメインコンピュータ等の<u>重要な情報システム</u>を管理する区域（以下「管理区域」という。）およびその他の個人データを取り扱う事務を実施する区域（以下「取扱区域」という。）について、それぞれ適切な管理を行わなければならない	・離席時にパスワード付きスクリーンセーバーを付ける ・机の上に放置して帰宅しない
		［機器および電子媒体等の盗難等の防止］ 個人データを取り扱う機器、電子媒体および書類等の盗難または紛失等を防止するために、適切な管理を行わなければならない	鍵のかかるキャビネット等に保管
		［電子媒体等を持ち運ぶ場合の漏えい等の防止］ 個人データが記録された電子媒体または書類等を持ち運ぶ場合、容易に個人データが判明しないよう、安全な方策を講じなければならない なお、「持ち運ぶ」とは、個人データを管理区域または取扱区域から外へ移動させることまたは当該区域の外から当該区域へ移動させることをいい、事業所内の移動等であっても、個人データの紛失・盗難等に留意する必要がある	・持ち運ぶ際には封筒やフォルダに入れる ・スマートフォンは起動時のパスワード設定

	[個人データの削除および機器、電子媒体等の廃棄] 個人データを削除しまたは個人データが記録された機器、電子媒体等を廃棄する場合は、復元不可能な手段で行わなければならない また、個人データを削除した場合、または、個人データが記録された機器、電子媒体等を廃棄した場合には、削除または廃棄した記録を保存することや、それらの作業を委託する場合には、委託先が確実に削除または廃棄したことについて証明書等により確認することも重要である	・ 書類はシュレッダーで廃棄 ・ データは完全消去
技術的安全管理措置	[アクセス制御] 担当者および取り扱う個人情報データベース等の範囲を限定するために、適切なアクセス制御を行わなければならない	個人データを保存するパソコンを決める
	[アクセス者の識別と認証] 個人データを取り扱う情報システムを使用する従業者が正当なアクセス権を有する者であることを、識別した結果に基づき認証しなければならない	パソコン起動時のID/パスワードの設定
	[外部からの不正アクセス等の防止] 個人データを取り扱う情報システムを外部からの不正アクセスまたは不正ソフトウェアから保護する仕組みを導入し、適切に運用しなければならない	・ OSの自動更新機能をオンにする ・ ウィルス対策ソフトをインストール
	[情報システムの使用に伴う漏えい等の防止] 情報システムの使用に伴う個人データの漏えい等を防止するための措置を講じ、適切に運用しなければならない	メールで送信する際には暗号化・パスワード
外的環境の把握	個人情報取扱事業者が、外国において個人データを取り扱う場合、当該外国の個人情報の保護に関する制度等を把握した上で、個人データの安全管理のために必要かつ適切な措置を講じなければならない	個人情報保護委員会のウェブサイトを確認

(iii) 従業者の監督

個人情報取扱事業者は、その従業者に個人データを取り扱わせるに当たっては、当該個人データの安全管理が図られるよう、当該従業者に対する必要かつ適切な監督を行わなければならない（個情法24条）。具体的には、個人データを取り扱う従業者に対する教育、研修等の内容および頻度を充実させること等が考えられる。

「従業者」とは、個人情報取扱事業者の組織内にあって直接間接に事業者の指揮監督を受けて事業者の業務に従事している者等をいい、雇用関係にある従業員（正社員、契約社員、嘱託社員、パート社員、アルバイト社員等）のみならず、取締役、執行役、理事、監査役、監事、派遣社員等も含まれる。

監督の一環として個人データを取り扱う従業者のモニタリングを実施する場合には、以下の点に留意する必要がある（Q&A 5-7）。

・ モニタリングの目的をあらかじめ特定した上で、社内規程等に定め、従業者に明示すること
・ モニタリングの実施に関する責任者およびその権限を定めること
・ あらかじめモニタリングの実施に関するルールを策定し、その内容を運用者に徹底すること
・ モニタリングがあらかじめ定めたルールに従って適正に行われているか、確認を行うこと

(iv) 委託先の監督

個人情報取扱事業者は、個人データの取扱いの全部または一部を委託する場合は、その取扱いを委託された個人データの安全管理が図られるよう、委託を受けた者に対する必要かつ適切な監督を行わなければならない（個情法25条）。

委託元は、「必要かつ適切な監督」として、図表Ⅷ-3の措置を講じなければならない。

〔図表Ⅷ-3〕

委託元が講ずべき措置	ポイント
適切な委託先の選定	上記(ii)記載の講ずべき安全管理措置が確実に実施されることをあらかじめ確認する
委託契約の締結	安全管理措置に関する定めを盛り込む
委託先における個人データ取扱状況の把握	定期的に監査を行い、安全管理措置の実施の程度を調査する

なお、再委託の場合、委託元は、委託先（再委託元）を通じて、委託先（再委託元）が再委託先に対して必要かつ適切な監督を行っているかを確認する必要がある（必要に応じて委託元が自ら再委託先を監督することでもよい。）。

(2) 漏えい等発生時の対応

(i) 漏えい等について

漏えい等の定義および具体例は図表Ⅷ-4のとおりである（GL通則編3-5-1）。

〔図表Ⅷ-4〕

	定義	具体例
漏えい	個人データが外部に流出すること[2]	・個人データが記載された書類を第三者に誤送付した場合 ・個人データを含むメールを第三者に誤送信した場合 ・システムの設定ミス等によりインターネット上で個人データの閲覧が可能な状態となっていた場合 ・個人データが記載または記録された書類・媒体等が盗難された場合

---

[2] 個人情報取扱事業者が自らの意図に基づき個人データを第三者に提供する場合は、漏えいに該当せず（GL通則編3-5-1-1）、個人情報保護法27条の問題となる。仮に個人情報保護法27条違反があったとしても、個情委への報告は不要である。

		・ 不正アクセス等により第三者に個人データを含む情報が窃取された場合
滅失	個人データの内容が失われること	・ 個人情報データベース等から出力された氏名等が記載された帳票等を誤って廃棄した場合 ・ 個人データが記載または記録された書類・媒体等を社内で紛失した場合
毀損	個人データの内容が意図しない形で変更されることや、内容を保ちつつも利用不能な状態となること	・ 個人データの内容が改ざんされた場合 ・ 暗号化処理された個人データの復元キーを喪失したことにより復元できなくなった場合 ・ ランサムウェア等により個人データが暗号化され、復元できなくなった場合

　個人情報取扱事業者は、上述した漏えい等またはそのおそれのある事案（以下「漏えい等事案」という。）が発覚した場合は、漏えい等事案の内容等に応じて、①事業者内部における報告および被害の拡大防止、②事実関係の調査および原因の究明、③影響範囲の特定、④再発防止策の検討および実施および⑤個人情報保護委員会への報告および本人への通知について必要な措置を講じなければならない。なお、漏えい等事案の公表について法的に義務付けられてはいないものの、事案の内容等に応じて、二次被害の防止、類似事案の発生防止等の観点から、事実関係および再発防止策等について、速やかに公表することが望ましいとされている（GL通則編3-5-2）。

　(ii)　個情委への報告義務・本人通知義務について
　　ア　個情委への報告義務・本人通知義務が生じる場合
　個人情報取扱事業者は、以下の①から④までのいずれかに該当する場合（以下、本Ⅷにおいて「報告対象事態」という。）、その旨を個情委に報告し（個情法26条1項、個情法規則7条）、原則として本人に通知しなければならない（個情法26条2項）。

①　要配慮個人情報が含まれる個人データの漏えい等が発生し、または発生したおそれがある事態
②　不正に利用されることにより財産的被害が生じるおそれがある個人

データの漏えい等が発生し、または発生したおそれがある事態
③　不正の目的をもって行われたおそれがある当該個人情報取扱事業者に対する行為による個人データ（当該個人情報取扱事業者が個人データとして取り扱うために取得し、または取得しようとしている個人情報を含む。）の漏えい等が発生し、または発生したおそれがある事態
④　個人データに係る本人の数が1,000人を超える漏えい等が発生し、または発生したおそれがある事態

このように、あらゆる漏えい等事案について報告義務が生じるわけではなく、個人の権利利益を害するおそれが大きいものとして特に定められた報告対象事態に限られている。

　　イ　報告・通知義務の内容

個情委へ報告および本人に通知すべき事項は図表Ⅷ-5のとおりである。

〔図表Ⅷ-5〕

	個情委報告	本人通知
①　概要	○	○
②　漏えい等が発生し、または発生したおそれがある個人データの項目	○	○
③　漏えい等が発生し、または発生したおそれがある個人データに係る本人の数	○	
④　原因	○	○
⑤　二次被害またはそのおそれの有無およびその内容	○	○
⑥　本人への対応の実施状況	○	
⑦　公表の実施状況	○	
⑧　再発防止のための措置	○	
⑨　その他参考となる事項	○	○

　　(iii)　個情委への報告義務について

個情委への報告は、速報と確報の2回行う必要がある。
速報は、報告対象事態を知った後速やかに（個人情報取扱事業者が当該事態

を知った時点から概ね3～5日以内に）、報告事項のうち報告時点で把握しているものを報告しなければならない（個情法規則8条1項、GL通則編3-5-3-3）。次に、確報は、報告対象事態を知った日から原則として30日以内（(ⅱ)ア③の場合は60日以内）に、全ての報告事項を報告しなければならない（個情法規則8条2項、GL通則編3-5-3-4）。

また、報告は、個情委のウェブサイトに設置された報告フォームから行う[3]。

なお、金融庁が所管する分野において個人情報を保管する場合には、金融分野におけるGLおよび各業法において上乗せ規制が定められているため、留意する必要がある（詳細は、第3章Ⅰ参照）。

　(ⅳ)　本人通知義務について

通知の方法は特段の制限はなく、通知すべき内容が本人に認識される合理的かつ適切な方法によらなければよい。そのため、文書または電子メールのほか、口頭で知らせることでも「通知」となる（GL通則編3-5-4-4、Q&A6-26）。

また、本人への通知が困難な場合、通知に代わる代替措置を講ずることが認められている（個情法26条2項ただし書）。ここでいう困難な場合とは、例えば、保有する個人データの中に本人の連絡先が含まれていない場合や、連絡先が古いために通知を行う時点で本人へ連絡できない場合をいい、通知を要する本人の数が多い等、通知のための事務作業が煩雑であることは理由にならないことに留意が必要である（GL通則編3-5-4-5）。

なお、代替措置としては、事案の公表や、問合せ窓口を用意してその連絡先を公表し、本人が自らの個人データが対象となっているか否かを確認できるようにすることが挙げられる（GL通則編3-5-4-5）。

　(ⅴ)　委託先で生じた漏えい等について

個人データの取扱いを委託している場合に、委託先において報告対象事態が発生したときは、原則として委託元と委託先の双方が報告義務および本人通知義務を負う。ただし、委託先が、委託元に対して通知事項を速やかに（委託先が当該事態の発生を知った時点から概ね3～5日以内に）通知し

3）　https://www.ppc.go.jp/personalinfo/legal/leakAction/#report

たときは、委託先は報告義務および本人通知義務を免除される（個情法26条1項・2項、個情法規則9条、GL通則編3−5−3−5）。

7 提供に関する規制

(1) 個人データの第三者提供

(i) 同意

個人データを第三者に提供する場合は原則として本人の同意を取得しなければならない（個情法27条1項）。同意取得に際しては、事業の規模および性質、個人データの取扱状況（取り扱う個人データの性質および量を含む。）等に応じ、本人が同意に係る判断を行うために必要と考えられる合理的かつ適切な範囲の内容を明確に示さなければならないとされているが（GL通則編3−6−1）、本人に示さなければならない具体的な事項が定められているわけではなく、黙示の同意が許容される場合もある（Q&A1-61）。

(ii) 法定の適用除外事由

法令に基づく場合や、人の生命、身体または財産の保護のために必要がある場合であって、本人の同意を得ることが困難であるとき等、個人情報保護法27条1項各号に該当する場合、本人の同意なく個人データを第三者に提供することができる。

(iii) オプトアウト

本人からの求めに応じて個人データの第三者提供を停止することとしている場合、個情委へ届出を行えば、本人の同意なく個人データを第三者に提供することができ、オプトアウトによる第三者提供と呼ばれている。

ただし、要配慮個人情報またはオプトアウトにより提供を受けた個人データを、オプトアウトにより第三者提供することはできない（個情法27条2項・3項）。

(iv) 委託・事業承継・共同利用

委託・事業承継・共同利用により個人データを提供する場合、提供先は第三者に当たらないため、本人の同意は不要となる（個情法27条5項）。

ア 委託

利用目的の達成に必要な範囲内において、個人データの取扱いに関する業務の全部または一部を委託することに伴い、当該個人データが提供され

る場合は、当該提供先は第三者に該当しない。

　このとき、委託先は委託された業務以外に、他の委託先や自社のために当該個人データを取り扱うことはできない（GL通則編3-6-3(1)、Q&A7-37、7-38、7-40）。また、委託に伴い提供された個人データを、委託先が独自に取得した個人データまたは個人関連情報と本人ごとに突合することはできないとされている（Q&A7-41）。ただし、委託元が当該個人データを取り扱う権限を有するものと、委託に伴い提供した個人データを委託先で突合させることは可能である。例えば以下の場合が考えられる。

① 突合することについて同意を取得している場合（Q&A7-41）
② 委託元Aから提供された個人データと委託元Bから提供された個人データを突合するとき、委託元Aと委託元Bが共同利用により当該個人データを提供できる場合
③ 委託先に取得することを委託した個人データと突合する場合

イ　共同利用

特定の者との間で共同して利用される個人データを当該特定の者に提供する場合に、共同利用する旨、共同利用される個人データの項目、共同利用者の範囲、共同利用者の利用目的、個人データの管理について責任を有する者を本人に通知または容易に知り得る状態にした場合、提供先は第三者に該当せず、本人の同意なく個人データを提供することができる。

　共同利用者の範囲は、どの事業者まで将来利用されるか判断できる程度に明確なっていればよく、事業者の名称を個別に列挙することまでは求められない（GL通則編3-6-3(3)）。

　共同利用者の利用目的は、個人情報について通知、公表した利用目的の範囲内でなければならない。

　また、既に特定の事業者が取得している個人データを他の事業者と共同して利用する場合には、当該共同利用は、社会通念上、共同して利用する者の範囲や利用目的等が当該個人データの本人が通常予期し得ると客観的に認められる範囲内である必要があるとされている（GL通則編3-6-3(3)）。

　個人データを他の事業者に提供する場合の方法を整理すると図表Ⅷ-6のとおりとなる。

〔図表Ⅷ-6〕

	メリット	デメリット
同意	・提供先が独自の目的で利用できる ・提供先の監督不要	・同意を取得しなければならない
27条1項各号	・同意、公表不要 ・提供先の監督不要	・適用される場面が限定 ・個別的な判断が必要
オプトアウト	・同意不要 ・提供先が独自の目的で利用できる ・提供先の監督不要	・個情委への届出が必要 ・通知等が必要
委託	・同意、公表不要 ・既に取得した個人データも本人の同意なく提供できる	・委託された目的の範囲内でしか利用できない ・委託先が独自に取得した個人情報・個人関連情報と突合できない ・委託先の監督が必要
事業承継	・同意、公表不要	・適用される場面が限定 ・提供元が特定していた利用目的の範囲内でしか利用できない
共同利用	・同意不要 ・提供先の監督不要	・通知等が必要 ・既に取得した個人データの共有にハードル有

(2) 外国にある第三者への提供

　外国にある第三者に個人データを提供する場合、個人情報保護法28条の適用を検討する必要がある。提供先の第三者の所在場所等と各法令の適用関係は図表Ⅷ-7のとおりである。

　提供先の第三者が日本国外に所在している場合、当該第三者の性質を確認する必要がある。まず、第三者がEEA規定国または英国にある場合、「外国」にある第三者には当たらないため、日本国内にある第三者と同様に個人情報保護法27条に従って対応することとなる。他方、基準適合体制を整備している場合と、その他外国にある第三者に個人データを提供する場合は、外国制度等の情報提供義務が課される。

〔図表Ⅷ-7〕

提供先	日本にある第三者	EEA規定国英国にある第三者	基準適合体制を整備している外国にある第三者	その他の外国にある第三者
第三者提供の根拠	27条			28条1項＝同意（27条は適用されない）
外国制度等の情報提供義務	―		28条3項	28条2項

(i) 基準適合体制

次に、第三者が基準適合体制を整備している場合、外国にある「第三者」から除かれているため、個人情報保護法28条1項の適用はなく、同法27条に従って対応することとなる。

基準適合体制の基準とは、適切かつ合理的な方法で個人情報保護法17条から40条までの規定に沿った措置を提供先が実施することである（個情法規則16条1号）。適切かつ合理的な方法には、契約や、グループ会社間でのグループポリシーの締結などが想定される（GL外国第三者編4-1）。提供先において個人情報に該当せず、元となった個人情報を復元しないよう契約等で定めているときも、これに当たる（Q&A12-8）。

また、APECのCBPR認証を取得している場合も、基準適合体制の基準を満たしている（個情法規則16条2号）。

さらに、基準適合体制を整備する第三者による相当措置の継続的な実施を確保するために必要な措置を講じ、本人の求めに応じて当該必要な措置に関する情報を提供しなければならない（個情法28条3項）。

(ii) 同意に基づく提供

その他の外国にある第三者に個人データを提供する場合、あらかじめ当該外国における個人情報保護制度と、第三者が講ずる個人情報の保護のための措置その他本人に参考になるべき情報を本人に提供し、同意を取得しなければならない。

一部の国については個情委が提供すべき情報を公開しており、参考にすることができる。

(3) 確認記録義務

個人情報取扱事業者は、個人データを提供したときに記録を作成し（個情法29条1項）、また個人データの提供を受ける場合は一定の事項を確認し記録を作成しなければならない（個情法30条1項・3項）。ただし、個人データの提供が個人情報保護法27条1項各号および同条5項に該当する場合と、提供先が国の機関、地方公共団体、独立行政法人等、地方独立行政法人である場合は、確認記録義務は適用されない。

また、個人データを本人に代わって提供した場合は、確認記録義務は適用されない。提供された個人データが、受領者において個人データでない場合、受領者は確認記録義務を負わない（GL確認記録編2-2-2-1）。

なお、提供者が、個人データを第三者が利用可能な状態に置くことは提供行為に該当し、提供者は記録義務を負う。他方、受領者は、個人データを単に閲覧しただけでは「提供を受ける」行為があるとはいえず、確認記録義務は適用されない（GL確認記録編2-2-2-2）。

8 開示等に関する規制

(1) 保有個人データに関する事項の公表等

個人情報取扱事業者は、保有個人データに関し、次に掲げる事項について、本人の知り得る状態（本人の求めに応じて遅滞なく回答する場合を含む。）に置かなければならない（個情法32条1項）。

① 当該個人情報取扱事業者の氏名または名称および住所ならびに法人にあっては、その代表者の氏名
② 全ての保有個人データの利用目的
③ 開示等の請求に応じる手続（手数料の額を定めたときは、その手数料の額を含む。）
④ 保有個人データの安全管理のために講じた措置
⑤ 当該個人情報取扱事業者が行う保有個人データの取扱いに関する苦情の申出先

⑥　当該個人情報取扱事業者が認定個人情報保護団体の対象事業者である場合にあっては、当該認定個人情報保護団体の名称および苦情の解決の申出先

　実務上は、プライバシーポリシーに上記①から⑥の事項を記載して公表するのが一般的である。また、本人の知り得る状態については、本人の求めに応じて遅滞なく回答する場合を含むため、一部をホームページに掲載し、残りを本人の求めに応じて遅滞なく回答を行うといった対応も可能である。

　また、個人情報取扱事業者は、本人から、当該本人が識別される保有個人データの利用目的の通知を求められたときは、原則として、本人に対し、遅滞なく、これを通知しなければならない（個情法32条2項）。

(2) 開示請求・第三者提供記録の開示請求

　本人は、保有個人データについて開示請求を行うことができ、個人情報取扱事業者は原則として当該保有個人データを開示しなければならないが、同一の本人から複雑な対応を要する同一内容について繰り返し開示の請求をされるなど、業務の適正な実施に著しい支障を及ぼすおそれがある場合等は、開示を行わないことができる（個情法33条2項）。単に開示すべき保有個人データの量が多いというだけでは、これに該当しない（GL通則編3−8−2）。

　また、第三者提供記録についても開示請求をすることができ、個人情報取扱事業者は原則として本人からの請求に応じなければならないが、保有個人データ該当性の例外（個情法16条4項、個情法施行令5条）と同様の例外が定められている（個情法33条5項、個情法施行令11条）。

　また、開示方法については、当該方法による開示が困難な場合を除き、本人が請求した方法（電子データによる開示等）により開示しなければならない（個情法33条2項）。

(3) 訂正等請求

　本人は、保有個人データの内容が事実でないとき訂正等請求（訂正、追加または削除）をすることができ、個人情報取扱事業者は遅滞なく必要な

調査を行い、その結果に基づき訂正等を行わなければならない（個情法34条）。内容が事実であるかは、保有個人データとの意味合いとの関係で判断することとなる。例えば、あるサービスの利用申し込みにおいて職業を入力する際、本人が実際は「弁護士」であるのに、誤って「公務員」を選択した場合、本人が職業について訂正等請求を行うことが想定される。しかし、個人情報取扱事業者が「サービス利用申し込み時に入力された内容」として当該保有個人データを保有している場合は、職業が「弁護士」と登録されていても、保有個人データの内容は事実であるため訂正を行う必要はない。

(4) 利用停止等請求

本人は、以下のいずれかの場合に、利用停止等請求（利用の停止または消去）をすることができ、個人情報取扱事業者は原則としてこれに応じなければならない（個情法35条）。

① 目的外利用（個情法18条）、不適正利用（同法19条）、不適正取得（同法20条）がされたとき
② 違法な第三者提供が行われたとき（同法27条、28条）
③ 保有個人データを利用する必要がなくなったとき
④ 報告対象事態である漏えい等が生じた場合（同法26条1項）
⑤ その他保有個人データの取扱いにより本人の権利または正当な利益が害されるおそれがある場合

ただし、当該利用停止等を行うために多額の費用を要したり、正当な事業活動において当該保有個人データが必要な場合など、利用停止等が困難な場合は、本人の権利利益を保護するための代替措置に代えることができる。

(5) 実務上の対応ポイント

個人情報取扱事業者が開示等請求に応じる方法を定めた場合、本人は当該方法に従って開示等請求を行わなければならないが（個情法37条1項）、かかる方法を定めていなかった場合、本人による自由な申請を認めることになる（GL通則編3-8-7）。そこで、開示等請求の申出先、提出すべき

書面の様式と受付方法、本人確認の方法、手数料の徴収方法を定め、保有個人データに関する公表事項として本人の知り得る状態にしておくことが望ましい。

また、保有個人データの開示等請求については、請求に応じないこととできる場合が限られており、手続きも本人からの請求に従う必要があるなど、個人情報取扱事業者への負担が大きい。そこで、後述の仮名加工情報制度を活用することも有用である。

9 個人情報以外の情報に対する規律

(1) 仮名加工情報

仮名加工情報は、個人情報から①特定の個人を識別することができる記述等の全部または一部、②個人識別符号の全部、③不正に利用されることにより財産的被害が生じるおそれがある記述等を削除し、他の情報と照合しない限り特定の個人を識別することができないようにして加工しなければならない（個情法41条1項、個情法施行規則31条）。

仮名加工情報は、当該仮名加工情報に係る本人を識別するために他の情報と照合することや（個情法41条7項）、仮名加工情報に含まれる連絡先を用いて本人に連絡することができず（同条8項）、また第三者提供が禁止される（同条6項）一方で、本人の同意なく利用目的の変更を行うことができ（同条3項）、開示等請求に応じる必要もない（同条9項）。また、匿名加工情報に比べ加工基準が緩やかであり、一定程度個人の特徴を残した状態で加工をすることができる。要配慮個人情報を削除する必要もない。

したがって、今後個人を識別する形で利用することは想定されないが、分析等には用いたい個人情報は、仮名加工情報として保存しておくことが考えられる。

また、既に取得した個人データについても、仮名加工情報に加工することで、個人データより容易に共同利用を行うことができる[4]。

(2) 匿名加工情報

匿名加工情報は、①特定の個人を識別することができる記述等の全部または一部、②個人識別符号の全部、③個人情報と匿名加工情報を連結する

符号、④特異な記述等を削除し、⑤個人情報データベース等の性質を勘案し、その結果を踏まえて適切な措置を講ずることで、特定の個人を識別することができないように個人情報を加工して得られる個人に関する情報であって、当該個人情報を復元することができないように加工しなければならない（個情法43条1項、個情法施行規則34条）。

匿名加工情報は上記のとおり厳格な加工基準が求められており、当該匿名加工情報に係る本人を識別するために他の情報と照合することが禁止されている（個情法43条5項）。また、匿名加工情報作成時に一定の事項を公表しなければならない（同条3項）。他方、利用目的の特定は不要であり、第三者提供[5]も自由に行うことができる。

(3) 統計情報

個人情報保護法上、「統計情報」は定義されていないが、複数人の情報から共通要素に係る項目を抽出して同じ分類ごとに集計して得られるデータであり、集団の傾向または性質などを数量的に把握するものと解されている（GL仮名加工匿名加工編3-1-1）。統計情報は、特定の個人との対応関係が排斥されている限りにおいては、「個人に関する情報」に該当しないため、個人情報保護法の規制の対象外となる。

(4) 個人関連情報

個人関連情報を提供先の第三者が個人データとして取得することが想定される場合、第三者が本人の同意を得ていることを確認しなければならない（個情法31条1項1号）。

---

4) 既に取得した個人データを共同利用する場合、社会通念上、共同して利用する者の範囲や利用目的等が当該個人データの本人が通常予期し得ると客観的に認められる範囲内である必要があるが（GL通則編3-6-3(3)）、仮名加工情報は利用目的の変更を自由に行うことができるため、共同利用者の範囲や利用目的を、当該個人データを取得した時点で公表されていた利用目的の内容や取得の経緯等にかかわらず設定することができる（GL仮名加工匿名加工編2-2-3-3(3)）。
5) 第三者提供について、提供される匿名加工情報に含まれる個人に関する情報の項目およびその提供方法を公表し、当該第三者に匿名加工情報であることを明示しなければならない（個情法43条4項）。

Ⅷ　個人情報保護法

　同意取得自体は、提供元の個人関連情報取扱事業者が代行することもできるが、提供先の第三者を個別に明示し、対象となる個人関連情報を特定できるように示さなければならない（GL通則編3-7-2-2(2)）。同意取得を確認する方法としては、提供先の第三者が本人の同意を得ていることを誓約する書面を受け入れる方法でもよいため、個人関連情報の提供に係る契約書において、提供先が本人の同意を取得することを義務付ける条項を入れておくことで対応することが考えられる。また、提供元には記録義務が（個情法31条3項、30条3項）、提供先の第三者には確認義務が（同法30条1項）課されている。

　なお、上記の場合以外は、個人情報保護法上の規制はない。

(5)　個人情報保護法の規律が及ばない情報

　個人情報取扱事業者が保有する個人情報を、特定の個人を識別することができないように加工することで、仮名加工情報にも匿名加工情報にも該当せず、個人情報保護法の適用がない情報を作成しようとすることが考えられる。

　このような個人情報保護法の適用がない情報を作成する方法は、法令上定められておらず、個情委が公表するガイドライン等にも記載がない。

　もっとも、個人情報から単体で特定の個人を識別することができる情報を削除するだけでなく、容易照合性の観点からも特定の個人を識別することができないように加工すれば、個人情報保護法の適用がない情報を作成することは可能である。

IX　マイナンバー法

1　法規制の対象となるケース

　マイナンバー（個人番号）を取り扱う際に、マイナンバー法（以下、本Ⅸにおいて「法」という。）の規制を受ける。

　なお、マイナンバーは個人情報であり（個情法2条1項2号、同施行令1条6号の「個人識別符号」に当たる）、マイナンバー法は個人情報保護法の特別法である（マイナンバー法1条）。したがって、マイナンバーを取り扱う際には、原則として個人情報保護法が適用された上で、同法に特別な定めがある場合には同法が優先的に適用されるという関係にある。

2　法規制のポイント

　民間企業がマイナンバー（個人番号）を利用してもよいのは、法令または条例の規定により、他人のマイナンバーを記載した書面の提出などの事務を行うものとされた場合のみである（法9条4項）。すなわち、法令・条例上の根拠がないのにマイナンバーを利用すること自体が違法であるというのがマイナンバー法の法規制のポイントである。

　個人番号の提供、収集・保管、特定個人情報ファイルの作成、個人番号の提供の求めについても、マイナンバー法が定める場合以外は禁止されている。例えば、本人の同意があっても、同法が認める場面以外に第三者提供することはできないということである。

　また、マイナンバーの管理に関しては、個人情報保護法のGL通則編と比較して厳格な安全管理措置が義務付けられている。なお、委託先が再委託する際に、委託元の許諾が必要であるとされている点が同法と大きく異なっているから、契約書のレビューの際や運用において留意が必要である。

3　用語の定義・概念

◇　個人番号（マイナンバー）：

　　住民票コードから変換されて付番され、市町村長が指定・通知する12桁の数字である（法2条5項、7条、8条）。国籍に関係なく、住民票を有する全員に付番されている。収集、保管、利用、提供等に厳格な規制がある。

◇　法人番号（企業版マイナンバー）：

　　国税庁が法人等に付番する13桁の数字である。取扱いに規制がなく、国税庁「法人番号公表サイト」[1]や経済産業省「gBizINFO」[2]で公開されている情報であり、民間企業が自由に利用してよい番号である。

◇　特定個人情報：

　　「個人番号をその内容に含む個人情報」である（法2条8項）。例えば、従業員の氏名、住所およびマイナンバーが含まれた源泉徴収票の内容は、典型的な特定個人情報ということになる。

　　なお、個人番号および特定個人情報をあわせて「特定個人情報等」という。

◇　特定個人情報ファイル：

　　個人番号をその内容に含む個人情報データベース等（個人情報ファイル）である（法2条9項・4項）。例えば、従業員の氏名、住所およびマイナンバーが保存された社内のデータベースは、特定個人情報ファイルに当たることになる。

◇　個人番号利用事務実施者：

　　マイナンバーを利用して行政事務を処理する者である（法2条12項）。税務署やハローワーク、健康保険組合などがこれに当たる。

◇　個人番号関係事務実施者：

　　法令または条例の規定により、他人のマイナンバーを記載した書面を提出するなどの事務を処理する者のことである（法2条13項）。民間企業

1）　https://www.houjin-bangou.nta.go.jp/
2）　https://info.gbiz.go.jp/

は、例えば、所得税法に基づき、従業員のマイナンバーを記載した源泉徴収票を税務署（＝個人番号利用事務実施者）に提出する事務を行うものとされているから、個人番号関係事務実施者となる。

◇ 個人番号利用事務等実施者：

個人番号利用事務実施者と個人番号関係事務実施者を総称して個人番号利用事務等実施者という（法12条）。「個人番号利用事務等実施者」といわれたときには、民間企業（＝個人番号関係事務実施者）が含まれているから注意が必要である。

4 マイナンバーを収集する際の規制

(1) 利用目的の特定と通知等

上述したとおり、マイナンバー法は個人情報保護法の特別法であるから、マイナンバーを取り扱う際には、マイナンバー法に特段の定めがない限り個人情報保護法の適用を受ける。したがって、上記Ⅷにおいて述べたとおり、マイナンバーを取り扱うに当たっては、利用目的の特定と本人への通知等が必要となる。

例えば、従業員に対しては、以下のような利用目的を特定し通知等をすることになる。

- 源泉徴収票作成事務
- 支払調書作成事務
- 個人住民税に関する届出、申請事務
- 健康保険・厚生年金保険に関する届出事務
- 雇用保険に関する届出、申請事務
- 財産形成住宅貯蓄・財産形成年金貯蓄に関する申告書、届出書および申込書提出事務
- 確定給付企業年金法による年金である給付または一時金の支給に関する事務
- 確定拠出年金法による企業型記録関連運営管理機関への通知、企業型年金加入者等に関する原簿の記録および保存または企業型年金の給付もしくは脱退一時金の支給に関する事務
- 従業員持株会の会員である者について、支払調書作成事務のために従業員持株会に提供すること

(2) 本人確認

本人からマイナンバーの提供を受ける際には、マイナンバー単体で提供を受けてはならず、本人確認をした上で受け取らなければならない（法16条）。他人のマイナンバーを提供して他人になりすますことを防止するための規制である。

具体的には、①番号確認および②身元（実在）確認を行う必要がある[3]。①番号確認とは、提供を受けたマイナンバーが誤っていないかどうかの確認であり、②身元（実在）確認とは、マイナンバーを提供している者が実在する人物かどうかの確認である。通常、個人番号カードの提示を受けるか、マイナンバーが記載された住民票の写し＋運転免許証などの提示を受けるなどして、①と②を行うことになる。

5 マイナンバーの情報管理の規制

(1) 安全管理措置

安全管理措置（法11条）の対象となるのは、「個人番号」である。個人情報保護法では、データベース化された「個人データ」のみが安全管理措置の対象となっているが、マイナンバー法では散在情報である「個人番号」も対象となっているから注意が必要である。

個人情報保護委員会の番号法ガイドライン（事業者編）により、安全管理措置の前提として、以下を明確にする義務があるとされている。

---

① 個人番号を取り扱う事務の範囲
② 特定個人情報等の範囲（注）
　（注）特定個人情報等の範囲を明確にするとは、事務において使用される個人番号および個人番号と関連付けて管理される個人情報（氏名、生年月日等）の範囲を明確にすることをいう
③ 特定個人情報等を取り扱う事務に従事する従業者（「事務取扱担当者」という）

例えば、「源泉徴収票作成事務」でマイナンバーが必要であり（①）、そ

---

3) 代理人経由で提供を受ける際には、①代理権の確認＋②代理人の身元（実在）確認＋③本人の番号確認が必要となる。

の事務で必要となる特定個人情報の範囲は「従業員及び扶養親族等の氏名、住所及びマイナンバー」であると特定し（②）、その事務に従事する事務取扱担当者は「経理課職員」であるなどと特定する（③）。その上で、事務取扱担当者から情報漏えい等しないよう取扱規程等を策定し、安全に管理する措置を講ずるというのが、マイナンバーの情報管理の全体像である。

以上の前提の下で、図表IX-1のとおり、安全管理措置を講ずることが義務付けられている（番号法ガイドライン。なお、図表IX-1では、GL通則編との実質的な相違部分に下線を引いている）。

〔図表IX-1〕

個人情報保護法	マイナンバー法
A　基本方針の策定	
個人情報取扱事業者は、個人データの適正な取扱いの確保について組織として取り組むために、基本方針を策定することが重要である	特定個人情報等の適正な取扱いの確保について組織として取り組むために、基本方針を策定することが重要である
B　取扱規程等の策定	
［個人データの取扱いに係る規律の整備］ 個人情報取扱事業者は、その取り扱う個人データの漏えい等の防止その他の個人データの安全管理のために、個人データの具体的な取扱いに係る規律を整備しなければならない	［取扱規程等の策定］ １A～Cで明確化した事務において事務の流れを整理し、特定個人情報等の具体的な取扱いを定める取扱規程等を策定しなければならない
C　組織的安全管理措置	
［①　組織体制の整備］ 安全管理措置を講ずるための組織体制を整備しなければならない	［ⓐ　組織体制の整備］ 安全管理措置を講ずるための組織体制を整備する
［②　個人データの取扱いに係る規律に従った運用］ あらかじめ整備された個人データの取扱いに係る規律に従って個人データを取り扱わなければならない	［ⓑ　取扱規程等に基づく運用を行うとともに、その状況を確認するため、特定個人情報等の利用状況等を記録する］

なお、整備された個人データの取扱いに係る規律に従った運用の状況を確認するため、利用状況等を記録することも重要である	
［③　個人データの取扱状況を確認する手段の整備］ 個人データの取扱状況を確認するための手段を整備しなければならない	［ⓒ　取扱状況を確認する手段の整備］ 特定個人情報ファイルの取扱状況を確認するための手段を整備する なお、取扱状況を確認するための記録等には、特定個人情報等は記載しない
［④　漏えい等の事案に対応する体制の整備］ 漏えい等の事案の発生または兆候を把握した場合に適切かつ迅速に対応するための体制を整備しなければならない なお、漏えい等の事案が発生した場合、二次被害の防止、類似事案の発生防止等の観点から、事案に応じて、事実関係および再発防止策等を早急に公表することが重要である	［ⓓ　情報漏えい等事案に対応する体制の整備］ 情報漏えい等の事案の発生または兆候を把握した場合に、適切かつ迅速に対応するための体制を整備する 情報漏えい等の事案が発生した場合、二次被害の防止、類似事案の発生防止等の観点から、事案に応じて、事実関係および再発防止策等を早急に公表することが重要である
［⑤　取扱状況の把握および安全管理措置の見直し］ 個人データの取扱状況を把握し、安全管理措置の評価、見直しおよび改善に取り組まなければならない	［ⓔ　取扱状況の把握および安全管理措置の見直し］ 特定個人情報等の取扱状況を把握し、安全管理措置の評価、見直しおよび改善に取り組む
D　人的安全管理措置	
［従業者の教育］ 従業者に、個人データの適正な取扱いを周知徹底するとともに適切な教育を行わなければならない	［ⓐ　事務取扱担当者の監督］ 事業者は、特定個人情報等が取扱規程等に基づき適正に取り扱われるよう、事務取扱担当者に対して必要かつ適切な監督を行う
	［ⓑ　事務取扱担当者の教育］ 事業者は、事務取扱担当者に、特定個人情報等の適正な取扱いを周知徹底するとともに適切な教育を行う

E　物理的安全管理措置	
[①　個人データを取り扱う区域の管理] 個人情報データベース等を取り扱うサーバやメインコンピュータ等の重要な情報システムを管理する区域（以下「管理区域」という。）およびその他の個人データを取り扱う事務を実施する区域（以下「取扱区域」という。）について、それぞれ適切な管理を行わなければならない	[ⓐ　特定個人情報等を取り扱う区域の管理] 特定個人情報ファイルを取り扱う情報システム（サーバ等）を管理する区域（管理区域）を明確にし、物理的な安全管理措置を講ずる また、特定個人情報等を取り扱う事務を実施する区域（取扱区域）について、事務取扱担当者等以外の者が特定個人情報等を容易に閲覧等できないよう留意する必要がある
[②　機器および電子媒体等の盗難等の防止] 個人データを取り扱う機器、電子媒体および書類等の盗難または紛失等を防止するために、適切な管理を行わなければならない	[ⓑ　機器および電子媒体等の盗難等の防止] 管理区域および取扱区域における特定個人情報等を取り扱う機器、電子媒体および書類等の盗難または紛失等を防止するために、物理的な安全管理措置を講ずる
[③　電子媒体等を持ち運ぶ場合の漏えい等の防止] 個人データが記録された電子媒体または書類等を持ち運ぶ場合、容易に個人データが判明しないよう、安全な方策を講じなければならない なお、「持ち運ぶ」とは、個人データを管理区域または取扱区域から外へ移動させることまたは当該区域の外から当該区域へ移動させることをいい、事業所内の移動等であっても、個人データの紛失・盗難等に留意する必要がある	[ⓒ　電子媒体等の取扱いにおける漏えい等の防止] 特定個人情報等が記録された電子媒体または書類等を持ち運ぶ場合、容易に個人番号が判明しないよう、安全な方策を講ずる 「持ち運ぶ」とは、特定個人情報等を管理区域または取扱区域から外へ移動させることまたは当該区域の外から当該区域へ移動させることをいい、事業所内での移動等であっても、特定個人情報の紛失・盗難等に留意する必要がある
[④　個人データの削除および機器、電子媒体等の廃棄] 個人データを削除しまたは個人データが記録された機器、電子媒体等を廃棄する場合は、復元不可能な手段	[ⓓ　個人番号の削除、機器および電子媒体等の廃棄] 個人番号関係事務または個人番号利用事務を行う必要がなくなった場合で、所管法令等において定められている保

で行わなければならない また、個人データを削除した場合、または、個人データが記録された機器、電子媒体等を廃棄した場合には、削除または廃棄した記録を保存することや、それらの作業を委託する場合には、委託先が確実に削除または廃棄したことについて証明書等により確認することも重要である	存期間等を経過した場合には、個人番号をできるだけ速やかに復元できない手段で削除または廃棄する **個人番号もしくは特定個人情報ファイルを削除した場合、または電子媒体等を廃棄した場合には、削除または廃棄した記録を保存する。また、これらの作業を委託する場合には、委託先が確実に削除または廃棄したことについて、証明書等により確認する**
\multicolumn{2}{c}{F　技術的安全管理措置}
［①　アクセス制御］ 担当者および取り扱う個人情報データベース等の範囲を限定するために、適切なアクセス制御を行わなければならない	［ⓐ　アクセス制御］ 情報システムを使用して個人番号関係事務または個人番号利用事務を行う場合、事務取扱担当者および当該事務で取り扱う特定個人情報ファイルの範囲を限定するために、適切なアクセス制御を行う
［②　アクセス者の識別と認証］ 個人データを取り扱う情報システムを使用する従業者が正当なアクセス権を有する者であることを、識別した結果に基づき認証しなければならない	［ⓑ　アクセス者の識別と認証］ 管理区域および取扱区域における特定個人情報等を取り扱う機器、電子媒体および書類等の盗難または紛失等を防止するために、物理的な安全管理措置を講ずる
［③　外部からの不正アクセス等の防止］ 個人データを取り扱う情報システムを外部からの不正アクセスまたは不正ソフトウェアから保護する仕組みを導入し、適切に運用しなければならない	［ⓒ　外部からの不正アクセス等の防止］ 情報システムを外部からの不正アクセスまたは不正ソフトウェアから保護する仕組みを導入し、適切に運用する
［④　情報システムの使用に伴う漏えい等の防止］ 情報システムの使用に伴う個人データの漏えい等を防止するための措置を講じ、適切に運用しなければならない	［ⓓ　情報漏えい等の防止］ 特定個人情報等をインターネット等により外部に送信する場合、通信経路における情報漏えい等を防止するための措置を講ずる

G　外的環境の把握	
個人情報取扱事業者が、外国において個人データを取り扱う場合、当該外国の個人情報の保護に関する制度等を把握した上で、個人データの安全管理のために必要かつ適切な措置を講じなければならない	事業者が、外国において特定個人情報等を取り扱う場合、当該外国の個人情報の保護に関する制度等を把握した上で、特定個人情報等の安全の管理のために必要かつ適切な措置を講じなければならない

　以上を総合すると、特定個人情報等の安全管理措置は、個人データの安全管理措置と比較して、利用状況を記録する義務がある点、および削除または廃棄した記録をする義務がある点の2つが主要な上乗せ規制ということになる。

(2)　委託先の監督

　マイナンバーの取扱いを委託することは可能である（法9条4項2文）。ただし、その場合には、委託先に対する監督義務がある（法11条）。
　番号法ガイドラインによれば、委託先の監督として以下の3点が義務付けられている。

(ⅰ)　委託先の適切な選定
(ⅱ)　安全管理措置に関する委託契約の締結
(ⅲ)　委託先における特定個人情報の取扱状況の把握

　これらの項目は、個人情報保護法のGL通則編の義務と同様である。しかしながら、(ⅱ)委託契約の締結に関して、委託契約書の条項に以下を盛り込む義務があるとされている点が、GL通則編からの上乗せ規制となっている。

---
①　秘密保持義務
②　事業所内からの特定個人情報の持出しの禁止
③　特定個人情報の目的外利用の禁止
④　再委託における条件
⑤　漏えい事案等が発生した場合の委託先の責任
---

⑥　委託契約終了後の特定個人情報の返却または廃棄
⑦　従業者に対する監督・教育
⑧　契約内容の遵守状況について報告を求める規定

なお、以下の2項目は、盛り込むことが「望ましい」（＝義務ではない）とされている。

⑨　特定個人情報を取り扱う従業者の明確化
⑩　委託者が委託先に対して実地の調査を行うことができる規定

マイナンバーの取扱いの委託契約書をレビューする際には、これらの項目が盛り込まれているかを確認することが必要となる。

なお、マイナンバー法においては、再委託以降については、最初の委託者の許諾が必要とされているから（法9条3項、10条）、上記④の条項をレビューする際に留意する必要がある。また、マイナンバーの取扱いを受託している企業としては、委託者の許諾なく再委託しないよう、運用面で注意が必要となる[4]。

(3) 漏えい等発生時の対応

マイナンバー法においては、委員会規則で定める「重大な事態」が生じた場合に、個人情報保護委員会に報告する義務がある（法29条の4）。民間企業に関係する主要なものは、以下のとおりである。

①　次に掲げる特定個人情報に係る本人の数が100人を超える事態
　ⓐ　漏えいし、減失し、または毀損した特定個人情報
　ⓑ　法第9条の規定に反して利用された個人番号を含む特定個人情報
　ⓒ　法第19条の規定に反して提供された特定個人情報
②　特定個人情報ファイルに記録された特定個人情報を電磁的方法により不特定多数の者に閲覧され、または閲覧されるおそれがある事態
③　不正の目的をもって行われたおそれがある特定個人情報の漏えい等が発生し、または発生したおそれがある事態

4）　個人情報保護委員会事務局「特定個人情報の取扱いの委託における注意喚起」（平成31年2月20日）。(https://www.ppc.go.jp/news/careful_information/itaku/)

④ 不正の目的をもって、特定個人情報が利用され、または利用されたおそれがある事態
⑤ 不正の目的をもって、特定個人情報が提供され、または提供されたおそれがある事態

　個人情報保護法では、1,000人を超える漏えい等が発生した場合に報告義務があることになっているが（個情法26条、個情報規則7条4号）、マイナンバー法では100人を超える漏えい等が発生した場合に報告義務があるから、注意が必要である。

6　マイナンバーの提供の規制

　マイナンバー法では、特定個人情報を提供できる場面が制限的に列挙されている（法19条各号）。民間企業（個人番号関係事務実施者）は、原則として、個人番号関係事務を処理するために必要な限度で特定個人情報を提供するとき以外は提供できない（同条2号）。要するに、法令または条例の規定により、他人のマイナンバーを記載した書面を作成して提出することが求められているような場面を除き、特定個人情報を提供することは禁止されているのである。個人情報保護法では本人の同意があれば個人データを第三者提供できるとされていることと大きく異なっている。

　なお、2021年9月1日に施行された改正法で、出向・転籍・再就職の場合には、本人の同意があれば特定個人情報の提供が可能となった（法19条4号）。その際には、①具体的な提供先、および②どのような特定個人情報が提供されることになるのかを明らかにし、出向・転籍・再就職等先の決定以後に同意を得る必要があるとされている。すなわち、入社時に包括的な同意を取得することはできないと考えられるから、注意が必要である。なお、これにより特定個人情報の提供を受けた企業は、本人確認（法16条）の義務はないとされている。

7　マイナンバーの廃棄

　特定個人情報は、法19条に該当する場合（＝上記6で述べた「提供」ができる場合）を除き、収集または保管してはならないとされている（法20条）。
　したがって、民間企業は、通常、法令または条例の規定により他人のマ

イナンバーを取り扱う義務があるとされている場合を除き、マイナンバーを保管しているだけでマイナンバー法に違反してしまうことになる。例えば、企業は、扶養控除等申告書について、提出期限（毎年最初に給与等の支払を受ける日の前日まで）の属する年の翌年1月10日の翌日から7年を経過する日まで保存することが義務付けられている（所得税法施行規則76条の3）。したがって、その間は、マイナンバーが記載された扶養控除等申告書を保管する義務があるが、7年が経過した後には、それを保管する必要がなくなるため、原則として、できるだけ速やかに廃棄しなければならないことになる。

なお、所管法令で定められた個人番号を記載する書類等の保存期間を経過するまでの間は、当該書類だけでなく、システム内においても保管することができるとされている（Q&A Q6-4）。したがって、従業員が退職してから約7年間は、システム内のマイナンバーも保管しておくことは可能である（復職した場合には、そのマイナンバーを利用してよい）。

また、支払調書の控えには法令上の保存義務がないが、事業者が保存期間を定めれば、最長7年間は保管できるとされている（Q&A Q6-4-2）。

8　行政処分・制裁・罰則など

マイナンバーに関して、個人情報保護委員会は、個人番号利用事務等実施者（含：民間企業）に対し、指導および助言（法33条）、ならびに勧告および命令（法34条）が可能であるほか、報告徴収および立入検査も可能であるとされている（法35条）。この点は、個人情報保護法の定めと同様である。

罰則については、個人情報保護法よりも厳しいものが定められている。民間企業に直接関係がある罰則の概要は図表IX-2のとおりである。

〔図表IX-2〕

行為	個人情報保護法の類似規定	マイナンバー法
個人番号利用事務等に従事する者または従事していた者が、<u>正当な理由なく、個人の秘密に属する事項が記録された個人情報ファイル／特定個人情報ファイルを提供</u>	—	<u>4年以下の懲役</u>もしくは200万円以下の罰金または併科（法48条）（法人両罰規定：1億円以下の罰金）
上記の者が、不正な利益を図る目的で、個人番号を提供または盗用	1年以下の懲役または50万円以下の罰金（個情法179条）（法人両罰規定：1億円以下の罰金）	3年以下の懲役もしくは150万円以下の罰金または併科（法49条）（法人両罰規定：1億円以下の罰金）
職権を濫用して、専らその職務の用以外の用に供する目的で個人の秘密に属する事項が記録された文書、図画または電磁的記録を収集	—	—
人を欺き、人に暴行を加え、人を脅迫し、または、財物の窃取、施設への侵入、不正アクセス等により個人番号を取得	—	3年以下の懲役または150万円以下の罰金（法51条）（法人両罰規定：同額の罰金）
委員会から命令を受けた者が、委員会の命令に違反	1年以下の懲役または100万円以下の罰金（個情法178条）	2年以下の懲役または50万円以下の罰金（法53条）（法人両罰規定：1億円以下の罰金）
委員会に対する、虚偽の報告、虚偽の資料提出、検査拒否等	50万円以下の罰金（個情法182条）	1年以下の懲役または50万円以下の罰金（法54条）（法人両罰規定：同額の罰金）

Ⅹ 刑事罰

1 刑事罰の対象となるケース

　個人情報を権限なく閲覧、利用または開示等した場合には、刑事責任を負う可能性がある。自社が保有する個人情報を不正に利用された場合は、捜査機関に告訴・告発を行ったり、告訴等をすることを視野にいれて相手方と交渉することが考えられる。他方、自社が不正に個人情報を受領または利用している場合は当然のこと、自社が個人情報を不正に利用された場合も、自社が刑事責任を負う可能性があることに留意が必要である。

　以下では、主な刑事罰について述べる。

2 個人情報保護法

(1) 個人情報データベース等提供罪

　個人情報取扱事業者（その者が法人である場合にあっては、その役員、代表者または管理人）もしくはその従業者またはこれらであった者が、その業務に関して取り扱った個人情報データベース等（その全部または一部を複製し、または加工したものを含む。）を自己もしくは第三者の不正な利益を図る目的で提供し、または盗用したときは、1年以下の懲役または50万円以下の罰金に処するとされている（個情法179条）。

　「従業者」とは、個人情報取扱事業者の組織内において、事業者の指揮命令系統に属し、事業者の業務に従事している者であれば足り、雇用関係にあることは要件としない[1]。

　「その業務」とは、広く個人情報取扱事業者の業務との関連性があれば足りる[2]。

　「自己若しくは第三者の不正な利益を図る目的で」には、行為者の興味

---

1) 園部逸夫＝藤原靜雄編『個人情報保護法の解説〔第三次改訂版〕』（ぎょうせい、2022年）544頁
2) 園部＝藤原編・前掲注1）545頁

本位や被害者への加害の意図のみをもって行う場合は当たらないと解されている[3]。

　本罪は、不正競争防止法の営業秘密侵害と異なり、情報が「営業秘密」である必要はない（下記3参照）。また、刑法上の「財物」に該当しない場合も、本罪により処罰され得る（下記6参照）。

　また、これまで本罪により刑事罰が科された例はなかったが、2023年9月および10月に相次いで本罪が立件されるに至っている。

(2) 個人情報保護委員会からの命令違反

　個人情報保護委員会からなされる個人情報保護法148条2項または3項の命令に反した場合、1年以下の懲役または100万円以下の罰金に処するとされている（個情法178条）。

　個人情報保護法違反があったとき、まずは個人情報保護委員会から勧告がなされる（個情法148条1項）。そして、勧告を受けた個人情報取扱事業者等が正当な理由なく勧告に係る措置を取らなかった場合において個人の重大な権利利益の侵害が切迫していると認めるときは、個人情報保護委員会は勧告に係る措置をとるべきことを命ずることができる（同条2項）。また、一部の個人情報保護法違反行為については、個人の重大な権利利益を害する事実があるため緊急に措置をとる必要があると認めるときは、勧告を前置せずに、当該違反行為の中止その他違反を是正するために必要な措置をとるべきことを命ずることができる（同条3項）。

　これらの命令にも従わなかった場合に初めて、個人情報保護法178条に基づく刑罰が科されることとなる。

(3) 両罰規定

　法人の代表者または法人もしくは人の代理人、使用人その他の従業者が、その法人または人の業務に関して、個人情報保護法178条または179条の違反行為をしたときは、行為者を罰するほか、その法人に対しても、1億円以下の罰金刑を科するとされている（個情法184条）。

---

3) 日置巴美＝板倉陽一郎『個人情報保護法のしくみ』（商事法務、2017年）91頁

Ⅹ　刑事罰

　したがって、例えば従業員が企業が保有する個人データを持ち出し、不正な利益を図る目的で第三者に提供したことで、当該従業員に個人情報データベース等提供罪が成立した場合、企業側は被害者であるという認識を持つかもしれないが、個人情報保護法184条により罰金刑が科せられる可能性がある。そうすると、当該第三者に対して、不正競争防止法違反についての告訴や、不正競争に基づく損害賠償請求をする可能性があることを理由に交渉しようとした際に、かえって自社の個人情報保護法違反を追及される可能性があることには注意が必要である。

　また、近時、個人情報保護法179条の両罰規定により、法人が書類送検される事案が生じている。

3　不正競争防止法（営業秘密侵害罪）

　企業から持ち出された個人情報が「営業秘密」である場合、不正競争防止法が適用される。

　「営業秘密」（不正競争防止法2条6項）の要件は、①秘密として管理されていること（秘密管理性）、②事業活動に有用な技術上または営業上の情報であること（有用性）、③公然と知られていないこと（非公知性）である。個人情報については、個人情報保護法で漏えい対策を含む安全管理義務が保有企業に対して義務付けられており、それが従業員にとっても明らかであり、かつ、一般情報との区別も外見上明確であることから、その他の情報に比べて、秘密管理性が認められる可能性が高いとされているものの[4]、裁判例において顧客情報等の「営業秘密」該当性は頻繁に争われている。そこで、従業員や退職予定者と秘密保持契約を締結しておくことや、顧客情報等に「マル秘」など秘密であることを表示しておくこと、コピー・撮影を禁止すること、アクセス制御を行うことといった対策を行っておくことは重要である。

　そして、以下に当たる場合は、10年以下の懲役もしくは2,000万円以下の罰金に処し、またはこれを併科することとされている（不正競争防止法21条1項）。③を除いて未遂であっても処罰の対象となる（同法21条6項）。

4）　経済産業省「営業秘密管理指針」（平成15年1月30日、平成31年1月23日最終改訂）8頁

[不正な手段（詐欺・恐喝・不正アクセスなど）による取得のパターン]
① （21条1項1号）不正の利益を得る目的で、またはその営業秘密保有者に損害を加える目的で、詐欺等行為（人を欺き、人に暴行を加え、または人を脅迫する行為をいう。次号において同じ。）または管理侵害行為（財物の窃取、施設への侵入、不正アクセス行為（不正アクセス禁止法2条4項に規定する不正アクセス行為をいう。）その他の営業秘密保有者の管理を害する行為をいう。②において同じ。）により、営業秘密を取得した者
② （21条1項2号）詐欺等行為または管理侵害行為により取得した営業秘密を、不正の利益を得る目的で、またはその営業秘密保有者に損害を加える目的で、使用し、または開示した者

[正当に営業秘密が示された者による背信的行為のパターン]
③ （21条2項1号）営業秘密を営業秘密保有者から示された者であって、不正の利益を得る目的で、またはその営業秘密保有者に損害を加える目的で、その営業秘密の管理に係る任務に背き、次のいずれかに掲げる方法でその営業秘密を領得した者
　イ　営業秘密記録媒体等（営業秘密が記載され、または記録された文書、図画または記録媒体をいう。以下この号において同じ。）または営業秘密が化体された物件を横領すること
　ロ　営業秘密記録媒体等の記載もしくは記録について、または営業秘密が化体された物件について、その複製を作成すること
　ハ　営業秘密記録媒体等の記載または記録であって、消去すべきものを消去せず、かつ、当該記載または記録を消去したように仮装すること
④ （21条2項2号）営業秘密を営業秘密保有者から示された者であって、その営業秘密の管理に係る任務に背いて③イからハまでに掲げる方法により領得した営業秘密を、不正の利益を得る目的で、またはその営業秘密保有者に損害を加える目的で、その営業秘密の管理に係る任務に背き、使用し、または開示した者
⑤ （21条2項3号）営業秘密を営業秘密保有者から示されたその役員（理事、取締役、執行役、業務を執行する社員、監事もしくは監査役またはこれらに準ずる者をいう。⑥において同じ。）または従業者であって、不正の利益を得る目的で、またはその営業秘密保有者に損害を加える目的で、その営業秘密の管理に係る任務に背き、その営業秘密を使用し、または開示した者（④に掲げる者を除く。）
⑥ （21条2項4号）営業秘密を営業秘密保有者から示されたその役員または従業者であった者であって、不正の利益を得る目的で、またはその営業秘密保有者に損害を加える目的で、その在職中に、その営業秘密の管理に係る任務に背いてその営業秘密の開示の申込みをし、またはその営業秘密の使用もしくは開示について請託を受けて、その営業秘密をそ

の職を退いた後に使用し、または開示した者（④に掲げる者を除く。）
[転得者による使用・開示のパターン]
⑦ （21条1項3号）不正の利益を得る目的で、またはその営業秘密保有者に損害を加える目的で、②もしくは④〜⑥の罪または21条4項の罪（②の罪に当たる開示に係る部分に限る。）に当たる開示によって営業秘密を取得して、その営業秘密を使用し、または開示した者
⑧ （21条1項4号）不正の利益を得る目的で、またはその営業秘密保有者に損害を加える目的で、②・⑦もしくは④〜⑥までの罪または21条4項2号の罪（②・⑦の罪に当たる開示に係る部分に限る。）に当たる開示が介在したことを知って営業秘密を取得して、その営業秘密を使用し、または開示した者
[営業秘密侵害品の譲渡等のパターン]
⑨ （21条1項5号）不正の利益を得る目的で、またはその営業秘密保有者に損害を加える目的で、自己または他人の②・⑦・⑧または21条4項3号の罪に当たる行為（技術上の秘密を使用する行為に限る。以下⑨において「違法使用行為」という。）により生じた物を譲渡し、引き渡し、譲渡もしくは引渡しのために展示し、輸出し、輸入し、または電気通信回線を通じて提供した者（当該物が違法使用行為により生じた物であることの情を知らないで譲り受け、当該物を譲渡し、引き渡し、譲渡もしくは引渡しのために展示し、輸出し、輸入し、または電気通信回線を通じて提供した者を除く。）

また、企業に対しては、両罰規定があり、5億円以下の罰金刑が科される（不正競争防止法22条1項2号）。さらに、日本国外における不正使用などの場合は、自然人について3,000万円（同法21条4項）、両罰規定が課される企業について10億円まで罰金刑の上限が引き上げられている（同法22条1項1号）。

4 不正アクセス禁止法

アクセスが制御されているサーバに、他人のIDとパスワードを利用してログインするなどの不正アクセス行為を行った場合、3年以下の懲役または100万円以下の罰金に処するとされている（不正アクセス禁止法2条4項、3条、11条）。

また、不正アクセス行為の用に供する目的で、他人のIDとパスワードなどのアクセス制御機能に係る識別符号を取得したり、業務その他正当な理由なく当該識別符号をその利用権者以外に提供したり、不正アクセス行

為の目的に供する目的で、不正に取得された当該識別符号を保管した場合は、1年以下の懲役または50万円以下の罰金に処するとされている（不正アクセス禁止法4条、5条、6条、12条）。

したがって、自社に転職してきた者から、前職の顧客情報にアクセスするためのIDおよびパスワードを示され、当該顧客情報にアクセスする目的でIDおよびパスワードを保管することとした場合、保管した者も不正アクセス禁止法違反になる可能性がある。

5 電気通信事業法

通信の秘密に当たる情報を漏えいした者は、2年以下の懲役または100万円以下の罰金に処するとされている（通信の秘密については、第1章Ⅰ5参照。）（電気通信事業法179条1項）。また、電気通信事業に従事する者の場合は、3年以下の懲役または200万円以下の罰金に処するとされている（同条2項）。いずれの場合も未遂であっても処罰の対象となる（同条3項）。

6 窃盗罪、横領罪

顧客情報を印刷した紙や、ハードディスク、USB等の「財物」を窃取した場合、窃盗罪が成立し、10年以下の懲役または50万円以下の罰金に処するとされている（刑法235条）。未遂であっても処罰の対象となる（同法243条）。また、業務上自己が占有する上記のような「財物」を横領した場合、業務上横領罪が成立し、10年以下の懲役に処するとされている（同法253条）。

第2章

労務・人事

I　職業安定法

1　法規制の対象となるケース

　職業紹介事業者、求人者、労働者の募集を行う者、募集受諾者、特定募集情報等提供事業者、労働者供給事業者および労働者供給を受けようとする者（以下、本Ⅰにおいて「職業紹介事業者等」という。）が求職者等の個人情報を取り扱う際に、職安法（以下、本Ⅰにおいて「法」または「本法」という。）の個人情報に関連する規制を受ける（なお、厳密には、公共職業安定所および特定地方公共団体も法の個人情報に関連する規制を受けるが、本書においては上記の主体に限定して論じる）。「労働者の募集を行う者」が含まれていることから、一般企業が採用活動する際に本項で述べる個人情報の取扱いの規制を受けることになるため、注意が必要である。

　特定募集情報等提供事業者でない募集情報等提供事業者に対しては法の個人情報に関連する規制は適用されない。

2　法規制のポイント

　職業紹介事業者等が個人情報データベース等を事業の用に供している場合は、個人情報保護法上の「個人情報取扱事業者」に該当するため、これらの者は、個人情報保護法の規制も受けることになる。

　本法と個人情報保護法とでは個人情報やセンシティブな個人情報（要配慮個人情報）の定義や個人情報の収集（取得）の方法、センシティブな個人情報の取扱い等において差異が存在するため、職業紹介事業者等が求職者等の個人情報を取り扱う際には、本法と個人情報保護法の両方の規制を

確認する必要がある。

❸ 用語の定義・概念

◇ 職業紹介事業者：

所定の許可を受けて、または届出を行って、「職業紹介」を事業として行う者をいう（法4条10項）。「職業紹介」とは、求人および求職の申し込みを受け、求人者と求職者との間における雇用関係の成立をあっせんすることをいう（法4条1項）。「あっせん」とは、求人者と求職者との間をとりもって雇用関係の成立が円滑に行われるように第三者として世話することをいう（職業紹介運営要領第1-1(1)）。

◇ 求人者：

対価を支払って自己のために他人の労働力の提供を求めるため、他人を雇用しようとする者をいう（厚生労働省職業安定局「職業紹介事業の業務運営要領」（令和6年4月。以下、本Ⅰにおいて「職業紹介運営要領」という。）第1-1(1)）。

◇ 労働者の募集を行う者：

労働者の募集を業として行う者。「労働者の募集」とは、労働者を雇用する者が、自らまたは他人に委託して、労働者となろうとする者に対し、その被用者となることを勧誘することをいう（法4条5項）。

◇ 募集受託者：

委託募集（労働者を雇用しようとする者が、その被用者以外の者をして労働者の募集に従事させる形態で行われる労働者募集）により労働者の募集に従事する者をいう（法36条）。

◇ 募集情報等提供事業者：

「募集情報等提供」とは、以下に掲げる行為をいい、これを業として行う者が募集情報等提供事業者に該当する（法4条6項1号～4号）。

① 労働者の募集を行う者等（労働者の募集を行う者、募集受託者、職業紹介事業者、募集情報等提供事業者、労働者供給事業者等（本定義において「職業紹介事業者等」という）の依頼を受け、労働者の募集に関する情報を労働者になろうとする者または他の職業紹介事業者等に提供すること（例：求人メディア、求人情報誌）。

② ①に掲げるもののほか、労働者の募集に関する情報を、労働者になろうとする者の職業の選択を容易にすることを目的として収集し、労働者になろうとする者等（労働者になろうとする者または職業紹介事業者等をいう。）に提供すること（例：クローリング型求人メディア）。

③ 労働者になろうとする者等の依頼を受け、労働者になろうとする者に関する情報を労働者の募集を行う者、募集受託者または他の職業紹介事業者等に提供すること（例：人材データベース）。

④ ③に掲げるもののほか、労働者になろうとする者に関する情報を、労働者の募集を行う者の必要とする労働力の確保を容易にすることを目的として収集し、労働者の募集を行う者等に提供すること（例：クローリング型人材データベース）。

◇ 特定募集情報等提供事業者：

募集情報等提供事業者のうち、労働者になろうとする者に関する情報を収集して行う募集情報等提供事業者をいう（法4条7項・11項）。

◇ 労働者供給事業者：

業として供給契約に基づいて労働者を他人の指揮命令を受けて労働に従事させる者をいう（法4条8項・12項）。

◇ 求職者等：

求職者、募集に応じて労働者になろうとする者または供給される労働者をいう（職安指針第3．1⑴）。「求職者」とは、「対価を得るために自己の労働力を提供して職業に就くために他人に雇用されようとする者」をいう（職業紹介運営要領第1 - 1⑴）。

4 求職者等の個人情報の取扱いに係る規制

(1) 個人情報

職安法上の「個人情報」は、個人に関する情報であって、特定の個人を識別することができるもの（他の情報と照合することにより特定の個人を識別することができることとなるものを含む。）をいう（法4条13項）。

一方、個人情報保護法上の「個人情報」とは、生存する個人に関する情報であって、次のいずれかに該当するものをいう（個情法2条1項1号・

2号)。
① 当該情報に含まれる氏名、生年月日その他の記述等により特定の個人を識別することができるもの(他の情報と容易に照合することができ、それにより特定の個人を識別することができることとなるものを含む。)。
② 個人識別符号が含まれるもの。

すなわち、個人に関する情報であって、特定の個人を識別することができるもの(他の情報と照合することにより特定の個人を識別することができるもの)は本法上も個人情報保護法上も「個人情報」に該当するが、これに該当するものであっても個人識別符号が含まれるものについては本法上の「個人情報」には含まれない。また、他の情報と容易に照合することができないものについては、個人情報保護法上は「個人情報」に該当しないが、本法上は「個人情報」に該当する点に注意が必要である。

なお、「他の情報と容易に照合することができ」るとは、通常の業務における一般的な方法で、他の情報と容易に照合することができる状態をいい、例えば、他の事業者への照会を要する場合等であって照合が困難な状態は、一般に、容易に照合することができない状態であると解されるとされている(GL通則編2-1)。

(2) 業務の目的

職業紹介事業者等が求職者等の個人情報を収集する際には、本人の同意がある場合その他正当な事由がある場合を除き、その業務の目的の達成に必要な範囲内で、当該目的を明らかにして収集しなければならない(法5条の5第1項)。

一方、個人情報保護法においては、個人情報取扱事業者は個人情報の取得に際して以下の規制を課されている。
① 個人情報を取り扱うに当たっては、その利用目的をできる限り特定しなければならない(個情法17条1項)。
② 法令に基づく場合等一定の例外事由に該当する場合を除き、あらかじめ本人の同意を得ないで利用目的の達成に必要な範囲を超えて個人情報を取り扱ってはならない(同法18条1項・3項)。

③ 個人情報を取得した場合は、利用目的を本人に通知し、または公表することにより本人または第三者の生命、身体、財産その他の権利利益を害するおそれがある場合等を除き、速やかに、その利用目的を、本人に通知し、または公表（本人から直接書面に記載された本人の個人情報を取得する場合は明示）しなければならない（同法21条1項・2項・4項）。

この点、職業紹介運営要領において、「業務の目的」が明らかにされている例として、「職業紹介で応募を希望する求人先に応募情報を提供する際に使用するため」が挙げられていることから（職業紹介運営要領第9.4(1)イ）、「業務の目的」とは、収集する個人情報の利用の目的を意味するものと考えられる。すなわち、「業務の目的」と「利用目的」は同じ内容を指しているものと考えてよいであろう。

また、「業務の目的」を明らかにする際には、求職者等の個人情報がどのような目的で収集され、保管され、または使用されるのか、求職者等が一般的かつ合理的に想定できる程度に具体的に明示することが求められている（職安指針第5.1(1)、職業紹介運営要領第9.4(1)イ）。

一方、「利用目的」の特定に当たっては、利用目的を単に抽象的、一般的に特定するのではなく、個人情報取扱事業者において、最終的にどのような事業の用に供され、どのような目的で個人情報を利用されるのかが、本人にとって一般的かつ合理的に想定できる程度に具体的に特定することが望ましいとされており（GL通則編3-1-1）、「業務の目的」と同様、どのような目的で収集・利用されるのか、本人が一般的かつ合理的に想定できる程度の特定・明示が求められている。

以上に照らすと、「業務の目的の明示」と「利用目的の通知・公表・明示」はほぼ同じ内容を指すと理解してよいと考えられる。

(3) 収集の方法

職業紹介事業者等が求職者等の個人情報を収集する方法は、①本人から直接収集するか、②本人同意のもと収集するか、③本人により公開されている個人情報を収集する等の手段であって、適法かつ公正のものでなければならない（職安指針第5.1(3)）。①～③は「適正かつ公正」な手段の例

示であり限定列挙ではないため、必ずしもこれらの方法によらなければならないわけではないが、これらと同等に「適正かつ公正」な方法によることが求められているといえる。

一方、個人情報保護法上は、偽りその他不正の手段により個人情報を取得してはならない旨定められている（個情法20条1項）。

(4) 同意に関する規制

職業紹介事業者等は、①本人の同意に基づいて「業務の目的の達成に必要な範囲」を超えて個人情報を収集し、使用し、または保管する場合や、収集目的以外の目的で個人情報を保管または使用する場合（法5条の5第1項、職安指針第5.1(5)）、②特別な職業上の必要性が存在する等業務の目的の達成に必要不可欠なために収集目的を示して本人から職安指針上の個人情報（下記(5)参照）を収集する場合（職安指針第5.1(2)）、③本人の同意に基づいて第三者から個人情報を収集する場合（職安指針第5.1(3)）には、次に掲げるところによらなければならない（職安指針第5.1(6)）。

> イ　同意を求める事項について、求職者等が適切な判断を行うことができるよう、可能な限り具体的かつ詳細に明示すること
> ロ　業務の目的の達成に必要な範囲を超えて個人情報を収集し、保管し、または使用することに対する同意を、職業紹介、労働者の募集、募集情報等提供または労働者供給の条件としないこと
> ハ　求職者等の自由な意思に基づき、本人により明確に表示された同意であること

上記のとおり、職安指針第5.1(6)は本人の同意に関する規制であるところ、上記②の場合においては明文上は同意が要件とはされていない（下記(5)参照）。この点、②が同意について特に規定していないのは、基本的に収集に応じたことをもって黙示の同意があったとみなしてよいためであると考えられるところ[1]、②について上記ハが適用されることにより、②についても明確に表示された同意がなされたと評価できることが必要とな

---

1) 労働省「労働者の個人情報の保護に関する行動指針の解説」（平成12年12月20日）の第2.2(1)の解説部分参照（https://www.mhlw.go.jp/www2/kisya/daijin/20001220_01_d/20001220_01_d_kaisetu.html）

ると考えられる。

　なお、個人情報保護法においては、本人の同意を得るに際しては、事業の性質および個人情報の取扱状況に応じ、本人が同意に係る判断を行うために必要と考えられる合理的かつ適切な方法によらなければならないとされているが（GL通則編2-16）、これは上記イと趣旨を同じくするものと思われる。一方、個人情報保護法上の同意は黙示でもよいとされているが、上記ハは明示の同意を要求することから、この点において本法の規制は個人情報保護法の規制よりも厳格であるといえる。

⑸　センシティブな個人情報に関する規制

　本法上、以下の個人情報（以下、本Ⅰにおいて「職安指針上の個人情報」という。）については、上記の規制に加えて、原則として収集してはならず、特別な職業上の必要性が存在することその他業務の目的の達成に必要不可欠であって、収集目的を示して本人から収集する場合に限り収集が認められるという規制が課されている（職安指針第5.1⑵、職業紹介運営要領第9-4⑴ロ）。

①　人種、民族、社会的身分、門地、本籍、出生地その他社会的差別の原因となるおそれのある事項
　（例）ⓐ　家族の職業、収入、本人の資産等の情報（税金、社会保険の取扱い等労務管理を適切に実施するための必要なものを除く）
　　　　ⓑ　容姿、スリーサイズ等差別的評価に繋がる情報
②　思想、信条
　（例）人生観、生活信条、支持政党、購読新聞・雑誌、愛読書
③　労働組合への加入状況
　（例）労働運動、学生運動、消費者運動その他社会運動に関する情報

　一方、個人情報保護法上は、要配慮個人情報の取得に際して、法令に基づく場合等の所定の例外事由に該当する場合を除き、あらかじめ本人の同意を得る必要があるとされている（個情法20条2項）。

　要配慮個人情報とは、本人の人種、信条、社会的身分、病歴、犯罪の経歴、犯罪により害を被った事実その他本人に対する不当な差別、偏見その他の不利益が生じないようにその取扱いに特に配慮を要するものとして政

令で定める記述等が含まれる個人情報を指す（個情法2条3項、個情法施行令2条各号等）。

　要配慮個人情報の中には「職安指針上の個人情報」に該当するものも少なくないが、「職安指針上の個人情報」の①の「社会的差別の原因となるおそれのある事項」の具体的内容が明確でないことなどから、ある個人情報が「職安指針上の個人情報」に該当するか否かの判断が容易でないものも多い。例えば、「犯罪の経歴」は「社会的差別の原因となるおそれのある事項」に該当すると思われるが、「病歴」については必ずしも全ての病歴が「社会的差別の原因となるおそれのある事項」に該当するとも限らないであろう。「社会的差別の原因となるおそれのある事項」に該当するかどうかについては、個々の情報の内容等に照らして判断する必要があるが、仮にこれに該当する可能性が相当程度あると判断される場合で、「特別な職業上の必要性が存在することその他業務の目的の達成に必要不可欠」な場合には、「収集目的を示して本人から収集する」方法によって収集することも考えられる。なお、上記①の例において労務管理を適切に実施するために必要なものが「職安指針上の個人情報」から除かれていることから、「社会的差別の原因となるおそれのある事項」に該当するように思われる情報については労務管理を適切に実施するために必要であるといえない限りは「社会的差別の原因となるおそれのある事項」に該当すると判断することも合理的であると考えられる[2]。

　また、「人種」や「信条」等、文言上、「職安指針上の個人情報」と要配

---

2) 労働者の健康情報の取扱いについて定めた「雇用管理分野における個人情報のうち健康情報を取り扱うに当たっての留意事項」（平成29年5月29日個情第749号、基発0529第3号、最終改正平成31年3月29日基発0329第4号）第3 10(3)において、「HIV感染症やB型肝炎等の職場において感染したり、蔓延したりする可能性が低い感染症に関する情報や、色覚検査等の遺伝性疾病に関する情報については、職業上の特別な必要性がある場合を除き、事業者は、労働者等から取得すべきでない。」と記載されている。この記載に照らすと、「HIV感染症やB型肝炎等」は「社会的差別の原因となるおそれのある事項」に該当するように思われる情報であり、「職場において感染したり、蔓延したりする可能性が低い感染症に関する情報」である、すなわち、労務管理を適切に実施するために必要な情報ではないことから、「社会的差別の原因となるおそれのある事項」の情報に該当するものであり、「特別な職業上の必要性」が存在する場合を除いて取得できないと判断することができるものと思われる。

慮個人情報の両方に該当するように見えるものであっても、要配慮個人情報はこれを推知させる情報にすぎないものを含まないことから、要配慮個人情報には含まれないが「職安指針上の個人情報」には含まれるものがあり得る点に注意が必要である。例えば、宗教に関する書籍の購買や貸出しに係る情報等は要配慮個人情報には含まれないとされているが（GL通則編2－3）、上記②の例のとおり、購読新聞・雑誌などは「職安指針上の個人情報」に該当し得る。

求職者等の個人情報を収集する際の本法と個人情報保護法の規制の比較は図表1－1のとおりである。

〔図表1－1〕

職業安定法	個人情報保護法
[個人情報全般] ① 業務の目的の達成に必要な範囲内で収集する ② 業務の目的を明らかにして収集する ③ どのような目的で収集されるかを求職者等が一般的かつ合理的に想定できる程度に具体的に明示する ④ 本人から直接収集するか、本人同意のもと収集するか、本人により公開されている個人情報を収集する等の手段であって、適法かつ公正な手段により収集する	[個人情報全般] ① 利用目的を特定し、その達成に必要な範囲内で取り扱う（取得する） ② 利用目的を通知・公表・明示して取得する ③ どのような目的で利用されるかを本人が一般的かつ合理的に想定できる程度に具体的に明示する ④ 偽りその他不正の手段により個人情報を取得してはならない
[職安指針上の個人情報] ① 職安指針上の個人情報は、特別な職業上の必要性が存在することその他業務の目的の達成に必要不可欠であって、収集目的を示して本人から収集する場合でなければ収集してはならない ② 職安指針上の個人情報は以下のとおり	[要配慮個人情報] ① 要配慮個人情報を取得する際にはあらかじめ本人の同意が必要（例外あり） ② 要配慮個人情報は以下のとおり（※左枠に対応）

| ⓐ人種／ⓑ民族／ⓒ社会的身分／ⓓ門地／ⓔ本籍／ⓕ出生地／ⓖ社会的差別の原因となるおそれのある事項／ⓗ思想／ⓘ信条／ⓙ労働組合への加入状況 | ⓐ人種／ⓒ社会的身分
ⓖ（以下が「社会的差別の原因となるおそれのある事項」に該当するか否かは事案ごとに要検討）
・　病歴
・　犯罪の経歴
・　犯罪により害を被った事実
・　身体障害、知的障害、精神障害（発達障害を含む）その他の個人情報保護委員会規則で定める心身の機能の障害があること
・　本人に対して医師その他医療に関連する職務に従事する者（医師等）により行われた疾病の予防および早期発見のための健康診断その他（健康診断等）の検査
・　健康診断等の結果に基づき、または疾病、負傷その他の心身の変化を理由として、本人に対して医師等により心身の状態の改善のための指導または診療もしくは調剤が行われたこと
・　本人を被疑者または被告人として、逮捕、捜索、差押え、勾留、公訴の提起その他の刑事事件に関する手続が行われたこと（犯罪の経歴を除く）
・　本人を少年法3条1項に規定する少年またはその疑いのある者として、調査、観護の措置、審判、保護処分その他の少年の保護事件に関する手続が行われたこと
ⓘ信条 |

(6) 求職者等の個人情報を使用する際の規制

職業紹介事業者等は、求職者等の個人情報を使用する際に、本人の同意

がある場合その他正当な事由がある場合を除き、業務の目的の達成に必要な範囲内で、当該目的を明らかにしてこれを使用しなければならない（法5条の5第1項）。また、本人の同意を得た場合または他の法律に定めのある場合を除き、収集目的の範囲内でこれを使用しなければならない（職安指針第5.1(5)）。

一方、個人情報保護法上、個人情報取扱事業者による個人情報の利用について、以下のとおり規制が課されている。

① 個人情報を取り扱うに当たっては、その利用目的をできる限り特定しなければならない（個情法17条1項）。

② 法令に基づく場合等一定の例外事由に該当する場合を除き、あらかじめ本人の同意を得ないで特定された利用目的の達成に必要な範囲を超えて個人情報を取り扱ってはならない（個情法18条1項・3項）。

③ 違法または不当な行為を助長し、または誘発するおそれがある方法により個人情報を利用してはならない（個情法19条）。

(7) 求職者等の個人情報を保管する際の規制

職業紹介事業者等は、求職者等の個人情報を保管する際に、本人の同意がある場合その他正当な事由がある場合を除き、業務の目的の達成に必要な範囲内で、当該目的を明らかにしてこれを保管しなければならない（法5条の5第1項）。また、本人の同意を得た場合または他の法律に定めのある場合を除き、収集目的の範囲内でこれを保管しなければならない（職安指針第5.1(5)）。

一方、個人情報保護法においては、個人情報取扱事業者による個人情報の保管について、以下のとおり規制が課されている。

① 個人情報を取り扱うに当たっては、その利用目的をできる限り特定しなければならない（個情法17条1項）。

② 法令に基づく場合等一定の例外事由に該当する場合を除き、あらかじめ本人の同意を得ないで特定された利用目的の達成に必要な範囲を超えて個人情報を取り扱ってはならない（個情法18条1項・3項）。

5 適正管理措置等

(1) 求職者等の個人情報を適切に管理するための措置

職業紹介事業者等は、求職者等の個人情報を適正に管理するために必要な措置を講じなければならず（法5条の5第2項）、また、次の事項に係る措置を講ずるとともに、求職者等の求めに応じ、当該措置の内容を説明しなければならない（職安指針第5.2⑴）。

> イ　個人情報を目的に応じ必要な範囲において正確かつ最新のものに保つための措置
> ロ　個人情報の漏えい、滅失または毀損を防止するための措置
> ハ　正当な権限を有しない者による個人情報へのアクセスを防止するための措置
> ニ　収集目的に照らして保管する必要がなくなった個人情報を破棄または削除するための措置

個人情報保護法やGL通則編においても以下のとおり概ね同様の規制が課されているが、イとニについては、個人情報保護法においては努力義務とされている点、説明や回答の義務が課されていない点が本法の規制と異なることに留意する必要がある。

求職者等の個人情報の適正管理措置に関する職安法と個人情報保護法の規制の比較は図表Ⅰ-2のとおりである。

〔図表Ⅰ-2〕

	職業安定法	個人情報保護法
イ	①　個人情報を目的に応じ必要な範囲において正確かつ最新のものに保つための措置を講ずる義務 ②　求職者等の求めに応じて説明する義務	①　利用目的の達成に必要な範囲内において、個人データを正確かつ最新の内容に保つ努力義務（個情法22条）
ロ	①　個人情報の漏えい、滅失または毀損を防止するための措置を講ずる義務	①　取り扱う個人データの漏えい、滅失または毀損の防止その他の個人データの安全管理のために必要かつ

	② 求職者等の求めに応じて説明する義務	適切な措置（安全管理措置）を講ずる義務（個情法23条） ② 保有個人データの安全管理措置について、本人の知り得る状態（本人の求めに応じて遅滞なく回答する場合を含む）に置く義務（同法32条1項4号、個情法施行令10条）
ハ	① 正当な権限を有しない者による個人情報へのアクセスを防止するための措置を講ずる義務 ② 求職者等の求めに応じて説明する義務	① 安全管理措置（アクセス制御）を講じる義務（個情法23条、GL通則編10-6(1)） ② 保有個人データの安全管理措置について、本人の知り得る状態（本人の求めに応じて遅滞なく回答する場合を含む）に置く義務（同法32条1項4号、個情法施行令10条）
ニ	① 収集目的に照らして保管する必要がなくなった個人情報を破棄または削除するための措置を講ずる義務 ② 求職者等の求めに応じて説明する義務	① 利用の必要がなくなったときに、個人データを遅滞なく消去する努力義務（個情法22条）

(2) 「秘密」の漏えい等

職安法は、職業紹介事業者等のみならずその従業者（および従業者であった者）に対して、以下を禁止した上で、これらによる正当な理由のない秘密の漏えい（以下①ⓐ）について罰則の対象としている（法51条・66条11号）。

① 業務上取り扱ったことについて知り得た人の秘密をⓐ正当な理由なく漏えいすること・ⓑみだりに他人に知らせること（法51条1項・2項）。

② 業務に関して知り得た個人情報および雇用主に関する情報をみだりに他人に知らせること（法51条2項、職安法施行規則34条）。

また、職業紹介事業者等が、求職者等の秘密に該当する個人情報を知り得た場合には、当該個人情報が正当な理由なく他人に知られることのない

よう、厳重な管理を行わなければならないとされている（職安指針第5.2(2)）。

「秘密」とは、私生活に関するものに限られず、また、一般に知られていない事実であって（非公知性）、他人に知られないことにつき本人が相当の利益を有すると客観的に認められる事実（要保護性）をいうものであって、具体的には、本籍地、出身地、支持・加入政党、政治運動歴、借入金額、保証人となっている事実等が秘密に当たり得るとされている（職業紹介運営要領第9.4(2)ロ、厚生労働省職業安定局「募集・求人業務取扱要領」（令和6年4月）Ⅳ.1(9)）。

(3) 個人情報の適正管理に関する規程の作成・遵守

職業紹介事業者および労働者供給事業者は、次に掲げる事項を含む個人情報の適正管理に関する規程を作成し、これを遵守しなければならない（職安指針第5.2(3)）。

> イ　個人情報を取り扱うことができる者の範囲に関する事項
> ロ　個人情報を取り扱う者に対する研修等教育訓練に関する事項
> ハ　本人から求められた場合の個人情報の開示または訂正（削除を含む）の取扱いに関する事項
> ニ　個人情報の取扱いに関する苦情の処理に関する事項

一方、GL通則編においては、安全管理措置（個情法23条）の一環として、「取得、利用、保存、提供、削除・廃棄等の段階ごとに、取扱方法、責任者・担当者及びその任務等について定める個人データの取扱規程」のような、個人データの具体的な取扱いに係る規律を整備しなければならないとされており（GL通則編10-2）、上記イ〜ニはかかる規律に含まれるべきものであると考えられる（なお、個人情報保護法においては、個人情報取扱事業者は、原則として本人からの保有個人データの開示・訂正等の請求に応じなければならず（個情法32条〜39条）、また、個人情報の取扱いに関する苦情の適切かつ迅速な処理およびそのために必要な体制の整備に努めなければならないが（同法40条）、これらはそれぞれ上記ハおよびニに対応するものと思われる。）。

(4) 不利益取扱いの禁止

　職業紹介事業者、特定募集情報等提供事業者および労働者供給事業者は、本人が個人情報の開示または訂正の求めをしたことを理由として、本人に対して不利益な取扱いをしてはならない（職安指針第5．2(4)）。

　上記三者のみが本規制の対象とされているのは、これら三者において特に本人に対して不利益取扱いに及ぶ可能性が高いためであり、上記三者以外の者が、本人が個人情報の開示や訂正を求めたことを理由として不利益取扱いをしてよいわけではない。

　なお、個人情報保護法においてはこれに相当する規制は存在しない。

6　行政処分・制裁・罰則など

　職業紹介事業者等による求職者等の個人情報の取扱いについては、厚生労働大臣（都道府県労働局長に委任）による指導および助言（法48条の2）、改善命令（法48条の3第1項）、改善命令に従わなかったときの事業者名等の公表（同条3項）などが定められている他、報告徴収および立入検査も可能とされている（法50条）。また、上記のとおり、秘密の漏えいについては職業紹介事業者等のみならずその従業者等も罰則の対象となる（法51条1項・66条11号）。

　一方、個人情報保護委員会は、個人情報取扱事業者に対し、指導および助言（個情法147条）、ならびに勧告および命令（個情法148条）が可能であるほか、報告徴収および立入検査も可能であるとされている（個情法146条）。

Ⅱ　労働安全衛生法

1　法規制の対象となるケース

　安衛法（以下、本Ⅱにおいて「法」または「本法」という。）は、職場における労働者の安全と健康を確保し、快適な職場環境の形成を促進するための事業者の責務等を定めるものであるが、本Ⅱにおいては、事業者が労働者の心身の状態に関する情報を取り扱う場合、具体的には、事業者において労働者の健康診断、面接指導、ストレスチェックを行う場合の労働安全衛生法の規制を対象とする。

2　法規制のポイント

　事業者が労働者の個人情報を取り扱うに際しては、第1章Ⅷで述べた個人情報保護法の規定が適用されるが、特に労働者の心身の状態に関する情報は、ほとんどが同法2条3項の「要配慮個人情報」に該当する機微な個人情報であり、特に取扱いに配慮を要する情報であることから、労働安全衛生法は、労働者の心身の状態に関する情報の取扱いおよび適正管理措置について、個人情報保護法の特則を定めている。
　本Ⅱでは、労働者の心身の状態に関する情報の取扱いおよび適正管理措置について、個人情報保護法上の規制との比較の観点から特に留意すべき労働安全衛生法上の規制について解説する。

3　用語の定義・概念

◇　心身の状態の情報：
　　事業者が、法66条1項に基づき実施する健康診断等の健康を確保するための措置や任意に行う労働者の健康管理活動を通じて得た労働者の心身の状態に関する情報である（安衛指針1）。
◇　ストレスチェック：
　　心理的な負担の程度を把握するための所定の検査をいう（法66条の10第1項）。

4 法令に基づく心身の状態の情報に関する規制の概要

　本法は、事業者は原則として労働者の健康の確保に必要な範囲内で労働者の心身の状態に関する情報を収集し、ならびに当該収集の目的の範囲内でこれを保管し、および使用しなければならない旨を定め（法104条1項）、また、事業者に対して、労働者の心身の状態に関する情報を適正に管理するために必要な措置を講じる義務を課しており（同条2項）、事業者がこれらの義務の適切かつ有効な実施を図るためのものとして法104条3項に基づき安衛指針が定められている。事業場の状況等に応じて安衛指針と異なる取扱いをすることは許容されているが、その場合は、労働者に、当該事業場における健康情報等（心身の状態の情報）を取り扱う方法および当該取扱いを採用する理由を説明する必要がある（安衛指針1項）。

5 心身の状態の情報の取扱いに係る規制

(1) 心身の状態の情報の収集の原則

　上記のとおり、労働者の心身の状態の情報のほとんどは要配慮個人情報に該当するが、個人情報保護法において、要配慮個人情報を取得する場合、「法令に基づく場合」などの例外事由に該当する場合を除いて、あらかじめ本人の同意を得なければならない（個情法20条2項）。また、個人情報保護法は、利用目的の達成に必要な範囲内で個人情報を取り扱うことを求めている（同法18条1項）。

　一方、本法は、事業者は、労働者の心身の状態に関する情報（心身の状態の情報）を収集し、保管し、または使用するに当たっては、本人の同意がある場合その他正当な事由がある場合を除き、労働者の健康の確保に必要な範囲内で労働者の心身の状態に関する情報を収集し、ならびに当該収集の目的の範囲内でこれを保管し、および使用しなければならないと定めている（法104条1項）。同項が定める「正当な事由がある場合」とは、個人情報保護法20条2項各号の例外事由に該当する場合を意味し[1]、また、本法は「労働者の健康の確保に必要な範囲内」で労働者の心身の状態の情報を取り扱うことを求めている。以上に照らすと、労働者の心身の状態の情報の収集に関する本法の規制は個人情報保護法の規制と同じ内容である

といえる。
　一方、安衛指針2⑹および⑼は、心身の状態の情報を情報の性質により以下の①〜③の3通りに区分し、当該区分ごとに取扱いの原則等について定めている（図表Ⅱ-1参照）。

① 労働安全衛生法令に基づき事業者が直接取り扱うこととされており、労働安全衛生法令に定める義務を履行するために、事業者が必ず取り扱わなければならない心身の状態の情報。
② 労働安全衛生法令に基づき事業者が労働者本人の同意を得ずに収集することが可能であるが、事業場ごとの取扱規程により事業者等の内部における適正な取扱いを定めて運用することが適当である心身の状態の情報。
③ 労働安全衛生法令において事業者が直接取り扱うことについて規定されていないため、あらかじめ労働者本人の同意を得ることが必要であり、事業場ごとの取扱規程により事業者等の内部における適正な取扱いを定めて運用することが必要である心身の状態の情報。

〔図表Ⅱ-1〕

分類	左欄の分類に該当する心身の状態の情報の例	取扱いの原則	取扱いに関する基本的な考え方
①	ⓐ 健康診断の受診・未受診の情報 ⓑ 長時間労働者による面接指導の申出の有無 ⓒ ストレスチェックの結果、高ストレスと判定された者による面接指導の申出の有無 ⓓ 健康診断の事後措置について医師から聴取した意見 ⓔ 長時間労働者に対する面	労働安全衛生法令に基づき収集する必要があり、事業者が直接取り扱う	・①・②の情報は、労働安全衛生法令により事業者が取り扱うことが定められているため、取り扱う目的および取扱方法等について労働者に周知した上で、労働者本人の同意を得ずに収集することができる情報である ・そのうち、①は、法

---

1) 平成30年12月28日基発1228第16の第1.問10

	接指導の事後措置について医師から聴取した意見 ⓕ　ストレスチェックの結果、高ストレスと判定された者に対する面接指導の事後措置について医師から聴取した意見		令を遵守するためには、事業者が把握する必要があり、その把握を怠ると、健康診断や面接指導、事後措置を履行するという事業者の義務が果たせなくなる情報である
②	ⓐ　健康診断の結果（法定の項目） ⓑ　健康診断の再検査の結果（法定の項目と同一のものに限る） ⓒ　長時間労働者に対する面接指導の結果 ⓓ　ストレスチェックの結果、高ストレスと判定された者に対する面接指導の結果	労働安全衛生法令に基づき収集するが、事業者が直接把握する必要がなく、担当者を定めて取り扱う	・②は、事業者が法令に基づき把握することができるものの、必ずしも事業者が直接把握する必要がない情報であるため、労働者がその取扱いについて十分に納得できるよう、心身の状態の情報を取り扱う者の中でも、当該情報を取り扱うことができる者を制限したり、医療職種がいる場合には、医療職種が情報を加工した上で事業者が取り扱うといった対応が求められる ・なお、当該情報を取り扱う担当者は、事業場の状況に応じて労使の話合いにより定めることが求められる。事業場内に産業医や保健師等の医療職種がいる場合には、その取扱いを医療職種に制限することが考えられる ・①・②のいずれの情報についても、取り扱う目的や取扱方法等について、あらかじめ取

			扱規程に定めることが望まれる
③	ⓐ 健康診断の結果（法定外の項目） ⓑ 保健指導の結果 ⓒ 健康診断の再検査の結果（法定の項目と同一のものを除く） ⓓ 健康診断の精密検査の結果 ⓔ 健康相談の結果 ⓕ がん検診の結果 ⓖ 職場復帰のための面接指導の結果 ⓗ 治療と仕事の両立支援等のための医師の意見書 ⓘ 通院状況等疾病管理のための情報	労働者本人の同意を得て収集し、担当者を定めて取り扱う	③は、取り扱う目的や取扱方法等について労働者に周知した上で、労働者本人の同意を得て収集する必要がある情報であり、事業場内の誰が、どのように取り扱うかについて、あらかじめ取扱規程に定める必要がある

※安衛指針2(9)の表および手引き[2] 2(2)②の表を元に筆者が作成。

　上記①から③の情報は原則として要配慮個人情報に該当するが、①および②の情報は本法等によって事業者による取得が認められているものであり、「法令に基づく場合」に該当するため、取得に当たって本人の同意は不要となる（個情法20条2項）。一方、③の情報の取得は「法令に基づく場合」に該当しないため、個人情報保護法20条2項各号のその他の例外事由に該当しない限り、取得に当たって本人の同意が必要となる。

　その上で、安衛指針は、①から③の情報の分類ごとに取扱いの原則を定めているが、これは、②および③の情報について、担当者を定めて取り扱われることから、心身の状態の情報が必要な範囲内でのみ共有されるべきであるといった観点によるものであると思われる。

---

2) 厚生労働省「事業場における労働者の健康情報等の取扱規程を策定するための手引き」（2019年3月）（以下、本Ⅱにおいて「手引き」という。）。

(2) 不利益取扱いの禁止

　安衛指針は、心身の状態の情報の取扱いに労働者が同意しないことを理由として、または、労働者の健康確保措置および民事上の安全配慮義務の履行に必要な範囲を超えて、事業者が当該労働者に対して不利益な取扱いを行うことを禁止し、以下に掲げる不利益な取扱いを行うことは、一般的に合理的なものとはいえないため、原則としてこれを行ってはならないとしている（安衛指針2⑻）。

> ① 心身の状態の情報に基づく就業上の措置の実施に当たり、例えば、健康診断後に医師の意見を聴取する等の労働安全衛生法令上求められる適切な手順に従わないなど、不利益な取扱いを行うこと
> ② 心身の状態の情報に基づく就業上の措置の実施に当たり、当該措置の内容・程度が聴取した医師の意見と著しく異なる等、医師の意見を勘案し必要と認められる範囲内となっていないもの又は労働者の実情が考慮されていないもの等の労働安全衛生法令上求められる要件を満たさない内容の不利益な取扱いを行うこと
> ③ 心身の状態の情報の取扱いに労働者が同意しないことや心身の状態の情報の内容を理由として、以下の措置を行うこと
> 　(a) 解雇すること
> 　(b) 期間を定めて雇用される者について契約の更新をしないこと
> 　(c) 退職勧奨を行うこと
> 　(d) 不当な動機・目的をもってなされたと判断されるような配置転換又は職位（役職）の変更を命じること
> 　(e) その他労働契約法等の労働関係法令に違反する措置を講じること

6　心身の状態の情報の適正管理のための措置

　事業者は、労働者の心身の状態に関する情報を適正に管理するために必要な措置を講じなければならない（法104条2項）。そして、安衛指針においては、心身の状態の情報の適正管理のために事業者が講ずべき措置が挙げられており、これらの事項を踏まえて事業場ごとに心身の状態の情報の適正管理のための取扱規程（以下「取扱規程」という。）を定めることが推奨されている（安衛指針2⑶、3⑴）。

　以下については、基本的には個人情報保護法にこれらに相当する規定があるため、原則としてかかる規定に従って対応することで本法の要請を満

たすものと思われる。以下、本法の観点から特に留意すべき点について述べる。

(1) 心身の状態の情報の適正管理のために講ずべき措置

安衛指針は、心身の状態の情報の適正管理のために講ずべき措置として、以下を挙げている。

① 心身の状態の情報を必要な範囲において正確・最新に保つための措置

② 心身の状態の情報の漏えい、滅失、改ざん等の防止のための措置

　個人情報取扱事業者は、個人データの漏えい、滅失または毀損の防止その他個人データの安全管理のために必要かつ適切な措置を講じなければならず、また、その従業者に個人データを取り扱わせるに当たっては当該従業者に対して、委託先に個人データの取扱いを委託する場合は当該委託先に対して、必要かつ適切な監督を行わなければならない（個情法23条～25条）。これらが「心身の状態の情報の漏えい、滅失、改ざん等の防止のための措置」に相当する。

③ 保管の必要がなくなった心身の状態の情報の適切な消去等

　事業者は、保有する個人データについて利用する必要がなくなった場合には、当該情報を遅滞なく消去するよう努めなければならない（個情法22条）。ただし、法令の定めにより保存期間等が定められている場合は、この限りではないとされている（GL通則編3-4-1）。

　したがって、心身の状態の情報についても、利用する必要がなくなった場合には、遅滞なくこれを消去するよう努めるべきであるが、健康診断の結果等、法令より保存期間が定められている場合は、その保存期間まで保有しなければならない。また、事業場の取扱規程に保存期間を定める場合は、当該個人データの利用の必要性に照らして合理的な期間を定めるべきである。

(2) 取扱規程に定めるべき事項

安衛指針は、取扱規程に定めるべき事項として、以下を挙げている。

① 心身の状態の情報を取り扱う目的および取扱方法

② 心身の状態の情報を取り扱う者およびその権限ならびに取り扱う心身の状態の情報の範囲

上記のとおり、心身の状態の情報は、その種類や取扱目的、取扱方法に応じて、様々な部署や地位の者により取り扱われる可能性がある。この点を踏まえて、安衛指針において、個々の事業場における心身の状態の情報を取り扱う目的や取り扱う体制等の状況に応じて、部署や職種ごとに、その権限および取り扱う心身の状態の情報の範囲等を定めることが適切であると定められている（安衛指針2(3)）。

③ 心身の状態の情報を取り扱う目的等の通知方法および本人同意の取得方法

本人の同意は、事業の性質および個人情報の取扱状況に応じ、本人が同意に係る判断を行うために必要と考えられる合理的かつ適切な方法によらなければならないとされており（GL通則編2-16）、心身の状態の情報については利用目的や取扱方法を明示した上で同意を得る必要があるとされている（手引き2(3)②）。

④ 心身の状態の情報の適正管理の方法

⑤ 心身の状態の情報の開示、訂正等（追加および削除を含む。）および使用停止等（消去および第三者への提供の停止を含む。）の方法

⑥ 心身の状態の情報の第三者提供の方法

⑦ 事業承継、組織変更に伴う心身の状態の情報の引継ぎに関する事項

⑧ 心身の状態の情報の取扱いに関する苦情の処理

個人情報取扱事業者は、個人情報の取扱いに関する苦情の適切かつ迅速な処理ならびにこれらの目的を達成するために必要な体制の整備に努めなければならないが（個情法40条）、心身の状態の情報に関する苦情については、これに適切に対応するために、必要に応じて産業保健業務従事者と連携を図ることができる体制を整備しておくことが望ましいとされている（手引き2(8)）。

⑨ 取扱規程の労働者への周知の方法

7 雇用管理分野における個人情報のうち健康情報を取り扱うに当たっての留意事項

(1) 留意事項の対象となるケース

「雇用管理分野における個人情報のうち健康情報を取り扱うに当たっての留意事項」(以下、本7において「留意事項」という。)[3]は、GL通則編に定める措置の実施に当たり、本法等に基づき実施した健康診断の結果等の健康情報が適切に取り扱われるよう、特に留意すべき事項を定めるものである。対象となる場面としては、本法と同様、事業者が労働者に対し健康診断、面接指導およびストレスチェックを行う場面が考えられる。

(2) 留意事項のポイント

本Ⅱにおいては、特に、①事業者が外部の医療機関等から健康情報を収集する場合や事業者が健康診断等の実施を外部の医療機関等に委託する場合の個人情報の取扱い、②健康情報の適正管理のために講ずべき措置、③健康情報の開示の方法につき、個人情報保護法・本法の規制に重ねて事業者が留意すべき事項について説明する。

(3) 用語の定義・概念

◇ 健康情報：

健康診断の結果、病歴、その他の健康に関するものであり(留意事項第2)、心身の状態の情報のうち、個人情報保護法2条3項に規定する「要配慮個人情報」に該当するものである(安衛指針4①)。

(4) 外部機関からの健康情報の収集

事業者が、労働者から提出された診断書の内容以外の情報について医療

---

[3] 厚生労働省の「雇用管理分野における個人情報保護に関するガイドライン」(平成16年厚生労働省告示第259号) は2017年 (平成29年) 5月30日をもって廃止され、GL通則編に一本化されている。他方、厚生労働省の「雇用管理に関する個人情報のうち健康情報を取り扱うに当たっての留意事項について(局長通達)」も同日をもって廃止されたものの、同様の内容を定めた留意事項が、個人情報保護委員会から公表されたものである。

機関から健康情報を収集する必要がある場合、事業者から求められた情報を医療機関が提供することは、個人情報保護法27条の第三者提供に該当する。同条によると、個人データを第三者提供するためには本人の同意が必要とされているため、医療機関が労働者から同意を得た上で事業者に対して健康情報を提供することになるところ、留意事項においては、事業者が、あらかじめこれらの情報を取得する目的を労働者に明らかにして承諾を得るとともに、必要に応じ、これらの情報について労働者本人から提出を受けることが望ましいと定められている（留意事項第3の7⑴）。

⑸ 健康診断等の実施の委託に伴う健康情報の取扱い

事業者は、法に基づく健康診断等の実施を医療機関等の外部機関に委託することが多いことから、健康情報についても外部機関とやり取りをする機会が多い。この点、留意事項において、以下のとおり、事業者と外部機関との間における労働者の健康情報のやり取りに関する個人情報保護法の適用関係が整理されている（留意事項第3の7）。

〔ⅰ〕 健康診断および面接指導

本法では、労働者の健康診断および労働者に対する面接指導について、事業者は大要以下の義務を負っている。

① 法定健康診断を医師または歯科医師により実施する義務（法66条1項〜4項）
② 長時間労働者に対する面接指導を医師により行う義務（法66条の8第1項、66条の8の2第1項および66条の8の4第1項）
③ 健康診断または面接指導の結果の記録義務（法66条の3、66条の4、66条の8第3項および第4項等）
④ 健康診断または面接指導の結果に係る医師または歯科医師からの意見聴取義務（法66条の4、66条の8第4項）
⑤ 健康診断結果の労働者に対する通知義務（法66条の6）

そして、上記の義務の遂行に当たって、事業者が外部機関に健康診断または面接指導の実施を委託する場合には、以下のとおり健康情報が提供されることになる。

ⓐ 外部機関において健康診断または面接指導を実施するため（上記

①・②)、事業者から外部機関に対し、健康診断または面接指導の実施に必要な労働者の個人情報を提供する。

ⓑ　事業者において健康診断または面接指導の結果の記録（上記③）、健康診断または面接指導の結果に係る意見聴取（上記④）、健康診断結果の通知（上記⑤）を行うため、外部機関から事業者に対し、健康診断または面接指導の結果を提供する。

個人情報保護法上、個人データを第三者に提供するには、「法令に基づく場合」などの例外事由に該当する場合を除いて、あらかじめ本人の同意を得なければならないが（個情法27条1項）、上記ⓐおよびⓑの情報の提供は本法上の義務を遂行するために行われるものであるから「法令に基づく場合」に該当し、本人の同意は不要となる（留意事項第3の7(2)）。

　(ii)　ストレスチェック

本法上、労働者のストレスチェックについて、事業者は大要以下の義務を負っている。

① 　ストレスチェックを医師等により実施する義務（法66条の10第1項・常時雇用する労働者の数が50人未満の事業場においては努力義務）
② 　高ストレス者（労働安全衛生規則52条の15に定める要件を満たした者）が申し出たときに医師による面接指導を実施する義務（法66条の10第3項）

そして、上記の義務の遂行に当たって、事業者が外部機関にストレスチェックや面接指導の実施を委託する場合には、以下のとおり健康情報が提供されることになる。

ⓐ　外部機関においてストレスチェックを実施するため（上記①）、事業者から外部機関に対し、ストレスチェックの実施に必要な労働者の個人情報を提供する。

ⓑ　労働者から医師による面接指導の申し出を受けた事業者が、面接指導の実施（上記②）にあたり、当該労働者が高ストレス者に該当するかどうかを確認するために、外部機関から、ストレスチェックの結果の提供を受ける。

ⓒ　事業者が、外部機関に高ストレス者への面接指導（上記②）を委託するために必要な労働者の個人情報を外部機関に提供する。

ⓓ 外部機関が委託元である事業者に対して高ストレス者の面接指導（上記②）の結果を提供する。

上記ⓐ、ⓒおよびⓓの個人データの提供は、本法上の義務を遂行するために提供されるものであるから「法令に基づく場合」に該当し、本人の同意は不要となる。

上記ⓑについては、あらかじめストレスチェックを受けた労働者の同意を得ないで、その結果を事業者に提供してはならないが（法66条の10第2項）、労働者の申出は、事業者へのストレスチェック結果の提供に同意したとみなすことができるため、事業者の求めに応じて外部機関が事業者にストレスチェック結果を提供するに当たって、改めて本人の同意を得る必要はない（留意事項第3の7⑶）。

⑹ 健康情報の適正管理のために講ずべき措置

留意事項においては、健康情報については、個情法23条に規定する安全管理措置および個情法24条に規定する従業者の監督に関する事項に関し、以下の各点に留意すべきこととされている（留意事項第3の4）。

> ⑴ 事業者は、健康情報のうち診断名、検査値、具体的な愁訴の内容等の加工前の情報や詳細な医学的情報の取扱いについては、その利用に当たって医学的知識に基づく加工・判断等を要することがあることから、産業保健業務従事者（医療職種や衛生管理者その他の労働者の健康管理に関する業務に従事する者。以下同様。）に行わせることが望ましい
> ⑵ 事業者は、産業保健業務従事者から産業保健業務従事者以外の者に健康情報を提供させる時は、当該健康情報が労働者の健康確保に必要な範囲内で利用されるよう、必要に応じて、産業保健業務従事者に健康情報を適切に加工させる等の措置を講ずること
> ⑶ 個人のストレスチェック結果を取り扱う実施者および実施事務従事者については、あらかじめ衛生委員会等による調査審議を踏まえて事業者が指名し、全ての労働者に周知すること
> ⑷ ストレスチェック結果は、詳細な医学的情報を含むものではないため、事業者は、その情報を産業保健業務従事者以外の者にも取り扱わせることができるが、事業者への提供について労働者の同意を得ていない場合には、ストレスチェックを受ける労働者について解雇、昇進または異動（以下「人事」という。）に関して直接の権限を持つ監督的地位にある者に取り扱わせてはならない。また、事業者は、ストレスチェック結果を労働者

の人事を担当する者（人事に関して直接の権限を持つ監督的地位にある者を除く。）に取り扱わせる時は、労働者の健康確保に必要な範囲を超えて人事に利用されることのないようにするため、次に掲げる事項を当該者に周知すること
　(a)　当該者には安衛法第105条の規定に基づき秘密の保持義務が課されること
　(b)　ストレスチェック結果の取扱いは、医師等のストレスチェックの実施者の指示により行うものであり、所属部署の上司等の指示を受けて、その結果を漏らしたりしてはならないこと
　(c)　ストレスチェック結果を、自らの所属部署の業務等のうちストレスチェックの実施の事務とは関係しない業務に利用してはならないこと
(5)　インターネットや社内イントラネット等の情報通信技術を利用してストレスチェックを実施する場合は、次に掲げる事項を満たす必要があること
　(a)　個人情報の保護や改ざんの防止等のセキュリティの確保のための仕組みが整っており、その仕組みに基づいて個人の結果の保存が適切になされていること
　(b)　本人以外に個人のストレスチェック結果を閲覧することのできる者の制限がなされていること

(7)　健康情報の開示の方法

　事業者が作成した長時間労働者や高ストレス者への面接指導の結果の記録（法66条の8第3項（66条の8の2第2項および66条の8の4第2項の規定により準用する場合を含む。）および66条の10第4項）その他の医師、保健師等の判断および意見ならびに詳細な医学的情報等の健康情報については、本人から開示の請求があった場合は、原則として開示しなければならないとされている（留意事項第3の8）。

8　行政処分・制裁・罰則など

　事業者による労働者の心身の状態に関する情報の取扱いおよび適正管理措置（法104条1項・2項）について、本法上、罰則の定めはないが、厚生労働大臣は、事業者等に対し、安衛指針（法104条3項に基づき定められた安衛指針）に関して指導等を行うことができる（同条4項）。
　さらに、労働基準監督官は、本法を施行するために必要があると認めるときは、事業場への立ち入り、関係者への質問、帳簿、書類その他の物件

の検査等を行うことができる（法91条1項）。事業者が同項の監督官の権限行使に従わない場合、罰則の対象となる（50万円以下の罰金。法120条4号）。

また、法定の健康診断、面接指導、ストレスチェックの実施の事務に従事した者に対してその実施に関して知り得た労働者の秘密について守秘義務が課されており（法105条）、これに違反した場合、罰則の対象となる（6ヶ月以下の懲役または50万円以下の罰金。法119条1号）。

一方、個人情報保護委員会は、個人情報取扱事業者に対し、指導および助言（個情法147条）、ならびに勧告および命令（同法148条）が可能であるほか、報告徴収および立入検査も可能であるとされている（同法146条）（上記Ⅰ6参照）。

第3章

金　　融

I　金融分野 GL

1　規制の対象となるケース

　金融庁が所管する分野（以下「金融分野」という。）における個人情報取扱事業者等（以下「金融機関等」という。）が個人情報を取り扱う際に、金融分野 GL の規制を受ける。その他の省庁が所管する分野については、金融分野 GL の対象外であり、例えば信用分野（物品または役務の取引に係る信用供与に関する分野）については個人情報保護委員会・経済産業省による「信用分野における個人情報保護に関するガイドライン」（令和 6 年 5 月）が、債権管理回収業分野については個人情報保護委員会・法務省による「債権管理回収業分野における個人情報保護に関するガイドライン」（令和 6 年 3 月）が定められている。

　なお、金融機関等自身の雇用管理情報、株主情報については、金融分野 GL の対象外であって、その取扱いは GL 通則編等の共通のガイドラインに基づき行うこととされている。

2　規制のポイント

　金融分野 GL は、GL 通則編を基礎とした上で、金融分野の個人情報の性質および利用方法に鑑み、個人情報の取扱いに関して、金融分野における個人情報取扱事業者に特に厳格な措置が求められる事項等を規定するものであり、金融分野 GL において特に定めのない部分については、GL 通則編等の共通のガイドラインが適用される。

　金融分野 GL の規制を理解する上では、金融機関における個人情報保護

に関する Q&A（以下「金融分野 Q&A」という。）およびパブリックコメントの回答を適宜参照する必要がある。

　なお、金融分野 GL の規定のうち、それに従わないと個人情報保護法の規定違反として判断され得るのは、「～なければならない」と記載されている規定である。その他の、「こととする」、「適切である」および「望ましい」と記載されている規定については、同法6条の「格別の措置」として定められており、その規定に従わない場合であっても、同法の規定違反と判断されることはないが、金融機関等に特に厳格な措置が求められる事項として遵守すべき努力義務があるものとして規定されている。なお、格別の措置（努力義務）であることの意義に関し、その違反は同法第4章1節～第3節の規定の施行に必要な場合には、その限度において、同法に規定された立入検査を行うことも排除されていないとされている[1]。

③　用語の定義・概念

◇　機微（センシティブ）情報：
　個人情報保護法2条3項に定める要配慮個人情報ならびに労働組合への加盟、門地、本籍地、保健医療および性生活（これらのうち要配慮個人情報に該当するものを除く。）に関する情報（本人、国の機関、地方公共団体、学術研究機関等、個情法57条1項各号に掲げる者もしくは個情報規則6条各号に掲げる者により公開されているもの、または、本人を目視し、もしくは撮影することにより取得するその外形上明らかなものを除く。）。

◇　個人情報保護宣言：
　事業者の個人情報保護に関する考え方および方針に関する宣言であり、いわゆるプライバシーポリシー、プライバシーステートメント等を指す。

---

1)　個人情報保護委員会＝金融庁「金融分野における個人情報保護に関するガイドライン（案）に関する意見募集結果」（2017年2月28日）No.5

4 利用目的の特定に関する規制

(1) 利用目的の特定

　個人情報取扱事業者は、個人情報の利用目的を「できる限り」特定しなければならない（個情法17条1項）とされているところ、金融分野GLは、「自社の所要の目的で用いる」といった抽象的な利用目的では「できる限り」特定したこととはならないとしている。金融機関等が個人情報の利用目的を特定するに際しては、提供する金融商品またはサービスを示した上で特定することが望ましく、金融分野GLにおいては次に掲げる例が挙げられている（金融分野GL2条1項）。

- 当社の預金の受け入れ
- 当社の与信判断・与信後の管理
- 当社の保険の引受け、保険金・給付金の支払い
- 当社または関連会社・提携会社の金融商品・サービスの販売・勧誘
- 当社または関連会社・提携会社の保険の募集
- 当社内部における市場調査および金融商品・サービスの開発・研究
- 特定の金融商品・サービスの購入に際しての資格の確認

　金融機関等は、特定の個人情報の利用目的が法令等（例えば銀行法施行規則13条の6の6、貸金業法41条の38第1項等）に基づき限定されている場合には、具体的な法令名を示し、法令において規定されている利用目的の制限について明示することとされている（金融分野GL2条2項）。

(2) 与信事業における留意点

　与信事業に際しては、個人情報を取得する場合に利用目的について本人の同意を得ることとし、契約書等における利用目的は他の契約条項等と明確に分離して記載することとされている。そして、この場合、金融機関等は取引上の優越的な地位を不当に利用し、与信の条件として、与信事業において取得した個人情報をその他の金融商品のダイレクトメールの発送等に利用することを利用目的として同意させる行為を行うべきではないとされている（金融分野GL2条3項）。なお、これは与信の条件として、与信事業において取得した個人情報を当該事業以外に利用することを行うべき

ではないことを意味するものであり、必ずしも、金融商品のダイレクトメールの発送や、御意見のメールマガジンの発送、SNSのメッセージ送付等に限られるものではない[2]。

　金融機関等が与信事業に際して、個人情報を個人信用情報機関に提供する場合には、その旨を利用目的に明示しなければならない。さらに、明示した利用目的について本人の同意を得ることとされている（金融分野GL2条4項）。

(3) 利用目的の変更

　第1章Ⅷで述べたとおり、利用目的の変更は、変更前の利用目的と関連性を有すると合理的に認められる範囲、すなわち、変更後の利用目的が変更前の利用目的からみて、社会通念上、本人が通常予期し得る限度と客観的に認められる範囲内で認められるところ、金融分野GLでは、その例として、「商品案内等を郵送」を「商品案内等をメール送付」に変更することは認められるが、「アンケート集計に利用」を「商品案内等の郵送に利用」に変更することは、（本人の同意がない場合には）認められないとしている（金融分野GL2条5項）。

5　同意の形式

　金融機関等が、以下の事項について本人の同意を得る場合には、原則として、書面（電磁的記録を含む。以下、本Ⅰにおいて同じ。）によることとされる（金融分野GL3条）。

- 利用目的の達成に必要な範囲を超えた個人情報の取扱い（個情法18条1項・2項）
- 個人データの第三者への提供（同法27条1項）
- 個人データの外国にある第三者への提供（同法28条1項）
- 個人関連情報の第三者提供（同法31条1項1号）（注）
  - （注）金融機関等が個人関連情報取扱事業者から同項の規定による個人関連情報の提供を受けて個人データとして取得する場合に限る

2）　個人情報保護委員会＝金融庁・前掲注1）No.14

「書面」とは、一般に想起される「紙」のみを「書面」として定める趣旨ではなく、「同意に関し、本人の意思が明確に反映できる方法による確認が可能であり、かつ、事後的に検証可能な方法」であれば、「書面」と認められると解される。例えば、インターネットの画面上で顧客に同意欄をクリックさせる方法、自動音声ガイドによるプッシュホン操作の電子記録等も金融分野GL 3条に規定された「書面」の1つの例と考えられるとされている（金融分野Q&A問VI-3）。なお、事業者があらかじめ作成された同意書面を用いる場合には、文字の大きさおよび文章の表現を変えること等により、個人情報の取扱いに関する条項が他と明確に区別され、本人に理解されることが望ましい。または、あらかじめ作成された同意書面に確認欄を設け本人がチェックを行うこと等、本人の意思が明確に反映できる方法により確認を行うことが望ましい。

6 利用目的による制限

金融分野GLは、利用目的による制限の例外（個情法18条3項）に該当する具体例として、以下を挙げている（金融分野GL 4条）。

① 法令に基づく場合（個情法18条3項1号）
  ・ 犯罪による収益の移転防止に関する法律8条1項に基づき疑わしい取引を届け出る場合
  ・ 金融商品取引法210条、211条等に基づく証券取引等監視委員会の職員による犯則事件の調査に応じる場合
  ※なお、法令に、第三者が個人情報の提供を求めることができる旨の規定はあるが、正当な事由に基づきそれに応じないことができる場合には、金融分野における個人情報取扱事業者は、当該法令の趣旨に照らして目的外利用の必要性と合理性が認められる範囲内で対応するよう留意することとされている。例えば、弁護士法23条の2に基づいてなされる報告の請求につき、金融分野Q&A問VI-7参照のこと
② 国の機関もしくは地方公共団体またはその委託を受けた者が法令の定める事務を遂行することに対して協力する必要がある場合であって、本人の同意を得ることにより当該事務の遂行に支障を及ぼすおそれがある場合（個情法18条3項4号）
  ・ 振り込め詐欺に利用された口座に関する情報を警察に提供する場合
  ※なお、金融分野における個人情報取扱事業者は、任意の求めの趣旨に照らして目的外利用の必要性と合理性が認められる範囲内で対応するよう留意することとされている

7　機微（センシティブ）情報

　機微（センシティブ）情報に関する規制は、金融分野 GL 独自の規制である。なお、個人情報データベース等を構成しない個人情報であっても、機微情報に該当する[3][4]。

　機微（センシティブ）情報については、以下に掲げる場合を除くほか、金融機関等は取得、利用または第三者提供を行わないこととされている（金融分野 GL 5 条）。

> ①　法令等に基づく場合
> ②　人の生命、身体または財産の保護のために必要がある場合
> ③　公衆衛生の向上または児童の健全な育成の推進のため特に必要がある場合
> ④　国の機関もしくは地方公共団体またはその委託を受けた者が法令の定める事務を遂行することに対して協力する必要がある場合
> ⑤　個人情報保護法20条2項6号に掲げる場合に機微（センシティブ）情報を取得する場合、同法18条3項6号に掲げる場合に機微（センシティブ）情報を利用する場合、または同法27条1項7号に掲げる場合に機微（センシティブ）情報を第三者提供する場合
> ⑥　源泉徴収事務等の遂行上必要な範囲において、政治・宗教等の団体もしくは労働組合への所属もしくは加盟に関する従業員等の機微（センシティブ）情報を取得、利用または第三者提供する場合
> ⑦　相続手続による権利義務の移転等の遂行に必要な限りにおいて、機微（センシティブ）情報を取得、利用または第三者提供する場合
> ⑧　保険業その他金融分野の事業の適切な業務運営を確保する必要性から、本人の同意に基づき業務遂行上必要な範囲で機微（センシティブ）情報を取得、利用または第三者提供する場合
> ⑨　機微（センシティブ）情報に該当する生体認証情報を本人の同意に基づき、本人確認に用いる場合

　また、金融機関等は、機微（センシティブ）情報を、上記に掲げる場合に取得、利用または第三者提供する場合には、これらの事由を逸脱した取得、利用または第三者提供を行うことのないよう、特に慎重に取り扱うこ

3）　個人情報保護委員会＝金融庁・前掲注1）No.34
4）　金融庁『『金融分野における個人情報保護に関するガイドライン』（案）への意見一覧」（2004年12月28日）No.135

ととされている。なお、機微（センシティブ）情報のうち、要配慮個人情報を除く情報についても、要配慮個人情報と同様、オプトアウト手続によって第三者提供しないこととされている。

8 取得に際しての利用目的の通知等

(1) 通知・公表

金融機関等が個人情報を取得する際に行う利用目的の「通知」（個情法21条1項）については、原則として書面によることとされている。また、「公表」（同項）については、自らの金融商品の販売方法等の事業の態様に応じ、インターネットのホームページ等での公表、事務所の窓口等への書面の掲示・備付け等適切な方法によらなければならないとされている（金融分野GL6条）。

(2) 与信事業における利用目的についての同意について

金融機関等は、与信事業に際して、本人から直接書面に記載された当該本人の個人情報を取得する場合は、利用目的を明示する書面に確認欄を設けること等により、利用目的について本人の同意を得ることが望ましいとされている。

なお、与信事業に際して、申込時に利用目的について本人の同意を得る場合、当該申込時に利用目的について同意を得た個人情報については通知または公表を要しないが、それ以降に取得する情報については、あらかじめ利用目的を公表していない限り、利用目的を本人に通知し、または公表しなければならない。

(3) 利用目的の通知等をしなくてよい場合

利用目的の通知等をしなくてよい場合（個情法21条4項）の例として、金融分野GLは、①暴力団等の反社会的勢力情報、疑わしい取引の届出の対象情報、振り込め詐欺に利用された口座に関する情報および業務妨害行為を行う悪質者情報の提供者が逆恨みを買うおそれがある場合（個情法21条4項1号の例）、②開発中の新サービス、営業ノウハウが明らかになることにより、企業の健全な競争を害する場合および③振り込め詐欺に利用さ

れた口座に関する情報を取得したことが明らかになることにより、情報提供を受けた企業に害が及ぶ場合（いずれも同項2号の例）を挙げている。

9　データ内容の正確性の確保等

　金融機関等は、預金者または保険契約者等の個人データの保存期間については契約終了後一定期間内とする等、保有する個人データの利用目的に応じ保存期間を定め、当該期間を経過した個人データを消去することとされている（金融分野GL7条）。

10　安全管理措置

　金融機関に課された安全管理措置（金融分野GL8条〜10条）については下記Ⅱで併せて説明する。

11　個人データ等の漏えい等の報告等の報告等

(1)　個人データの漏えい等の報告

　金融機関等は、個人の権利利益を害するおそれが大きい個人データ等の漏えい等[5]が発生しまたは発生したおそれがある事態を知ったときは、個人情報保護法に基づく報告を行わなければならないとされている。また、その取り扱う個人である顧客等に関する個人データの漏えい等が発生し、または発生したおそれがある事態を知ったときは関係法令に従い監督当局への報告を行わなくてはならないとされている（金融分野GL11条1項）。

　なお、金融機関等においては、個人情報保護法26条の報告のみならず、業法上の報告が求められることがあるから、金融分野Q&A問Ⅴ-2をよく見て判断することが必要となる。

(2)　個人情報の漏えい等の報告

　金融機関等は、①その取り扱う個人情報の漏えい等が発生し、または発

---

[5]　具体的には、①要配慮個人情報が含まれる個人データの漏えい等、②不正に利用されることにより財産的被害が生じるおそれがある個人データの漏えい等、③不正の目的をもって行われたおそれがある個人データの漏えい等、④個人データに係る本人の数が千人を超える漏えい等（個情法施行規則7条）を指す。

生したおそれがある事態、②その取り扱う仮名加工情報に係る削除情報等（法41条1項の規定により行われた加工の方法に関する情報にあっては、その情報を用いて仮名加工情報の作成に用いられた個人情報を復元することができるものに限る。以下、本Ⅰにおいて同じ。）または匿名加工情報に係る加工方法等情報の漏えいが発生し、または発生したおそれがある事態（ただし、上記(1)に該当する事態を除く。）を知ったときは、監督当局への報告を行うこととされている（金融分野GL 11条2項）。

(3) 本人への通知

金融機関等は、個人の権利利益を害するおそれが大きい個人データ等の漏えい等が発生しまたは発生したおそれがある事態を知ったときは、個人情報保護法に基づく本人への通知等を行わなければならないとされている（金融分野GL 11条3項柱書）。

また、金融機関等は、①その取り扱う個人データ（仮名加工情報であるものを除く。）、②その取り扱う個人情報（仮名加工情報であるものを除く。）、または③その取り扱う仮名加工情報に係る削除情報等または匿名加工情報に係る加工方法等情報の漏えい等が発生し、または発生したおそれがあることを知ったときにも、本人への通知等を行わなければならない（金融分野GL 11条3項各号）。

(4) 報告義務がある場合の措置

金融機関等は、上記(1)または(2)の監督当局への報告に係る事態が発覚した場合には、①事務所内部における報告および被害の拡大防止、②事実関係の調査および原因の究明、③影響範囲の特定、④再発防止策の検討および実施について必要な措置を講じなければならない。また、当該事態の内容等に応じて、二次被害の防止、類似事案の発生回避等の観点から、当該事態の事実関係および再発防止策等について、速やかに公表することとされている（金融分野GL 11条4項）。

12 第三者提供の制限

(1) 第三者提供の同意

　金融機関等は、個人データの第三者提供についての本人の同意を得る際には、原則として、書面によることとし、当該書面における記載を通じて、①個人データの提供先の第三者（同意を得ようとする時点において特定できない場合には、それに代えて、提供先の第三者の範囲や属性に関する情報等本人に参考となるべき情報）、②提供先の第三者における利用目的、③第三者に提供される個人データの項目を本人に認識させた上で同意を得ることとされている（金融分野 GL 12 条 1 項）。

(2) 個人信用情報機関に対する提供

　金融機関等が個人信用情報機関に対して個人データを提供する場合には、当該提供について本人の同意を得ることとされているが、その際、本人が、個人データが個人信用情報機関を通じて当該機関の会員企業にも提供されることを明確に認識した上で、同意に関する判断を行うことができるようにすることとされている（金融分野 GL 12 条 2 項第 1 段落）。

　このため、金融機関等は、同意を得る書面に、個人データが当該機関の会員企業にも提供される旨の記載および当該機関の会員企業として個人データを利用する者の表示を行うこととなるが、その際、「当該機関の会員企業として個人データを利用する者」の外延を本人に客観的かつ明確に示すことが必要であり、会員企業の名称を記載する方法等により、本人が同意の可否を判断するに足りる具体性をもって示すこととされている（金融分野 GL 12 条 2 項第 2 段落‐第 3 段落）。

　なお、金融分野における個人情報取扱事業者は、個人信用情報機関から得た資金需要者の返済能力に関する情報については、当該資金需要者の返済能力の調査以外の目的に使用することのないよう、慎重に取り扱うこととされている（金融分野 GL 12 条 2 項第 4 段落）。

(3) 与信事業におけるオプトアウトの排除

　金融機関等が与信事業に係る個人の返済能力に関する情報を個人信用情

報機関へ提供するに当たっては、オプトアウトの規定を適用しないこととし、本人の同意を得ることとされている（金融分野 GL 12 条 3 項）。

(4) 共同利用の場合の取扱い

金融機関等は、共同利用の際の通知については、原則として書面によることとされている。

また、金融機関等による「共同して利用する者の範囲」の通知等については、共同して利用する者を個別に列挙することが望ましい。また、共同して利用する者の外延を示すことにより本人に通知等する場合には、本人が容易に理解できるよう共同して利用する者を具体的に特定しなければならない。金融分野 GL は、外延を示す具体例として以下の例を挙げている（金融分野 GL 12 条 4 項）。

- 当社および有価証券報告書等に記載されている、当社の子会社
- 当社および有価証券報告書等に記載されている、当社の連結子会社および持分法適用会社

13　外国にある第三者への提供の制限

(1) 外国にある第三者への提供の同意

第 1 章Ⅷで述べたとおり、外国にある第三者への個人データの提供を認める旨の本人の同意を得る際には、個情法規則 17 条 2 項から 4 項に規定される事項を情報提供しなければならない。金融分野 GL は、金融機関等に対して、外国にある第三者への個人データの提供に際して、それらの事項に加えて、①個人データの提供先の第三者（同意を得ようとする時点において特定できない場合には、それに代えて、提供先の第三者の範囲や属性に関する情報等本人に参考となるべき情報）、②提供先の第三者における利用目的、③第三者に提供される個人データの項目を本人に認識させた上で同意を得ることとしている（金融分野 GL 13 条 1 項第 1 段落〜第 2 段落）。

また、金融機関等があらかじめ作成された同意書面を用いる場合には、文字の大きさおよび文章の表現を変えること等により、外国にある第三者への提供に関する条項が他の個人情報の取扱いに関する条項等と明確に区

別され、本人に理解されることが望ましいとされている（金融分野 GL 13条1項第3段落）。

(2) 提供先の第三者が所在する外国を特定できない場合

金融機関等は、外国にある第三者への個人データ提供について本人の同意を得ようとする時点において、個人データの提供先の第三者が所在する外国が特定できない場合には、特定できない旨およびその具体的な理由（提供先が定まる前に本人同意を得る必要性を含む。）を情報提供するとともに、外国の名称に代わる本人に参考となるべき情報の提供が可能である場合には、当該情報を提供しなければならない。例えば、移転先となる外国の候補が具体的に定まっており、当該候補となる外国の名称等、本人に参考となるべき情報の提供が可能である場合には、当該情報を提供しなければならない（金融分野 GL 13条2項第1段落）。

金融機関等は、事後的に提供先の第三者が所在する外国を特定できた場合には、本人の求めに応じて、当該外国の名称および適切かつ合理的な方法により得られた当該外国における個人情報の保護に関する制度に関する情報について情報を提供することとされている。また、事後的に提供先の第三者が講ずる個人情報の保護のための措置についての情報提供が可能となった場合には、本人の求めに応じて、当該第三者が講ずる個人情報の保護のための措置に関する情報を提供することとされている。このような情報提供の求めが可能である旨を書面における記載を通じて本人に認識させるとともに、個人情報保護宣言（金融分野 GL 20条）に記載の上、ホームページへの常時掲載または事務所の窓口等での掲示・備付け等により、公表することとされている。ただし、本人から情報提供の求めがあった場合であっても、例えば、情報提供することにより業務の適正な実施に著しい支障を及ぼすおそれがある場合等は、情報の全部または一部について情報提供しないことができる。情報提供しない場合であっても、金融機関等は、本人に対し、遅滞なくその旨を通知するとともに、その理由を説明することとされている（金融分野 GL 13条2項第2段落）。

(3) 体制整備を根拠として外国にある第三者に個人データを提供する場合

金融機関等は、個人データの取扱いについて個人情報保護法第4章第2節の規定により個人情報取扱事業者が講ずべき措置に相当する措置（以下、本Ⅰにおいて「相当措置」という。）を継続的に講ずるために必要なものとして個情法規則16条に定める基準に適合する体制を整備していることを根拠として外国にある第三者に個人データを提供する場合には、当該提供の時点で、当該第三者による相当措置の実施に影響を及ぼすおそれのある当該外国の制度の有無および内容、当該制度がある場合においては、当該第三者による相当措置の継続的な実施の確保の可否を、適切かつ合理的な方法により、確認しなければならない。金融分野GLは、相当措置の実施に影響を及ぼすおそれのある制度の例として以下の制度を挙げている（金融分野GL 13条3項第1段落）。

> - 事業者に対し政府の情報収集活動への広範な協力義務を課すことにより、事業者が保有する個人情報について政府による広範な情報収集が可能となる制度
> - 事業者が本人からの消去等の請求に対応できないおそれがある個人情報の国内保存義務に係る制度

その後、当該第三者に個人データを提供した場合に個情法規則18条1項1号の規定により当該第三者による相当措置の実施状況を確認する際には、個人データを取り扱う場所に赴く方法または書面により報告を受ける方法により確認を行うこととされている[6]。これらの方法は、外国にある第三者に提供する個人データの規模および性質ならびに個人データの取扱状況等に起因するリスクに応じたものとされている（金融分野GL 13条3項第2段落）。

また、金融機関等は、個人情報保護法28条3項および個情法規則18条に基づき、本人の求めに応じて事後的に情報を提供する旨を個人情報保護宣言に記載の上ホームページへの常時掲載または事務所の窓口等での掲示・

---

6) 個人関連情報を個人データとして取得することが想定される第三者に提供する場合（個情法31条2項において読み替えて準用する場合）も同様である。

14　個人関連情報の第三者提供の制限等

　金融機関等は、個人関連情報取扱事業者から個人関連情報の提供を受けて個人データとして取得するに当たり、個人情報保護法31条1項1号の本人の同意を得る（提供元の個人関連情報取扱事業者に同意取得を代行させる場合を含む。）際には、原則として、書面によることとし、当該書面における記載を通じて、①対象となる個人関連情報の項目、②個人関連情報の提供を受けて個人データとして取得した後の利用目的を本人に認識させた上で同意を得ることとされている（金融分野GL14条1項第1段落）。

　なお、個人関連情報の提供を受けて本人が識別される個人データとして取得した場合には、あらかじめその利用目的を公表している場合を除き、速やかに、その利用目的を、本人に通知し、または公表しなければならないとされている（個情法21条）ことに留意する必要がある（金融分野GL14条1項第2段落）。

15　保有個人データに関する事項の公表等

　金融機関等が、保有個人データに関する事項を本人の知り得る状態に置く際には、自らの金融商品の販売方法等の事業の態様に応じて適切な方法による必要があり、継続的に公表を行う方法として、例えば、個人情報保護宣言（金融分野GL20条）と一体としてインターネットのホームページでの常時掲載を行うこと（保有個人データに関する事項が示された画面に1回程度の操作で遷移するよう設定したリンクを個人情報保護宣言に継続的に掲載することを含む。）、または事務所の窓口等での常時掲示・備付けを行うこと等が考えられるとされている（金融分野GL15条）。

16　開示

　第1章Ⅷで述べたとおり、当該個人情報取扱事業者の業務の適正な実施に著しい支障を及ぼすおそれがある場合、本人の請求に基づく保有個人データの開示義務が適用されないが、金融分野GLは、その例として、

GL通則編 3 - 8 - 2 に定められている具体例に加えて、以下の 3 つを挙げている（金融分野 GL 16条）。

> ・　与信審査内容等の個人情報取扱事業者が付加した情報の開示請求を受けた場合
> ・　保有個人データを開示することにより評価・試験等の適正な実施が妨げられる場合
> ・　企業秘密の保護の必要性が、本人が個人情報取扱事業者における保有個人データの取扱い等を把握する必要性を上回る特別の事情がある場合

17　理由の説明

　第 1 章Ⅷで述べたとおり、個人情報取扱事業者は、保有個人データの利用目的の通知、保有個人データの開示、保有個人データの内容の訂正等または保有個人データの利用停止等について本人の求めまたは請求があったにもかかわらず、その全部または一部について、その措置をとらない旨を通知する場合または異なる措置をとる旨を通知する場合には、本人に対し、その理由を説明するよう努めなければならないとされている。金融分野 GL はさらに、金融機関に対して、本人に対しその理由を説明する際には、措置をとらないこととし、または異なる措置をとることとした判断の根拠および根拠となる事実を示すことを求めている（金融分野 GL 17条）。

18　開示等の請求等に応じる手続き

　金融機関等は、開示等の請求等を受け付ける方法を定めた場合には、個人情報保護宣言と一体としてインターネットのホームページでの常時掲載を行うこと（保有個人データに関する事項が示された画面に 1 回程度の操作で遷移するよう設定したリンクを個人情報保護宣言に継続的に掲載することを含む。）、または事務所の窓口等での掲示・備付け等を行うこととされている（金融法務 GL 18条 1 項）。

　開示等の請求等をする者が本人または代理人であることの確認の方法を定めるに当たっては、十分かつ適切な確認手続とするよう留意することとされている。なお、本人が委任した代理人による開示等の請求等に対して、事業者が本人にのみ直接開示等することは妨げられないとされている

（金融法務 GL 18条 2 項）。

19　個人情報取扱事業者による苦情の処理

　第 1 章Ⅷで述べたとおり、個人情報取扱事業者は、苦情の適切かつ迅速な処理を行うに当たり、苦情処理窓口の設置や苦情処理の手順を定める等必要な体制の整備に努めなければならないとされている（個情法40条 2 項）。

　体制の整備の例として、GL 通則編がいわゆるプライバシーポリシーの策定、公表および説明や、委託の透明化（委託の有無、委託する事務の内容を明らかにする等）を挙げているが、金融分野 GL は、それらに追加して苦情処理に当たる従業者への十分な教育・研修を挙げている。

20　個人情報保護宣言の策定

　金融分野 GL は、金融機関に対して、個人情報に対する取組方針を、あらかじめ分かりやすく説明することの重要性に鑑み、個人情報保護宣言を策定し、公表することとしている。

　個人情報保護宣言の内容の例として、①個人情報保護への取組方針の宣言、②個人情報の利用目的の通知・公表等の手続きについての分かりやすい説明、③個人情報の取扱いに関する諸手続きについての分かりやすい説明、④個人情報の取扱いに関する質問及び苦情処理の窓口が挙げられている。

Ⅱ 安全管理措置等実務指針

1 規制の対象となるケースおよび規制のポイント

　金融分野における個人情報の取扱いについては、安全管理措置等実務指針が策定されている。安全管理措置等実務指針は、金融分野GLと同様、金融分野における個人情報取扱事業者（以下「金融機関等」という。）が個人情報を取り扱う場合に適用があり、金融分野GL 8条から10条までに定められた安全管理措置、従業者および委託先の監督について、講じるべき措置等を定めたものである。

2 用語の定義・概念

　上記Ⅰを参照されたい。

3 安全管理措置の実施

(1) 概要

　金融機関等においては、その取り扱う個人データの性質や利用方法に鑑み、漏えい等の防止その他の個人データの安全管理のために行わなくてはならない必要かつ適切な措置の内容が具体的に規定されている。必要かつ適切な措置は、個人データの取得・利用・保管等の各段階に応じた「組織的安全管理措置」、「人的安全管理措置」、「物理的安全管理措置」、「技術的安全管理措置」および「外的環境の把握」を含むものでなければならないとされている（金融分野GL 8条1項）。

　個人データの安全管理に係る基本方針・取扱規程等の整備に関する組織的安全管理措置として、①個人データの安全管理に係る基本方針、②個人データの安全管理に係る取扱規程、③個人データの取扱状況の点検および監査に係る規程、および④外部委託に係る規程を整備することのほか、取得・入力段階、利用・加工段階、保管・保存段階、移送・送信段階、消去・廃棄段階、および漏えい当事案への対応の段階の核管理段階における安全管理に係る取扱規程を整備しなければならない（金融分野GL 8条7項）。

個人データの安全管理に係る実施体制の整備に関しては、組織的安全管理措置として、①個人データの管理責任者等の設置、②就業規則等における安全管理措置の整備、③個人データの安全管理に係る取扱規程に従った運用、④個人データの取扱状況を確認できる手段の整備、⑤個人データの取扱状況の点検および監査体制の整備と実施、⑥漏えい等事案に対応する体制の整備を講じなければならないとされている（金融分野GL8条8項）。

　また、人的安全管理措置として、①従業者との個人データの非開示契約等の締結、②従業者の役割・責任等の明確化、③従業者への安全管理措置の周知徹底、教育および訓練、④従業者による個人データ管理手続きの遵守状況の確認措置を講じなければならないとされている（金融分野GL8条8項）。

　物理的安全管理措置として、①個人データの取扱区域等の管理、②機器および電子媒体等の盗難の防止、③電子媒体等を持ち運ぶ場合の漏えい等の防止、④個人データの削除および機器、電子媒体等の廃棄措置を講じなければならないとされている（金融分野GL8条8項）。

　技術的安全管理措置として、①個人データの利用者の識別および認証、②個人データの管理区分の設定およびアクセス制御、③個人データへのアクセス権限の管理、④個人データの漏えい等防止策、⑤個人データへのアクセスの記録および分析、⑥個人データを取り扱う情報システムの稼働状況の記録および分析、⑦個人データを取り扱う情報システムの監視および監査措置を講じなければならないとされている（金融分野GL8条8項）。

　外的環境の把握については、個人情報保護法における規律と同様である。

(2)　GL通則編との比較

　図表Ⅱ-1で示すように、安全管理措置等実務指針は、安全管理措置について、金融機関等が取り扱う個人情報の性質等に鑑み上乗せ規制を行うとともに、講じるべき措置について具体的に説明している。

〔図表Ⅱ-1〕

GL通則編	金融分野GL・ 安全管理措置等実務指針
\multicolumn{2}{c}{A　基本方針の策定}
[10-1　個人情報取扱事業者は、個人データの適正な取扱いの確保について] 組織として取り組むために、基本方針を策定することが重要である	[1-1　個人データの安全管理に係る基本方針・取扱規程等の整備] 次に掲げる事項を定めた個人データの安全管理に係る基本方針を策定し、当該基本方針を公表するとともに、必要に応じて基本方針の見直しを行わなければならない ①　個人情報取扱事業者の名称 ②　安全管理措置に関する質問および苦情処理の窓口 ③　個人データの安全管理に関する宣言 ④　基本方針の継続的改善の宣言 ⑤　関係法令等遵守の宣言
\multicolumn{2}{c}{B　取扱規程等の策定}
[10-2　個人データの取扱いに係る規律の整備] 個人情報取扱事業者は、その取り扱う個人データの漏えい等の防止その他の個人データの安全管理のために、個人データの具体的な取扱いに係る規律を整備しなければならない	[1-2　個人データの安全管理に係る取扱規程の整備] 個人データの各管理段階における安全管理に係る取扱規程を整備し、必要に応じて規程の見直しを行わなければならない。なお、安全管理等本実務指針は、「(別添1)」として、各管理段階ごとの安全管理に係る取扱規程において定めなくてはならない事項を列挙している
	[1-3　個人データの取扱状況の点検及び監査に係る規程の整備] 個人データの取扱状況に関する点検及び監査の規程を整備し、①点検及び監査の目的、②点検及び監査の実施部署、③点検責任者及び点検担当者の役割・責任、④監査責任者及び監査担当者の役割・責任、⑤点検及び監査に関する手続きを定めるとともに、必要に応じて規程の見直しを行わなければならない

	[1-4　外部委託に係る規程の整備] 外部委託に係る取扱規程を整備し、①委託先の選定基準、②委託契約に盛り込むべき安全管理に関する内容を定めるとともに、定期的に規程の見直しを行わなければならない
C　組織的安全管理措置	
[10-3(1)　組織体制の整備] 安全管理措置を講ずるための組織体制を整備しなければならない	[2-1　個人データ責任者等の設置] ①個人データの安全管理に係る業務遂行の総責任者である個人データ管理責任者及び②個人データを取り扱う各部署における個人データ管理者を設置しなければならない
	[2-2　就業規則等における安全管理措置の整備] ①個人データの取扱いに関する従業者の役割・責任、②違反時の懲戒処分を就業規則等に定めるとともに、従業者との個人データの非開示契約等の締結を行わなければならない
[10-3(2)　個人データの取扱いに係る規律に従った運用] あらかじめ整備された個人データの取扱いに係る規律に従って個人データを取り扱わなければならない なお、整備された個人データの取扱いに係る規律に従った運用の状況を確認するため、利用状況等を記録することも重要である	[2-3　個人データの安全管理に係る取扱規程に従った運用] 個人データの安全管理に係る取扱規程に従った体制を整備し、当該取扱規程に従った運用を行うとともに、取扱規程に規定する事項の遵守状況の記録及び確認を行わなければならない
[10-3(3)　個人データの取扱状況を確認する手段の整備] 個人データの取扱状況を確認するための手段を整備しなければならない	[2-4　個人データの取扱状況を確認できる手段の整備] ①取得項目②取得目的③保管場所・保管方法・保管期限、④管理部署、⑤アクセス制御の状況を含む台帳等を整備しなければならない

[10-3(4) 漏えい等の事案に対応する体制の整備] 漏えい等の事案の発生または兆候を把握した場合に適切かつ迅速に対応するための体制を整備しなければならない なお、漏えい等の事案が発生した場合、二次被害の防止、類似事案の発生防止等の観点から、事案に応じて、事実関係及び再発防止策等を早急に公表することが重要である	[2-6 漏えい等事案に対応する体制の整備] ①対応部署、②漏えい等事案の影響・原因等に関する調査体制、③再発防止策・事後対策の検討体制、④自社内外への報告体制を整備しなければならない
[10-3(5) 取扱状況の把握及び安全管理措置の見直し] 個人データの取扱状況を把握し、安全管理措置の評価、見直し及び改善に取り組まなければならない	[2-5 個人データの取扱状況の点検及び監査体制の整備と実施] 点検責任者及び点検担当者を選任するとともに、点検計画を策定することにより個人データを取り扱う部署が自ら行う点検体制を整備し、定期的及び臨時の点検を実施しなければならない 監査対象となる部署以外から選任された監査責任者・監査担当者による監査体制を整備し、監査を実施しなければならない。なお、監査部署が監査業務等により個人データを取り扱う場合には、個人データ管理責任者が特に任命する者がその監査を実施する
D 人的安全管理措置	
該当なし	[3-1 従業者との個人データの非開示契約等の締結] 採用時等に従業者と個人データの非開示契約等を締結するとともに、非開示契約等に違反した場合の懲戒処分を定めた就業規則等を整備しなければならない
該当なし	[3-2 従業者の役割・責任等の明確化] ①各管理段階における個人データの取扱いに関する従業者の役割・責任の明確

	化、②個人データの管理区分及びアクセス権限の設定、③違反時の懲戒処分を定めた就業規則等の整備、④必要に応じた規程等の見直しの措置を講じなければならない
[10-4　従業者の教育] 従業者に、個人データの適正な取扱いを周知徹底するとともに適切な教育を行わなければならない	[3-3　従業者への安全管理措置の周知徹底、教育及び訓練] ①従業者に対する採用時の教育及び定期的な教育・訓練、②個人データ管理責任者及び個人データ管理者に対する教育・訓練、③個人データの安全管理に係る就業規則等に違反した場合の懲戒処分の周知、④従業者に対する教育・訓練の評価及び定期的な見直しの措置を講じなければならない
該当なし	[3-4　従業者による個人データ管理手続の遵守状況の確認] 1-2の個人データの安全管理に係る取扱規程に定めた事項の遵守状況について、2-3に基づく記録及び確認を行うとともに、2-5に基づき点検及び監査を実施しなければならない
E　物理的安全管理措置	
[10-5(1)　個人データを取り扱う区域の管理] 個人情報データベース等を取り扱うサーバやメインコンピュータ等の重要な情報システムを管理する区域（以下「管理区域」という。）及びその他の個人データを取り扱う事務を実施する区域（以下「取扱区域」という。）について、それぞれ適切な管理を行わなければならない	[4-1　個人データ取扱区域の管理] ①個人データ等を取り扱う重要な情報システムの管理区域への入退室管理等、②管理区域への持ち込み可能機器等の制限、③のぞき込み防止措置の実施等による権限を有しない者による閲覧等の防止の措置を講じなければならない
[10-5(2)　機器及び電子媒体等の盗難等の防止] 個人データを取り扱う機器、電子	[4-2　機器及び電子媒体等の盗難等の防止] ①個人データを取り扱う機器等の施錠等

媒体及び書類等の盗難または紛失等を防止するために、適切な管理を行わなければならない	による保管、②個人データを取り扱う情報システムを運用する機器の固定等の措置を講じなければならない
［10-5(3) 電子媒体等を持ち運ぶ場合の漏えい等の防止］ 個人データが記録された電子媒体または書類等を持ち運ぶ場合、容易に個人データが判明しないよう、安全な方策を講じなければならない なお、「持ち運ぶ」とは、個人データを管理区域または取扱区域から外へ移動させることまたは当該区域の外から当該区域へ移動させることをいい、事業所内の移動等であっても、個人データの紛失・盗難等に留意する必要がある	［4-3 電子媒体等を持ち運ぶ場合の漏えい等の防止］ ①持ち運ぶ個人データの暗号化、パスワードによる保護等、②書類等の封緘、目隠しシールの貼付等の措置を講じなければならない
［10-5(4) 個人データの削除及び機器、電子媒体等の廃棄］ 個人データを削除しまたは個人データが記録された機器、電子媒体等を廃棄する場合は、復元不可能な手段で行わなければならない また、個人データを削除した場合、または、個人データが記録された機器、電子媒体等を廃棄した場合には、削除または廃棄した記録を保存することや、それらの作業を委託する場合には、委託先が確実に削除または廃棄したことについて証明書等により確認することも重要である	［4-4 個人データの削除、機器及び電子媒体等の廃棄］ ①容易に復元できない手段によるデータ削除、②個人データが記載された書類または記録された機器等の物理的な破壊等の措置を講じなければならない
F　技術的安全管理措置	
［10-6(1) アクセス制御］ 担当者及び取り扱う個人情報データベース等の範囲を限定するために、適切なアクセス制御を行わな	［5-2 個人データの管理区分の設定及びアクセス制御］ ①従業者の役割・責任に応じた管理区分及びアクセス権限の設定、②事業者内部

Ⅱ　安全管理措置等実務指針

ければならない	における権限外者に対するアクセス制御の措置を講じなければならない
	［5-3　個人データへのアクセス権限の管理］ ①従業者に対する個人データへのアクセス権限の適切な付与及び見直し、②個人データへのアクセス権限を付与する従業者数を必要最小限に限定すること、③従業者に付与するアクセス権限を必要最小限に限定することの措置を講じなければならない
［10-6(2)　アクセス者の識別と認証］ 個人データを取り扱う情報システムを使用する従業者が正当なアクセス権を有する者であることを、識別した結果に基づき認証しなければならない	［5-1　個人データの利用者の識別及び認証］ ①本人確認機能の整備、②本人確認に関する情報の不正使用防止機能の整備、③本人確認に関する情報が他人に知られないための方策の措置を講じなければならない
［10-6(3)　外部からの不正アクセス等の防止］ 個人データを取り扱う情報システムを外部からの不正アクセスまたは不正ソフトウェアから保護する仕組みを導入し、適切に運用しなければならない	［5-2-1　外部からの不正アクセスの防止措置］ ①アクセス可能な通信経路の限定、②外部ネットワークからの不正侵入防止機能の整備、③不正アクセスの監視機能の整備、④ネットワークによるアクセス制御機能の整備の措置を講じなければならない
［10-6(4)　情報システムの使用に伴う漏えい等の防止］ 情報システムの使用に伴う個人データの漏えい等を防止するための措置を講じ、適切に運用しなければならない	［5-4　個人データの漏えい等防止策］ ①蓄積データの漏えい等防止策、②伝送データの漏えい等防止策、③コンピュータウイルス等不正プログラムへの防御対策による個人データの保護策を講じなければならない また、①不正アクセスの発生に備えた対応・復旧手続きの整備、②コンピュータウイルス等不正プログラムによる被害時の対策、③リカバリ機能の整備による障害発生時の技術的対応・復旧手続の整備をしなければならない

227

G　外的環境の把握	
［10－7　外的環境の把握］ 個人情報取扱事業者が、外国において個人データを取り扱う場合、当該外国の個人情報の保護に関する制度等を把握した上で、個人データの安全管理のために必要かつ適切な措置を講じなければならない	［金融分野GL 8条6項］ 金融機関等が、外国において特定個人情報等を取り扱う場合、当該外国の個人情報の保護に関する制度等を把握した上で、特定個人情報等の安全の管理のために必要かつ適切な措置を講じなければならない

4　従業者の監督

金融機関等は、次に掲げる体制整備等により、従業者に対し必要かつ適切な監督を行わなければならないとされている（金融分野GL 9条3項）。

① 従業者が、在職中およびその職を退いた後において、その業務に関して知り得た個人データを第三者に知らせ、または利用目的外に使用しないことを内容とする契約等を採用時等に締結すること

② 個人データの適正な取扱いのための取扱規程の策定を通じた従業者の役割・責任の明確化および従業者への安全管理義務の周知徹底、教育および訓練を行うこと

③ 従業者による個人データの持出し等を防ぐため、社内での安全管理措置に定めた事項の遵守状況等の確認および従業者における個人データの保護に対する点検および監査制度を整備すること

具体的な内容は、図表Ⅱ－1「D 人的安全管理措置」を参照されたい。

5　委託先の監督

(1)　概要

金融機関等は、個人データの取扱いを委託する場合は、その取扱いを委託された個人データの安全管理が図られるよう、委託を受けた者に対する必要かつ適切な監督を行わなければならない（金融分野GL 10条1項）。

金融機関等は、個人データを適正に取り扱っていると認められる者を選定し委託するとともに、個人データの安全管理のための措置を委託先においても確保しなければならない。二段階以上の委託が行われた場合には、

委託先の事業者が再委託先等の事業者に対して十分な監督を行っているかについても監督を行わなければならないとされており、具体的な措置の例として、以下を実施しなければならないとされている（金融分野 GL 10 条 3 項）。

① 個人データの安全管理のため、委託先における組織体制の整備および安全管理に係る基本方針・取扱規程の策定等の内容を委託先選定の基準に定め、当該基準を定期的に見直すこと
② 委託者の監督・監査・報告徴収に関する権限、委託先における漏えい等の防止および目的外利用の禁止、再委託に関する条件ならびに漏えい等事案が発生した場合の委託先の責任を内容とする安全管理措置を委託契約に盛り込むとともに、定期的に監査を行う等により、定期的または随時に当該委託契約に定める安全管理措置等の遵守状況を確認し、当該安全管理措置を見直すこと

(2) 具体的な内容

金融機関等は、個人データの取扱いを委託する場合には、①委託先における個人データの安全管理に関する基本方針・取扱い規程等の整備、②委託先における個人データの安全管理に係る実施体制の整備、③実績等に基づく委託先の個人データ安全管理上の信用度、④委託先の経営の健全性を委託先選定の基準として定め、当該基準に従って委託先を選定するとともに、当該基準を定期的に見直さなければならないとされている（安全管理措置等実務指針 6-1）。

金融機関等は、個人データの取扱いを委託する委託契約において、①委託者の監督・監査・報告徴求に関する権限、②委託先における個人データの漏えい等の防止および目的外利用の禁止、③再委託に関する条件、④漏えい等事案が発生した場合の委託先の責任といった安全管理に関する事項を盛り込まなければならない（安全管理措置等実務指針 6-3）。

金融機関等は、委託契約に基づき、委託契約後に委託先選定の基準に定める事項の委託先における遵守状況を定期的または随時に確認するとともに、委託先が当該基準を満たしていない場合には、委託先が当該基準を満たすよう監督しなければならない（安全管理措置等実務指針 6-2）。

金融機関等は、定期的に監査を行う等により、定期的または随時に委託先における委託契約上の安全管理措置等の遵守状況を確認するとともに、当該契約内容が遵守されていない場合には、委託先が当該契約内容を遵守するよう監督しなければならない。また、金融機関等は、定期的に委託契約に盛り込む安全管理措置を見直さなければならない（安全管理措置等実務指針 6-4）。

III 金融庁「監督指針」[1]

1 法規制の対象となるケース

　金融庁の各監督指針の対象は、①銀行（主要行等および中小・地域金融機関）、②保険会社（少額短期保険業者および認可特定保険業者を含む。）、③金融商品取引業者等、④信用格付業者、⑤高速取引行為者、⑥信託会社等、⑦貸金業者、⑧金融サービス仲介業者、⑨信用保証協会、⑩清算・振替機関等、⑪為替取引分析業者、および⑫指定紛争解決機関である。各監督指針の中に、個人情報等についての管理態勢等についての記載があり、個人情報等を取り扱うに当たってはこれを遵守する必要がある。

2 法規制のポイント

　監督指針には、金融庁が金融検査・監督を行う際の基本的な考え方や事務処理上の留意点、監督上の評価項目等が体系的に整理されている。金融取引の基礎をなす顧客に関する情報については、適切な管理が確保されることが極めて重要であるとされており（例えば、主要行等向けの総合的な監督指針III-3-3-3-1、中小・地域金融機関向けの総合的な監督指針II-3-2-3-1等）、特に個人である顧客に関する情報については、各種業法のみならず、GL通則編等の共通のガイドライン、金融分野GL、安全管理措置等実務指針に基づく適切な取扱いを確保する必要がある。

3 用語の定義・概念

　本IIIにおける用語の定義および概念については以下のとおりである。

◇　主要行等：

　みずほ銀行、みずほ信託銀行、三菱UFJ銀行、三菱UFJ信託銀行、三井住友銀行、三井住友信託銀行、りそな銀行、SBI新生銀行、あおぞら銀行、およびゆうちょ銀行をいう。

1）　令和6年7月10日時点のものをいう。

◇　中小・地域金融機関：
　　地方銀行、第二地方銀行、信用金庫および信用組合をいう。
◇　金融商品取引業者等：
　　金融商品取引業者または登録金融機関をいう。
◇　信託会社等：
　　信託業法2条に規定する信託会社、外国信託会社、信託契約代理店、同法50条の2第1項の登録を受けた者、同法51条1項の信託の受託者および同法52条1項の登録を受けた同項に規定する承認事業者ならびに兼営法1条1項の認可を受けた金融機関（以下「信託兼営金融機関」という。）をいう。
◇　清算・振替機関等：
　　清算機関（金商法2条29項に定める金融商品取引清算機関）、外国清算機関（同項に定める外国金融商品取引清算機関）、資金清算機関（資金決済法2条11項に定める資金清算機関）、振替機関（振替法2条2項に定める振替機関をいう。）および取引情報蓄積機関（金商法156条の64第1項に定める取引情報蓄積機関）をいう。
◇　顧客等に関する情報：
　　顧客に関する情報および法人関係情報をいう。
◇　法人関係情報：
　　金融商品取引法163条1項に規定する上場会社等の運営、業務または財産に関する公表されていない重要な情報であって顧客の投資判断に影響を及ぼすと認められるものならびに同法27条の2第1項に規定する公開買付け（同法27条の2第1項本文の規定の適用を受ける場合に限る。）、これに準ずる株券等（同項に規定する株券等をいう。）の買集めおよび同法27条の22の2第1項に規定する公開買付け（同法27条の22の2第1項本文の規定の適用を受ける場合に限る。）の実施または中止の決定（同法167条2項ただし書に規定する基準に該当するものを除く。）に係る公表されていない情報（金融商品取引業等に関する内閣府令（平成19年内閣府令第52号）1条4項14号）をいう。
◇　クレジットカード情報等：
　　クレジットカード情報（カード番号、有効期限等）を含む個人情報をい

う。
◇ その他の特別の非公開情報：
労働組合への加盟に関する情報、民族に関する情報、性生活に関する情報、個情法施行令2条4号に定める事項に関する情報、同条5号に定める事項に関する情報、犯罪により害を被った事実に関する情報、および社会的身分に関する情報をいう。

4 顧客等に関する情報管理態勢についての主な着眼点・留意点

(1) 内部管理態勢の整備

顧客等に関する情報管理については、事業者ごとにその内部の管理態勢の整備が各監督指針により求められている（主要行等指針Ⅲ-3-3-3-2(1)①、中小・地域金融機関指針Ⅱ-3-2-3-2(1)①、保険会社指針Ⅱ-4-5-2(1)①、金商業者等指針Ⅲ-2-4-(1)①、信託会社等指針3-5-5(1)①、貸金業者指針Ⅱ-2-2(1)①、金融サービス仲介業者指針Ⅲ-2-2(1)①、為替取引分析業者指針Ⅲ-3-2(1)①）。

具体的には、経営陣において、顧客等に関する情報管理の適切性を確保する必要性および重要性を認識し、適切性を確保するための組織体制の確立（部門間における適切な牽制の確保を含む。）、社内規程の策定等、内部管理態勢の整備を図っているかが主な着眼点とされている。

銀行および金融商品取引業者は、顧客等に関する情報へのアクセスおよびその利用は業務遂行上の必要性のある役職員に限定されるべきという「Need to Know 原則」を踏まえる必要がある。この点は、下記(2)および(3)においても同様である。

また、貸金業者は、社内規則等において、法令および協会の自主規制規則等を踏まえ、適切な顧客等に関する情報管理のための方法および組織体制の確立（部門間における適切なけん制の確保を含む。）等を具体的に定めること等が求められる。

(2) 取扱基準の作成および周知徹底

顧客等に関する情報については、事業者ごとにその取扱基準の作成と周

知徹底が各監督指針により求められている（主要行等指針Ⅲ-3-3-3-2(1)②、中小・地域金融機関指針Ⅱ-3-2-3-2(1)②、保険会社指針Ⅱ-4-5-2(1)②、金商業者等指針Ⅲ-2-4-(1)②、信託会社等指針3-5-5(1)②、貸金業者指針Ⅱ-2-2(1)②イ、金融サービス仲介業者指針Ⅲ-2-2(1)②、為替取引分析業者指針Ⅲ-3-2(1)②）。

　具体的には、顧客等に関する情報の取扱いについて、具体的な取扱基準を定めた上で、研修等により役職員に周知徹底しているかが主な着眼点とされている。

　貸金業者は、役職員が社内規則等に基づき、適切に顧客等に関する情報の管理を行うよう、社内研修等により周知徹底を図ることが求められる。

(3) アクセス管理の徹底

　顧客等に関する情報については、事業者ごとにそれへのアクセスの管理を徹底することを各監督指針が求めている（主要行等指針Ⅲ-3-3-3-2(1)③、中小・地域金融機関指針Ⅱ-3-2-3-2(1)③、保険会社指針Ⅱ-4-5-2(1)③、金商業者等指針Ⅲ-2-4-(1)③、信託会社等指針3-5-5(1)③、貸金業者指針Ⅱ-2-2(1)②ロa.、金融サービス仲介業者指針Ⅲ-2-2(1)③、為替取引分析業者指針Ⅲ-3-2(1)③）。

　具体的には、以下が主な着眼点とされている。

- 顧客等に関する情報へのアクセス管理の徹底（アクセス権限を付与された本人以外が使用することの防止等）、内部関係者による顧客等に関する情報の持出しの防止に係る対策、外部からの不正アクセスの防御等情報管理システムの堅牢化などの対策を含め、顧客等に関する情報の管理が適切に行われているかを検証できる体制となっているか。
- 特定職員に集中する権限等の分散や、幅広い権限等を有する職員への管理・けん制の強化を図る等、顧客等に関する情報を利用した不正行為を防止するための適切な措置を図っているか。

　銀行および金融商品取引業者は、顧客等に関する情報の管理状況を、コンプライアンス部門の関与のもと適時・適切に検証できる体制にすることも求められる。

(4) 取扱いの委託

顧客等に関する情報の取扱いを委託する場合の着眼点は図表Ⅲ-1のとおりである（主要行等指針Ⅲ-3-3-4-2(1)、中小・地域金融機関指針Ⅱ-3-2-4-2(1)、保険会社指針Ⅱ-4-5-2(1)④、金商業者等指針Ⅲ-2-4-(1)④、信託会社等指針3-5-5(4)、貸金業者指針Ⅱ-2-3(1)、金融サービス仲介業者指針Ⅲ-2-2(1)④、Ⅲ-2-10(1)、為替取引分析業者指針Ⅲ-3-2(1)⑤、Ⅲ-3-7(1)）。

なお、銀行、貸金業者、金融サービス仲介業者、および為替取引分析業者については、下記6についても参照されたい。

〔図表Ⅲ-1〕

着眼点	銀行	保険会社、金商業者等	信託会社	貸金業者、金融サービス仲介業者	為替取引分析業者
委託契約によっても金融機関と顧客との間の権利義務関係に変更がなく、顧客に対しては、当該金融機関自身が業務を行ったのと同様の権利が確保されていることが明らかとなっているか	○	×	×	○	○
委託業務に関して契約どおりサービスの提供が受けられないときに、顧客利便に支障が生じることを未然に防止するための態勢整備が行われているか	○	×	×	○	×
委託先における目的外使用の禁止も含めて顧客等に関する情報管理が整備されており、委託先に守秘義務が課せられているか	○	×	○	○	○[1]

---

1) 特に、他の為替取引分析業者を委託先とする場合には、委託に伴って提供する情報と当該他の為替取引分析業者の為替取引分析業等に係る情報その他の情報とを区別して取り扱うこととされているかという点である。

第3章　金　融

個人である顧客に関する情報の取扱いを委託する場合の委託先の監督について、当該情報の漏えい、滅失またはき損の防止を図るために必要かつ適切な措置として以下の措置が講じられているか ・　金融分野GL10条の規定に基づく措置 ・　安全管理措置等実務指針Ⅲの規定に基づく措置	○	○	○	○	○
外部委託先の管理について、責任部署を明確化し、外部委託先における業務の実施状況を定期的または必要に応じてモニタリングする等、外部委託先において顧客等に関する情報管理が適切に行われていることを確認しているか	○	○	○	○	○
外部委託先において漏えい事故等が発生した場合に、適切な対応がなされ、速やかに委託元に報告される体制になっていることを確認しているか	○	○	○	○	○[2]
外部委託先による顧客等に関する情報へのアクセス権限について、委託業務の内容に応じて必要な範囲内に制限しているか その上で、外部委託先においてアクセス権限が付与される役職員およびその権限の範囲が特定されていることを確認しているか さらに、アクセス権限を付与された本人以外が当該権限を使用すること等を防止するため、外部委託先において定期的または随時に、利用状況の確認（権限が付与された本人と実際の利用者との突合を含む。）が行われている等、アクセス管理の徹底が図られていることを確認しているか	○	○	○	○	○

2）　他の為替取引分析業者が委託先である場合には、委託に伴い提供した情報について、当該他の為替取引分析業者も為替取引分析業者に関する命令15条の措置を実施する必要があることを指導しているかという点である。

二段階以上の委託が行われた場合には、外部委託先が再委託先等の事業者に対して十分な監督を行っているかについて確認しているか。また、必要に応じ、再委託先等の事業者に対して自社による直接の監督を行っているか	○	○	○	○	○[3]
クレーム等について顧客から金融機関への直接の連絡体制を設けるなど適切な苦情相談態勢が整備されているか	○	×	×	○	○

※「○」は主な着眼点として記載あり、「×」は記載なしを意味する。

(5) 情報漏えい時の体制整備

顧客等に関する情報が漏えいした場合の事業者の体制整備についても、各監督指針は定めている（主要行等指針Ⅲ-3-3-3-2(1)④、中小・地域金融機関指針Ⅱ-3-2-3-2(1)④、保険会社指針Ⅱ-4-5-2(1)⑤、金商業者等指針Ⅲ-2-4-(1)⑤、信託会社等指針3-5-5(1)④、貸金業者指針Ⅱ-2-2(1)②ロb.、金融サービス仲介業者指針Ⅲ-2-2(1)⑤、為替取引分析業者指針Ⅲ-3-2(1)⑥）。

具体的には、以下が主な着眼点とされている。

- 顧客等に関する情報の漏えい等が発生した場合に、適切に責任部署へ報告され、二次被害等の発生防止の観点から、対象となった顧客等への説明、当局への報告および必要に応じた公表が迅速かつ適切に行われる体制が整備されているか
- 情報漏えい等が発生した原因を分析し、再発防止に向けた対策が講じられているか
- 他社における漏えい事故等を踏まえ、類似事例の再発防止のために必要な措置の検討を行っているか

主要行等の場合、顧客に重大な影響を及ぼす可能性があるなどの経営上

---

3) 前提として、為替取引分析業者の同意なく再委託がされないようにする必要があるほか、再委託を認める場合には、委託先が再委託先等の事業者に対して十分な監督を行うとともに、再委託先等にも為替取引分析業者による監督が及ぶようにするための措置を講じることが求められる。

重要な事案については、対応方針の意思決定に経営陣が適切に関与することも求められる。

なお、情報漏えい等発生時の対応の全体像は、金融分野Q&A問V-2にまとめて記載されている。

(6) 内部監査

顧客等に関する情報管理について、事業者に内部監査を行うことを各監督指針は求めている（主要行等指針Ⅲ-3-3-3-2(1)⑤、中小・地域金融機関指針Ⅱ-3-2-3-2(1)⑤、保険会社指針Ⅱ-4-5-2(1)⑥、金商業者等指針Ⅲ-2-4-(1)⑥、信託会社等指針3-5-5(1)③、貸金業者指針Ⅱ-2-2(1)③、金融サービス仲介業者指針Ⅲ-2-2(1)⑧、為替取引分析業者指針Ⅲ-3-2(1)⑧）。

具体的には、以下が主な着眼点とされている。
・ 独立した内部監査部門において、定期的または随時に、顧客等に関する情報管理に係る幅広い業務を対象にした監査を行っているか
・ また、顧客等に関する情報管理に係る監査に従事する職員の専門性を高めるため、研修の実施等の方策を適切に講じているか

銀行および金融商品取引業者の場合、グループ内の他の金融機関（持株会社を含む。）の内部監査部門等と連携を図ることも求められる。

貸金業者の場合は、顧客等に関する情報管理について、内部管理部門における定期的な点検や内部監査を通じ、その実施状況を把握・検証し、その結果に基づいて、態勢の見直しを行うなど、顧客等に関する情報管理の実効性が確保することが求められる。

(7) 取得および利用範囲に関する措置

為替取引分析業者は、取り扱う情報を、その業務の運営の確保等に必要な範囲内でのみ取得し、かつ、適正かつ確実な業務の遂行の確保その他必要と認められる目的以外の目的のために利用しないことを確保するための措置を講じることが求められる（為替取引分析業者指針Ⅲ-3-2-(1)④）。

(8) 複数の委託元から提供を受けた顧客等に関する情報の取扱い

金融サービス仲介業者は、複数の金融機関から金融サービス仲介業務を

受託している場合、ある金融機関のための金融サービス仲介業務で得た顧客情報が顧客の同意なくその他の金融機関のための金融サービス仲介業務に流用されることのないよう、顧客情報を適正に管理するための方法や態勢（例えば、組織・担当者の分離、設備上・システム上の情報障壁の設置、情報の遮断に関する社内規則の制定および研修等社員教育の徹底等の顧客情報管理態勢）の整備を行うことが求められる。なお、金融サービス仲介業者が流用に係る顧客の同意を得る場合は、下記5(4)に準じて適切に同意を取得する必要がある（金融サービス仲介業者指針Ⅲ-2-2-(1)⑥）。

また、為替取引分析業者は、委託を受けた業務の委託元から、当該業務の委託に伴って、当該委託元の顧客等の同意を得ずに当該顧客等の情報の提供を受ける場合、当該顧客等の情報を、他の委託元から提供を受けた当該他の委託元の顧客等の情報と区別して管理するための方法や態勢の整備を行うことが求められる（為替取引分析業者指針Ⅲ-3-2-(1)⑦）。

(9) 非公開情報等の利用

金融サービス仲介業者は、金融サービス仲介業務において取り扱う顧客に関する非公開情報等（仲介業者等府令20条2項1号イに規定する非公開金融情報、同号ロに規定する非公開保険情報、111条1項24号に規定する非公開融資等情報を含む。）を他の種別の金融サービス仲介業や兼業業務に利用するための顧客の同意を得る場合においても、下記5(4)に準じて適切に同意を取得する必要がある（金融サービス仲介業者指針Ⅲ-2-2-(1)⑦）。

5 個人情報管理についての着眼点・留意点

(1) 安全管理措置

顧客である個人の情報の管理について各監督指針は事業者に安全管理措置を講じることを求めている（主要行等指針Ⅲ-3-3-3-2(2)①、Ⅲ-3-3-4-2(1)④、中小・地域金融機関指針Ⅱ-3-2-3-2(2)①、保険会社指針Ⅱ-4-5-2(2)①、金商業者等指針Ⅲ-2-4-(2)①、信託会社等指針3-5-5(2)①、(4)①、貸金業者指針Ⅱ-2-2(1)②ハa、金融サービス仲介業者指針Ⅲ-2-2(2)①、為替取引分析業者指針Ⅲ-3-2(2)①）。

具体的には、個人である顧客に関する情報について、その安全管理、従

第3章　金　融

業者の監督および当該情報の取扱いを委託する場合にはその委託先の監督について、当該情報の漏えい、滅失またはき損の防止を図るために必要かつ適切な措置として以下の措置が講じられているかが主な着眼点とされている。

・　金融分野GL8条、9条および10条の規定に基づく措置
・　安全管理措置等実務指針Ⅰ、Ⅱ、Ⅲおよび別添2の規定に基づく措置

(2)　特別の非公開情報の取扱い

顧客である個人の情報のうち人種等、特別の非公開情報に相当する情報の取扱いについて、各監督指針は事業者に原則として利用しないための措置を講じることを求めている（主要行等指針Ⅲ-3-3-3-2(2)②、中小・地域金融機関指針Ⅱ-3-2-3-2(2)②、保険会社指針Ⅱ-4-5-2(2)②、金商業者等指針Ⅲ-2-4-(2)②、信託会社等指針3-5-5(2)②、貸金業者指針Ⅱ-2-2(1)②ハb.、金融サービス仲介業者指針Ⅲ-2-2(2)②、為替取引分析業者指針Ⅲ-3-2(2)②)。

具体的には、個人である顧客に関する人種、信条、門地、本籍地、保健医療または犯罪経歴についての情報その他の特別の非公開情報について、金融分野GL第5条第1項各号に列挙する場合を除き、利用しないことを確保するための措置が講じられているかが主な着眼点とされている。

(3)　クレジットカード情報等の取扱い

クレジットカード情報等の取扱いに関する着眼点の記載状況は図表Ⅲ-2のとおりである（主要行等指針Ⅲ-3-3-3-2(2)③、中小・地域金融機関指針Ⅱ-3-2-3-2(2)③、保険会社指針Ⅱ-4-5-2(2)③、金商業者等指針Ⅲ-2-4-(2)③、信託会社等指針3-5-5(2)③、貸金業者指針Ⅱ-2-2(1)②ハc.、金融サービス仲介業者指針Ⅲ-2-2(2)③)。

〔図表Ⅲ-2〕

着眼点	主要行等	中小・地域金融機関	保険会社	金商業者等	信託会社	貸金業者	金融サービス仲介業者
利用目的その他の事情を勘案した適切な保存期間を設定し、保存場所を限定し、保存期間経過後適切かつ速やかに廃棄しているか	○	○	○	○	○	○	○
業務上必要とする場合を除き、クレジットカード情報等をコンピューター画面に表示する際には、カード番号を全て表示させない等の適切な措置を講じているか	○	○	○	○	○	○	○
独立した内部監査部門において、クレジットカード情報等を保護するためのルールおよびシステムが有効に機能しているかについて、定期的または随時に内部監査を行っているか	○	○	×	○	○	○	○
クレジットカード情報等の取扱いを第三者に委託する場合は、保険代理店および金融サービス仲介業者を含む外部委託先において、クレジットカード情報等を保護するためのルールおよびシステムが有効に機能しているかについて、定期的または随時に、点検または立入検査を行っているか	×	×	○	×	×	×	×

| クレジットカード情報等について、二段階以上の委託が行われた場合には、保険代理店および金融サービス仲介業者を含む外部委託先が再委託先等の事業者を十分に監督していると認められる場合を除き、定期的または随時に、点検または立入検査を行う等、再委託先等の事業者に対して自社による直接の監督を行っているか | × | × | 〇 | × | × | × | × |

(4) 個人データの第三者提供

　個人データの第三者提供に関して、事業者において金融分野GL12条等を遵守するための措置が講じられているかという点についても各監督指針は定めている（主要行等指針Ⅲ-3-3-3-2(2)④、中小・地域金融機関指針Ⅱ-3-2-3-2(2)④、保険会社指針Ⅱ-4-5-2(2)④、金商業者等指針Ⅲ-2-4-(2)④、信託会社等指針3-5-5(2)④、貸金業者指針Ⅱ-2-2(1)④、金融サービス仲介業者指針Ⅲ-2-2(2)④、為替取引分析業者指針Ⅲ-3-2(2)③）。

　その業務の性質や方法に応じて、以下の点にも留意する必要があるとされている。

- ・　パソコン、スマートフォン等の非対面による方法で第三者提供の同意を取得する場合、金融分野GL3条を踏まえ、同意文言や文字の大きさ、画面仕様その他同意の取得方法を工夫することにより、第三者提供先、当該提供先に提供される情報の内容および当該提供先における利用目的について、個人である顧客が明確に認識できるような仕様とすること
- ・　過去に個人である顧客から第三者提供の同意を取得している場合であっても、第三者提供先や情報の内容が異なる場合、またはあらかじめ特定された第三者提供先における利用目的の達成に必要な範囲を超え提供となる場合には、改めて個人である顧客の同意を取得すること

- 　第三者提供先が複数に及ぶ場合や、第三者提供先により情報の利用目的が異なる場合、個人である顧客において個人データの提供先が複数に及ぶことや各提供先における利用目的が認識できるよう、同意の対象となる第三者提供先の範囲や同意の取得方法、時機等を適切に検討すること
- 　第三者提供の同意の取得に当たって、例えば、個人である顧客が、第三者提供先や第三者提供先における利用目的、提供される情報の内容について、過剰な範囲の同意を強いられる等していないか等、優越的地位の濫用や個人である顧客との利益相反等の弊害が生じるおそれがないよう留意すること

6　外部委託についての着眼点・留意点

(1)　銀行

　銀行が外部委託を行う場合には、顧客を保護するとともに、外部委託に伴う様々なリスクを適切に管理するなど業務の健全かつ適切な運営を確保することが求められるため、委託業務の的確な遂行を確保するための措置を講じなければならない（銀行法12条の2第2項、銀行法施行規則13条の6の8）。銀行は、上記4(4)に記載した着眼点のほか、経営の健全性の確保の観点からの着眼点として列挙されている着眼点にも留意して外部委託を行う必要がある（主要行等指針Ⅲ-3-4-2(2)、中小・地域金融機関指針Ⅱ-3-2-4-2(2)）。

(2)　貸金業、金融サービス仲介業者および為替取引分析業者

　貸金業、金融サービス仲介業者および為替取引分析業者が外部委託を行う場合も、上記4(4)に記載した着眼点の他、図表Ⅲ-3に記載の着眼点に留意する必要がある（貸金業者指針Ⅱ-2-3(1)、金融サービス仲介業者指針Ⅲ-2-2(1)④、Ⅲ-2-10(1)、為替取引分析業者指針Ⅲ-3-2(1)⑤、Ⅲ-3-7(1)）。

〔図表Ⅲ-3〕

留意する必要がある着眼点	貸金業者	金融サービス仲介業者	為替取引分析業者
外部委託の対象とする事務、委託先の選定基準および外部委託リスクが顕在化したときの対応などを規定した社内規則等を定め、役職員が社内規則等に基づき適切な取扱いを行うよう、社内研修等により周知徹底を図っているか	○	○	○[4]
委託の対象とする事務の選定に当たり、当該事務が為替取引分析業の一部に該当するかどうかを慎重に検討することとされているか	×	×	○
外部委託している事務のリスク管理が十分に行えるような態勢を構築しているか	×	○	○[5]
委託契約の内容は、例えば、次の項目について明確に示されるなど十分な内容となっているか ・ 提供されるサービスの内容および水準ならびに解約等の手続 ・ 委託契約に沿ってサービスが提供されない場合における委託先の義務および責務ならびに委託に関連して発生するおそれのある損害の負担に関する事項（必要に応じて担保提供等の損害負担の履行確保等の対応を含む。） ・ 委託業務の遂行状況、経営状況等、委託先が報告すべき事項の内容および当該報告の時機 ・ 委託元である為替取引分析業者に対する	×	×	○

4) 為替取引分析業の全部または一部の委託に当たっては、委託先の事業者が為替取引分析業を行うことにつき許可を得た事業者であるかどうかを始め、委託先としての適格性を厳格に確認するための選定基準や確認手続が定められているかという点である。
5) 当局の監督権が及ぶ他の為替取引分析業者を委託先とする場合であっても、当該委託業務が適正かつ確実に実施されているかどうかを委託元としての監督権に基づき自ら検証・確認する必要があることを理解しているかという点である。

当局の監督上の要請に沿って対応を行う際の取決め			
委託先における法令等遵守態勢の整備について、必要な指示を行うなど、適切な措置が確保されているか。また、外部委託を行うことによって、検査や報告命令、記録の提出など監督当局に対する義務の履行等を妨げないような措置が講じられているか	○	○	○
委託先の業務が中断した場合または委託先の業務水準が委託契約の内容に満たないこととなった場合に備え、代替手段が検討・確保されているか	×	×	○
適正かつ確実な遂行を確保するために必要がある場合には、当該業務の委託契約の変更または解除その他の必要な措置を講ずることができる体制になっているか	×	×	○

7 信用情報についての着眼点・留意点

(1) 貸金業者

　指定信用情報機関と信用情報提供等契約を締結した貸金業者は、個人信用情報（貸金業法2条14項）の遅滞ない提供（貸金業法41条の35第2項）と、信用情報の目的外使用等の禁止（同法41条の38第1項）を義務付けられている。貸金業者が留意する必要がある着眼点は、図表Ⅲ-4のとおりである（貸金業者指針Ⅱ-2-14(1)）。

〔図表Ⅲ-4〕

① 法令等を踏まえた社内規則等の整備
社内規則等において、法令および協会の自主規制規則等を踏まえ、個人信用情報が遅滞なく提供され、かつ、信用情報の目的外使用等を防止するための社内体制や方法等を具体的に定めているか
② 法令等を踏まえた遅滞ない提供等態勢の構築
・　役職員が社内規則等に基づき、個人信用情報が遅滞なく提供されるよう、

社内研修等により周知徹底を図っているか
・　社内規則等に則り、個人信用情報が遅滞なく提供される態勢が整備されているか

③　法令等を踏まえた信用情報の目的外使用等の防止に係る態勢の構築
・　経営陣は、信用情報の目的外使用等が重大な法令違反行為であることを認識し、自ら率先して信用情報の目的外使用等の防止に係る態勢の構築に取り組んでいるか ・　役職員が社内規則等に基づき、信用情報の適正な使用等が行われるよう、社内研修等により周知徹底を図っているか ・　社内規則等に則り、信用情報の目的外使用等を防止する態勢が整備されているか
④　内部管理部門等による実効性確保のための措置
信用情報の使用等に関して、内部管理部門における定期的な点検や内部監査を通じ、その実施状況を把握・検証しているか。また、当該検証等の結果に基づき、必要に応じて実施方法等の見直しを行うなど、信用情報の適正な使用等の実効性が確保されているか

(2)　金融サービス仲介業者

　金融サービス仲介業者またはその役職員は、信用情報に関する機関（資金需要者の借入金返済能力に関する情報の収集および金融サービス仲介業者に対する当該情報の提供を行うものをいう。）から提供を受けた情報であって個人である資金需要者の借入金返済能力に関するものを、資金需要者の返済能力等調査以外の目的で利用しないことを確保するための措置を講じる必要がある（仲介業者等府令37条）。

　この関係上、金融サービス仲介業者の監督は、上記図表Ⅲ-4の①、③および④に留意する必要がある（金融サービス仲介業者指針Ⅲ-2-2⑷）。

Ⅳ　FISC「安対基準」[1]

1　法規制の対象となるケース

　安対基準は、金融機関等におけるコンピュータシステムの開発、運用、セキュリティ等についての基準を定めたものである。これは、公益財団法人金融情報システムセンター（The Center for Financial Industry Information Systems、以下「FISC」という）の会員によって策定される自主基準であり、その規範性は自主基準の策定過程に参画した当事者においてのみ生ずることとなるため、FISC の会員でない者が行う金融業務等は安対基準の対象外となる（以下では FISC の会員である金融機関等を単に「金融機関等」という）。適用対象は、金融機関等が業法等に基づき顧客に商品・サービスを提供するために利用する情報システム（「金融情報システム」）である。

　金融機関等が金融サービスを提供するために外部委託しているシステム（クラウドシステムや共同センター等）は、安対基準の直接の適用対象とはならないが、金融機関等が外部の統制を通じて当該システムの安全対策を実施する責務がある関係上、結果的に安対基準の適用を受けることになる。それ故、金融機関等以外の事業者（「非金融事業者」）であっても、金融機関等の外部委託先として金融関連サービスを提供する場合は、安対基準への対応が必要となる点には注意が必要である。

　なお、非金融事業者が、金融機関等の外部委託先とならずに自ら主導的に金融関連サービスを提供する場合であっても、金融機関等による外部の統制が及ぶ限りは、その限りにおいて安全対策基準への対応が必要となる。

　以上をまとめると図表Ⅳ-1のようになる。

1）　金融情報システムセンター「金融機関等コンピュータシステムの安全対策基準・解説書〔第12版〕」（2024年）

〔図表Ⅳ-1〕

事業者	システム	委託の有無	外部統制の有無		安対基準の適用の有無
金融機関等	金融情報システム	－	－	→	○
	非金融情報システム	－	－	→	×
非金融事業者	金融関連サービスを提供する情報システム	○	○	→	○
			△	→	△
		×	×	→	×

※「○」はあり、「△」は部分的にあり、「×」はなしを意味する。

2 法規制のポイント

(1) リスクベースアプローチ

　金融機関等による金融情報システムに対する安全対策の決定・実施については、金融機関等の経営資源が有限であることを踏まえ、リスクベースアプローチが採用されている。金融機関等は、自らシステムのリスク特性を洗い出して、安全対策を講じるシステムを特定するとともに、安全対策の目標を定めて、そのリスク特性に応じた安全対策を決定することが求められる。

　安対基準は、以上のプロセスにおいて金融機関等が定める安全対策の目標に関する「基準」と、これに対応する「対策」を提供するものである。

(2) 「基準」

　安対基準における「基準」は、「統制基準」、「実務基準」、「設備基準」、「監査基準」の4編から構成されており、さらに大項目、中項目、小項目に分類される。具体的な基準項目は小項目に記述されており、どの編における何番目の基準項目であるかによって、「[統／実／設／監]＋[番号]」という形で表記される。例えば、統制基準の1番目の基準項目は、大項目が「1.内部の統制」、中項目が「(1)方針・計画」に分類される「システムの安全対策に係る重要事項を定めた規程を整備すること」という小項目であり、その表記は「統1」となる。

なお、安対基準では、金融機関等による目標設定時の不確実性を低減させる観点から、金融情報システムに最低限適用しなければならない基準である「基礎基準」が設定されている。大まかには、統制基準、設備基準、監査基準のほか、実務基準のうち顧客データの漏えい防止およびシステムの不正使用防止に関する基準やシステムの運行管理に最低限必要な基準等は基礎基準に当たる。これに対して、各金融機関等が、システム構成やリスク評価の結果を考慮して、適宜、必要に応じて選択することで足りる基準は「付加基準」に分類されている。

(3)　「対策」

各基準項目に対して単一または複数の「対策」が記述されている。対策は、必ず適用すべき「必須対策」と、システム特性やリスク特性等によって選択的に適用する「任意対策」の2つに分類される。安対基準上、必須対策は、「～必要である。」「～可能である。」と記載されており、任意対策は「～望ましい。」「～以下の例がある。」「～考えられる。」「～有効である。」と記載されている。

3　用語の定義・概念

本Ⅳにおける用語の定義および概念は以下のとおりである。

◇　特定システム：

　　金融情報システムのうち、重大な外部性を有するシステム（システム障害等が発生した場合の社会的な影響が大きく、個別の金融機関等では影響をコントロールできない可能性があるシステム）や、機微情報（要配慮個人情報を含む。）を有するシステム（機微情報（要配慮個人情報を含む。）の漏えい等により顧客に広範な損失を与える可能性があるシステム）をいう。

◇　通常システム：

　　特定システム以外の金融情報システムをいう。

　特定システムと通常システムについての基準と対策の適用関係は、図表Ⅳ-2のとおりである。

〔図表Ⅳ-2〕

	基礎基準		付加基準	
	必須対策	任意対策	必須対策	任意対策
特定システム	○	△	○	△
通常システム	○	△	△	△

※「○」は適用、「△」は選択的に適用を意味する。

◇ 顧客データ：

　金融機関等が取引等において収集、蓄積し、業務上利用する顧客に関する全ての情報をいう。

◇ 機微（センシティブ）情報：

　金融分野GL5条において定義される機微（センシティブ）情報をいう。

◇ データファイル：

　サーバ・パソコン・ストレージ等を含むコンピュータの磁気ディスク内のファイルおよびフロッピーディスク、光ディスク、磁気テープ、カートリッジ磁気テープ、DAT等の記憶媒体内のファイルをいう。

4　統制基準

「統制基準」は、ITガバナンスやITマネジメントを行う上で必要な管理体制の整備に関する基準項目から構成されており、「内部の統制」と「外部の統制」の2つの大項目に分類される。

(1) 内部の統制

「内部の統制」は、内部の統制を行う為に必要となる規程・体制の整備等に関する大項目であり、4つの中項目からなる（図表Ⅳ-3）。

〔図表Ⅳ-3〕

① 方針・計画	システムの安全対策を適切に実施するために必要となる基本方針の整備および必要な経営資源を考慮した中長期システム計画の策定に関する基準項目

② 組織体制	システムの安全対策を適切に実施するために必要な組織体制の整備（責任者の選任、管理体制の整備、各種規則の整備等）に関する基準項目
③ 管理状況の評価	セキュリティ関連の規程に定められた事項について、その遵守状況の確認および評価に関する基準項目
④ 人材（要員・教育）	システムの開発・運用等に携わる要員の人事管理および健康管理ならびに要員に対し実施するセキュリティ教育および訓練に関する基準項目

　図表Ⅳ-3の②に関しては、セキュリティ管理体制（統4）、サイバー攻撃対応態勢（統5）、システム管理体制（統6）、データ管理体制（統7）、およびネットワーク管理体制（統8）の5つの体制（態勢）を整備することが必要とされている。

(2) 外部の統制

　「外部の統制」は、外部の統制を行う為に実施すべき外部委託管理等に関する大項目であり、5つの中項目からなる（図表Ⅳ-4）。

〔図表Ⅳ-4〕

① 外部委託管理	外部委託管理を適切に行う為に必要な、利用検討時、契約時、運用時における対策、管理体制の整備に関する基準項目
② クラウドサービスの利用	クラウドサービス固有のリスクを踏まえ、金融機関等が実施すべき対策および考慮すべき事項に関する基準項目
③ 共同センター	勘定系システムで共同センターを利用する場合における、緊急事態の発生に備えた安全対策に関する基準項目
④ 金融機関相互のシステム・ネットワークのサービス	金融機関相互のシステム・ネットワークのサービスを利用する場合において実施すべき対策および考慮すべき事項に関する基準項目

⑤ FinTech 企業等との連携	FinTech 企業等がダイレクトチャネルを通じて、金融機関等の顧客に対し、金融機関等の口座と連携した決済サービスを提供する場合において実施すべき対策および考慮すべき事項に関する基準項目

　図表Ⅳ-4の①に関しては、事前に目的、範囲等を明確にするとともに、外部委託先選定の手続を明確にすること（統20）、外部委託先と安全対策に関する項目を盛り込んだ契約を締結すること（統21）、外部委託先の要員にルールを遵守させ、その遵守状況を確認すること（統22）、および外部委託における管理体制を整備し、委託業務の遂行状況を確認すること（統23）の4つの基準に対応することが求められる。

　また、図表Ⅳ-4の②に関しては、クラウドサービス固有のリスクを考慮した安全対策を講じることが求められており（統24）、特定システムにおいてクラウドサービスを利用する場合は、以下が必須対策とされている（なお、通常システムの場合、利用するサービスの内容およびリスク特性等に応じて、これらの対策を実施することが求められる。）。

- クラウド事業者の選定時やサービス利用期間において、適用される国内外の法令や評価制度等に留意すること
- 統制対象クラウド拠点（データに対する実効的なアクセスを行う拠点）やデータを保管する国または地域を把握すること
- 統制対象クラウド拠点やデータ保管場所が、実質的な統制が可能となる国または地域に所在していることを確保すること
- クラウド事業者と交わす契約書等において、統制対象クラウド拠点に対して必要となる権利（監査権等）を明記すること
- 定期的に監査を実施すること
- クラウド事業者に対する監査およびモニタリングを実効的に実施するため、クラウド事業者において採用されている技術など専門知識を有する人材を配置すること
- クラウド上に保管したデータの漏えい防止の観点から、クラウド事業者に対し、クラウドサービスのアクセス権限設定に関する仕様変更

が事前に通知されることを確認すること

5　実務基準

「実務基準」は、金融情報システムの信頼性・安全性の向上を図るために必要となる、情報セキュリティ、システム運用等に関する基準項目から構成されており、「情報セキュリティ」、「システム運用共通」、「運行管理」、「各種設備管理」、「システムの利用」、「緊急時の対応」、「システム開発・変更」、「システムの信頼性向上対策」、および「個別業務・サービス等」の9つの大項目に分類されている。

(1)　情報セキュリティ

「情報セキュリティ」は、顧客データ漏えい、改ざんやシステムの不正使用の防止等に関する大項目であり、6つの中項目からなる（図表IV-5）。

また、各中項目における基準項目（小項目）と、基礎基準／付加基準の別は、図表IV-6のとおりである。

〔図表IV-5〕

① データ保護	データの漏えい、破壊、改ざんの防止および暗号鍵の適切な管理等、データ保護に関する基準項目
② 不正使用防止	不正取引、データやソフトウェアの改ざん等の防止、アクセス権限の確認、利用範囲の制限等、システムの不正使用防止に関する基準項目
③ 外部ネットワークからの不正アクセス防止	ネットワークを介した外部からの不正アクセスの防止等、外部からのアクセスにおいて実施すべき対策に関する基準項目
④ 不正検知策	不正アクセスを早期に発見するための監視機能や、異例取引・不正取引の監視・検知等に関する基準項目
⑤ 不正発生時の対応策	不正アクセス、不正使用を検知した際、被害の範囲を調査・特定し、被害の拡大を防止するとともに、システムの復旧を行うために実施すべき対策に関する基準項目

| ⑥ 不正プログラム対策 | システムの安全性確保を目的に、不正プログラム等のシステムへの侵入または組込みを防止するための対策に関する基準項目 |

〔図表IV-6〕

中項目	基準項目（小項目）	
	基礎基準	付加基準
① データ保護	・他人に暗証番号・パスワードを知られないための対策を講ずる（実1） ・ファイルに対するアクセス制御機能を設ける（実5） ・不良データ検出機能を充実する（実6）	・相手端末確認機能を設ける（実2） ・蓄積データの漏えい防止策を講ずる（実3） ・伝送データの漏えい防止策を講ずる（実4） ・伝送データの改ざん防止策を講ずる（実7）
② 不正使用防止	・本人確認機能を設ける（実8） ・IDの不正使用防止機能を設ける（実9） ・アクセス履歴を管理する（実10） ・取引制限機能を設ける（実11）	・事故時の取引禁止機能を設ける（実12） ・電子化された暗号鍵を蓄積する機器、媒体、またはそこに含まれるソフトウェアには、暗号鍵の保護機能を設ける（実13）
③ 外部ネットワークからの不正アクセス防止	・外部ネットワークからの不正侵入防止策を講ずる（実14） ・外部ネットワークからアクセス可能な接続機器は必要最小限にする（実15）	なし
④ 不正検知策	・不正アクセスの監視機能を設ける（実16）	・異常な取引状況を把握するための機能を設ける（実17） ・異例取引の監視機能を設ける（実18）

⑤ 不正発生時の対応策	・不正アクセスの発生に備えて、対応策、復旧策を講じておく（実19）	なし
⑥ 不正プログラム対策	・コンピュータウイルス等の不正プログラムへの防御対策を講ずる（実20） ・コンピュータウイルス等の不正プログラムの検知対策を講ずる（実21） ・コンピュータウイルス等の不正プログラムによる被害時対策を講ずる（実22）	なし

(2) システム運用共通

「システム運用共通」は、システムの運用部門（主に委託先）および利用部門（金融機関等）が、共通して実施すべき大項目であり、6つの中項目からなる（図表Ⅳ-7）。

なお、「③データ管理」に関しては、データファイルの授受・管理方法を明確にすること（実28）、データファイルの修正管理方法を明確にすること（実29）、および暗号鍵の利用において運用管理方法を明確にすること（実30）の3項目が基礎基準とされている。

〔図表Ⅳ-7〕

① マニュアルの整備	システムを正確かつ安全に運用するための通常時および障害・災害時における各種運用手順等のマニュアルの整備に関する基準項目
② アクセス権限の管理	システムを構成する機器、データ等の各種資源に対する破壊および不正使用を防止するためのアクセス権限の設定等に関する基準項目
③ データ管理	データファイルの不正使用、改ざん、紛失等を防止するために実施すべきデータファイルの授受・保管における管理手順および暗号鍵の管理手順等に関する基準項目

④ オペレーション習熟	システムや端末の誤操作による事故を防止するために実施すべき、コンピュータセンター等におけるシステムのオペレーションおよび営業店等における端末操作に関する教育・訓練に関する基準項目
⑤ コンピュータウイルス対策	コンピュータウイルス等の不正プログラムによる情報漏えい、プログラムの改ざん、破壊等を防止するために実施すべき、不正プログラムの侵入防止策および、侵入した場合の検知策に関する基準項目
⑥ 外部接続管理	不正アクセス、データ漏えい等の防止を目的とした、接続先の正当性の確認および外部接続管理等に関する基準項目

(3) 運行管理

「運行管理」は、システムの運用部門(主に委託先)が、日々のシステム運行にあたり実施すべき大項目であり、6つの中項目からなる(図表Ⅳ-8)。

なお、「②データファイル管理」に関しては、データファイルのバックアップを確保すること(実39)が基礎基準とされている。

〔図表Ⅳ-8〕

① オペレーション管理	システムの運用を安全・円滑に行うために必要となるオペレーション管理(作業依頼、承認、実行、記録、結果確認等)に関する基準項目
② データファイル管理	障害・災害、サイバー攻撃等による破壊・改ざんに備えて実施すべき、データファイルのバックアップ等に関する基準項目
③ プログラムファイル管理	プログラムファイルの適切な管理および障害・災害等の発生に備えたプログラムのバックアップ等に関する基準項目
④ ネットワーク情報管理	ネットワーク設定情報の不正な改ざんを防止するために実施すべき、ネットワーク設定情報の管理、障害・災害等の発生に備えたバックアップの確保に関する基準項目

⑤ 運用時ドキュメント管理	不正使用、紛失等を防止するために実施すべき、ドキュメントの管理、障害・災害等の発生に備えたバックアップの確保に関する基準項目
⑥ 運行監視	異常状態の早期発見のために実施すべき、システムの運行監視に関する基準項目

(4) 各種設備管理

「各種設備管理」は、システムの運用部門(主に委託先)が、コンピュータ機器やコンピュータ関連設備の管理を行うために実施すべき大項目であり、5つの中項目からなる(図表Ⅳ-9)。

〔図表Ⅳ-9〕

① 資源管理	システムの障害、処理能力の低下を回避するために実施すべき、各種資源の容量・能力等の把握に関する基準項目
② 機器の管理	ハードウェア・ソフトウェア等の障害および不正使用・破壊・盗難等の防止など、システムの信頼性向上のために実施すべき、コンピュータ本体および周辺機器の障害発生の抑制に関する基準項目
③ コンピュータ関連設備の保守管理	コンピュータシステムを円滑に運用するために実施すべき、電源、空調、給排水、防災、防犯、監視、回線関連等の設備の管理および各種設備の容量・性能および使用状況の把握に関する基準項目
④ 入退館(室)管理	不法侵入、危険物持込み、不法持出し等を防止するために実施すべき、コンピュータセンターやコンピュータ室等の重要な室における入退室管理および入室者の作業管理に関する基準項目
⑤ 監視	異常状態の早期発見のために実施すべき、システムの稼働に必要な各種設備の稼働状況の監視等に関する基準項目

(5) システムの利用

「システムの利用」は、利用部門(金融機関等)が、システムの適切な利

用および顧客データを保護するために実施すべき大項目であり、4つの中項目からなる（図表IV-10）。

〔図表IV-10〕

① 取引の管理	端末機操作による不正、不当取引を防止するために実施すべき、取引の操作内容の記録・検証および顧客からの届出の受付体制の整備に関する基準項目
② 入出力管理	データの完全性を確保するために必要となるデータの入力管理ルールの作成、出力情報の不正使用の防止および顧客データを保護するために必要となる出力情報の管理ルールの作成に関する基準項目
③ 帳票管理	帳票の不正使用および漏えいを防止するために実施すべき、帳票の管理および廃棄手続に関する基準項目
④ 顧客データ保護	顧客データを保護するために実施すべき、管理手順の策定および管理体制の整備等に関する基準項目

「④顧客データ保護」に関しては、顧客データの取扱いに関して、管理責任者、管理方法および取扱い方法を定め適正に管理することが求められるほか、機微（センシティブ）情報の取扱いに関して、以下の対策を講じることが求められている（実69）。

- 「取得・入力」「利用・加工」「保管・保存」「移送・送信」「消去・廃棄」「漏えい等事案への対応」の各管理段階において、安全管理措置等実務指針の1－2および（別添1）に掲げる措置を実施する
- 機微（センシティブ）情報の「取得・入力」「利用・加工」「移送・送信」は、金融分野GL5条1項各号に定められる場合に限定する
- 各管理段階において取扱者、アクセス権限の設定は必要最小限に限定するとともに、「利用・加工」「保管・保存」「移送・送信」の各段階においてはそれを担保するアクセス制御を実施する
- 「取得・入力」および「利用・加工」の段階に当たっては、本人同意が必要である場合には、機微（センシティブ）情報の利用目的および利用範囲について本人に明示し、同意を得る

(6) 緊急時の対応

「緊急時の対応」は、システムの管理部門、運用部門および利用部門において、緊急事態の発生に備え実施すべき大項目であり、3つの中項目からなる（図表IV-11）。

〔図表IV-11〕

① 障害時・災害時対応策	システムの障害や災害時に顧客、本部・営業店等への影響を最小限にとどめ、かつ、早期復旧を図るために実施すべき、障害・災害時対応策に関する基準項目
② コンティンジェンシープランの策定	障害・災害が発生した際に必要となる、コンティンジェンシープランの策定に関する基準項目
③ バックアップサイト	コンピュータセンターが災害等により機能しなくなった場合に備えた、バックアップサイトの設置に関する基準項目

(7) システム開発・変更

「システム開発・変更」は、システム開発部門が、システムの安全性を確保するために実施すべき大項目であり、4つの中項目からなる（図表IV-12）。

〔図表IV-12〕

① システム開発・変更管理	システム開発・変更における内容の正当性と本番システムの安全性を確保するために実施すべき、システム開発・変更手順およびテスト環境の整備に関する基準項目
② 開発・変更時ドキュメント管理	システム開発・変更作業を円滑に行うとともに、改ざん、不正使用を防止するために実施すべき、システム開発・変更に係わるドキュメントの管理に関する基準項目

③ パッケージの導入	パッケージを導入する場合に実施すべき、パッケージの信頼性・生産性・既存システムとの親和性等の評価およびパッケージの運用・管理体制の整備に関する基準項目
④ システムの廃棄	システムの廃棄時における情報漏えいの防止および不正防止等のために実施すべき、廃棄計画の作成および廃棄手順に関する基準項目

(8) システムの信頼性向上対策

「システムの信頼性向上対策」は、システムの安定運用および品質向上など、システムの信頼性向上のために実施すべき大項目であり、4つの中項目からなる(図表Ⅳ-13)。

〔図表Ⅳ-13〕

① ハードウェアの予備	コンピュータシステムの信頼性を向上させるために実施すべき、ハードウェア構成の冗長化等に関する基準項目
② ソフトウェア等の品質向上対策	システムの信頼性向上のために実施すべき、設計工程や製造工程、本番適用段階におけるソフトウェアの品質向上に関する対策およびパッケージ等の利用にあたり検討すべき事項に関する基準項目
③ 運用時の信頼性向上対策	システムの運用時における信頼性向上を図るために実施する、オペレーションの自動化・簡略化およびシステムの処理結果の妥当性・正当性のチェック機能等の充実に関する基準項目
④ 障害の早期発見・回復機能	障害が発生した際に、障害状況を検知・把握し、その影響を最小限に抑え、速やかに回復するための機能および管理方法に関する基準項目

(9) 個別業務・サービス等

「個別業務・サービス等」では、以下の個別業務・サービス等について、それぞれ実施すべき基準項目(小項目)が設定されている。

① カード取引サービス

② インターネット・モバイルサービス
③ 渉外端末の管理
④ ATM コーナーの管理
⑤ デビットカード・サービス
⑥ 前払式支払手段
⑦ 電子メール・インターネットの利用
⑧ 生体認証
⑨ QR コード決済
⑩ テレワーク
⑪ 移動店舗車

6 設備基準

「設備基準」は、コンピュータシステムが収容される建物や設備を、自然災害、不正行為等から防護するための基準項目から構成されており、「データセンター」、「本部・営業店等」の2つの大項目について、図表Ⅳ-14に記載した中項目ごとに基準項目（小項目）が設けられている。

〔図表Ⅳ-14〕

大項目	中項目
① データセンター	・ 建物（環境、周囲、構造、開口部、内装など） ・ コンピュータ室・データ保管室（位置、開口部、構造・内装など、設備、コンピュータ機器、什器・備品） ・ 電源室・空調機械室 ・ 電源設備 ・ 空調設備 ・ 監視制御設備 ・ 回線関連設備
② 本部・営業店等	・ 建物（周囲、構造、開口部、内装など、設備、回線関連設備、電源設備、空調設備、ATM コーナー、端末機器） ・ サーバ設置場所（位置、構造・内装など、設備） ・ 店舗移動車

第3章 金　融

7　監査基準

「監査基準」は、統制、実務および設備に対する監査に関する基準項目であり、以下の対策を講じることが必要とされている（監1）。

- コンピュータ部門から独立した監査人がシステムの総合的な評価・検証を行い、経営層に監査結果を報告する。
- 外部委託先を含むコンピュータシステムの開発および運用を担当する部門のほか、個人データを取り扱う情報システムの利用および個人データへのアクセスの監視状況について、システム監査またはそれに準じた監査を行う
- 監査人として、コンピュータシステムに精通し、監査スキルを保有する人材を確保する
- 監査には外部の専門機関を活用することが望ましいが、機微（センシティブ）情報に該当する生体認証情報を取り扱う場合は、システム監査に外部の専門機関を活用する必要がある
- 監査での指摘事項については、システム監査部門と被監査部門の間で、事実確認および十分な意見交換を行い、問題があると認められた点について改善のための措置を講じ、改善策の実施状況について、定期的にフォローアップを行う
- 外部委託を行う場合には、委託する業務の遂行状況および、外部委託先の要員によるルールの遵守状況等について、評価・検証を行う。提出された情報のみで委託業務の適切性の評価・検証が十分にできない場合は、外部委託先のオフィスまたはデータセンターへの監査・モニタリング等により実地で確認する。
- 特定システムが再委託される場合は、再委託先に対しても金融機関等の責任において監査を行う
- クラウド事業者に対する評価・検証については、利用者側の責任範囲だけでなく、クラウド事業者の責任範囲についても実施する

第4章

ヘルスケア・医療

I　医療分野ガイダンス[1]

1　規制の対象となるケース

　医療・介護関係事業者が個人情報を取り扱う際に、医療分野ガイダンス（以下、本Iにおいて「本ガイダンス」という。）の規制を受ける。

　本ガイダンスが対象としている事業者の範囲は、医療機関または介護関係事業者であって、個人情報保護法第4章に規定する民間部門における規律の全部または一部の適用を受ける者（以下、本Iにおいて「医療・介護関係事業者」という。）である[2]。

　なお、本ガイダンスは、医療・介護関係事業者が保有する生存する個人に関する情報のうち、医療・介護関係の情報を対象とするものであり、医療・介護関係事業者が有する医師、歯科医師、薬剤師、看護師、介護職員、事務職員等の従業者の情報については、GL通則編および個人情報保護委員会と厚生労働省の連名で発出された「雇用管理分野における個人情報のうち健康情報を取り扱うに当たっての留意事項について」（平成29年5月29日個情第749号・基発0529第3号）を参照することとされる。

---

[1]　厚生労働省「医療・介護関係事業者における個人情報の適切な取扱いのためのガイダンス」（平成29年4月14日。令和5年3月29日最終改正）
[2]　医療機関等または介護関係事業者であって、民間部門における規律の適用を受けない者も、医療・介護分野における個人情報保護の精神は同一であることから、本ガイダンスに十分配慮することが望ましいとされる。

2　規制のポイント

　本ガイダンスは、医療分野における個人情報の性質や利用方法等に鑑み、また、介護分野においても介護関係事業者が多数の利用者や家族について他人が容易には知り得ないような個人情報を詳細に知り得る立場にあることに鑑み、医療・介護分野を特に適正な取扱いの厳格な実施を確保する必要がある分野として、医療・介護関係事業者において遵守すべき事項および遵守することが望ましい事項を具体的に示したものである。

　なお、患者・利用者が死亡した後においても、医療・介護関係事業者が当該患者・利用者の情報を保存している場合には、漏えい、滅失または毀損の防止のため、個人情報と同等の安全管理措置を講ずる必要がある。

　本ガイダンスを補完する「『医療・介護関係事業者における個人情報の適切な取扱いのためのガイダンス』に関するQ&A（事例集）」（平成29年5月30日。令和2年10月一部改正）が個人情報保護委員会と厚生労働省の連名で公表されているほか、規律の内容を理解する上では、パブリックコメントに対する厚生労働省の回答を参照することが有用である。

　医療・介護関係事業者は、個人情報の取扱いに当たっては、個人情報保護法、基本方針および本ガイダンスのほかに、個人情報保護または守秘義務に関する他の法令等の規定を遵守しなければならない。

　医療分野については、「診療情報の提供等に関する指針」（平成15年9月12日付け医政発第0912001号）が厚生労働省により定められており、インフォームド・コンセントの理念等を踏まえ、医療従事者等が診療情報を積極的に提供することにより患者等とのよりよい信頼関係を構築することを目的に、患者等からの求めにより個人情報である診療情報を開示する場合には、同指針に従う必要がある。

3　用語の定義・概念

　本Ⅰにおける用語の定義および概念は以下のとおりである。
◇　医療機関等：
　　病院、診療所、助産所、薬局、訪問看護ステーション等の患者に対し直接医療を提供する事業者。

◇　介護関係事業者：

　　介護保険法に規定する居宅サービス事業、介護予防サービス事業、地域密着型サービス事業、地域密着型介護予防サービス事業、居宅介護支援事業、介護予防支援事業および介護保険施設を経営する事業ならびに老人福祉法に規定する老人居宅生活支援事業および老人福祉施設を経営する事業その他高齢者福祉サービス事業を行う者。

4　医療・介護関係事業者の義務等

(1)　個人情報保護法上の各種定義についての留意点

(i)　個人情報

　個人情報保護法では、生存する個人に関する情報であり、同法2条1項各号に該当する、氏名、生年月日その他の記述等により特定の個人を識別することができるもの、また個人識別符号（個情法2条2項。後記(ii)参照。）が含まれるものを個人情報と定義している。

　診療録等に記載されている情報の中には、患者について客観的な検査をしたデータと医師等の判断や評価が含まれており、患者と医師等双方の個人情報という二面性を有している部分があることに留意が必要である。

　なお、死者に関する情報が、同時に遺族等の生存する個人に関する情報でもある場合には、当該生存する個人に関する個人情報となる。

　検査等の目的で、患者から血液等の検体を採取して得られる検査結果は個人情報に該当することになるから、あらかじめ患者の同意を得ないで、特定された利用目的の達成に必要な範囲を超えて取り扱ってはならない（個情法18条1項）が、本ガイダンスは、検体についても、その分析等により個人情報を取得し得ること等に鑑み、個人情報と同様の取扱いをすることが望ましいとしている。

(ii)　個人識別符号

　個人識別符号とは、特定の個人の身体の一部の特徴を電子計算機の用に供するために変換した文字、番号、記号その他の符号であって、当該特定の個人を識別することができるものとして政令で定めるものをいう（個情法2条2項）。医療・介護分野における個人識別符号の例としては、細胞から採取されたDNAを構成する塩基の配列、健康保険法に基づく保険者

番号や被保険者等記号・番号などがある。

　(iii)　要配慮個人情報

　個人情報保護法では、個人情報のうち、本人の人種、信条、社会的身分、病歴、犯罪歴、犯罪により害を被った事実その他本人に対する不当な差別、偏見その他の不利益が生じないようにその取扱いに特に配慮を要するものとして政令で定める記述等が含まれるものを要配慮個人情報と定義している（個情法2条3項）。

　医療機関等および介護関係事業者において想定される要配慮個人情報に該当する情報として、診療録等の診療記録や介護関係記録に記載された病歴、診療や調剤の過程で患者の身体状況・病状・治療等について医療従事者が知り得た診療情報や調剤情報、健康診断の結果および保健指導の内容、障害（身体障害、知的障害、精神障害等）の事実、犯罪により害を被った事実等が挙げられている。

(2)　医療・介護関係事業者における取組み

　(i)　本人の同意

　医療機関等については、当該医療機関等において、利用が通常必要と考えられる個人情報について施設内への掲示（院内掲示）により明らかにした上で、患者側から特段明確な反対・留保の意思表示がない場合には、院内掲示されている項目に該当する個人情報の利用について患者の同意が得られているものと考えられる。

　患者・利用者が、意識不明ではないものの、本人の意思を明確に確認できない場合については、意識の回復にあわせて、速やかに本人への説明を行い本人の同意を得るものと一般にされているようである（本ガイダンスⅣ2）。

　医療・介護関係事業者が患者・利用者から同意を取得する場合には、その理解力、判断力などに応じて、可能な限り患者・利用者本人に通知し、同意を得るよう努めることが重要である。

　医療・介護関係事業者が要配慮個人情報を書面または口頭等により患者・利用者本人から適正に直接取得する場合は、本人が当該情報を提供したことをもって、当該情報の取得について本人の同意があったものと解さ

れる（以下につき本ガイダンスⅣ2.(1)）。

　(ii)　家族等への病状説明

　個人情報保護法においては、個人データを第三者提供する場合には、あらかじめ患者・利用者本人の同意を得ることを原則としているが、医療・介護分野においては、病態によっては、治療等を進めるに当たり、患者・利用者本人だけでなくその家族等の同意を得る必要がある場合もある。家族等への病状説明については、患者・利用者への医療・介護の提供に通常必要なものであり、患者・利用者の個人情報の利用目的として院内掲示等されていることで第三者提供に関する黙示の合意が取得されているものと考えられるが、本人以外の者に病状説明を行う場合は、本人に対し、あらかじめ病状説明を行う家族等の対象者を確認し、同意を得ることが望ましい。この際、本人から申出がある場合には、治療の実施等に支障を生じない範囲内で、説明を行う対象に現実に本人の世話をしている親族等を加えたり、逆に説明を行う対象を家族の特定の人に限定したりすることが可能である。

　意識不明または判断能力に疑義のある患者・利用者の病状や重度の認知症の高齢者の状況を家族等に説明する場合は、治療等を行うにあたり必要な範囲で本人の同意を得ずに第三者へ提供でき、また、家族等から本人の過去の病歴、治療歴等の要配慮個人情報を取得できる（個情法27条1項2号、20条2項2号）。本人の意識が回復しまたは判断能力が回復した際には、速やかに、提供および取得した個人情報の内容とその相手について本人に説明するとともに、本人からの申出があった場合、取得した個人情報の内容の訂正等、病状の説明を行う家族等の対象者の変更等を行う（本ガイダンスⅣ2.(2)）。

(3)　利用目的の特定等

　(i)　利用目的の特定および制限

　医療・介護関係事業者の通常の業務で想定される利用目的は、本ガイダンスの別表2に例示されている。医療・介護関係事業者は、これらを参考として、自らの業務に照らして通常必要とされるものを特定して（個情法17条）公表（院内掲示の方法等による。）しなければならない（本ガイダンス

Ⅳ 3 .(1))。

(ⅱ) 利用目的による制限の例外

個人情報保護法上、法令に基づく等の場合には、例外的に利用目的の達成に必要な範囲を超えて個人情報を取り扱うことができるところ（個情法18条3項）、本ガイダンスでは、特に法令（条例を含む。）に基づく場合（同項1号）について、通常の業務で想定される事例の具体例が別表3で列挙されている（本ガイダンスⅣ 3 .(2))。

(4) 利用目的の通知等

利用目的の公表方法としては、院内や事業所内等に掲示するとともに、可能な場合にはホームページへの掲載等の方法により、なるべく広く公表する必要がある（個情法21条）。患者・利用者本人から直接書面に記載された当該本人の個人情報を取得する場合（受付で患者に保険証を提出してもらう場合や問診票の記入を求める場合）は、あらかじめ、本人に対し、その利用目的を院内掲示等により明示しなければならない。

また、初診時や入院・入所時等における説明だけでは十分な理解ができない患者・利用者も想定されることから、患者・利用者が落ち着いた時期に改めて個人情報について説明を行うことや、診療計画書、療養生活の手引き、訪問介護計画等のサービス提供に係る計画等に個人情報に関する取扱いを記載することによる配慮が求められる。さらに、患者・利用者等の希望がある場合には、詳細の説明や当該内容を記載した書面の交付（電磁的方法による場合を含む。）を行う必要がある（以下、本ガイダンスⅣ 5 .）。

(5) 個人情報の適切な取得、個人データ内容の正確性の確保

診療等のために必要な過去の受診歴等については、真に必要な範囲について、本人から直接取得するほか、第三者提供について本人の同意を得た者から取得することを原則とし、診療上または適切な介護サービスの提供上やむを得ない場合は本人以外の家族等から取得することも許されるとされている。

また、親の同意なく、十分な判断能力を有していない子どもから家族の個人情報を取得することは認められないが、例外的に、当該子どもの診療

上、家族等の個人情報の取得が必要な場合で、当該家族等から個人情報を取得することが困難な場合はそのような取得方法も認められる。

　良質で適正な医療の提供を受け、また公的医療保険の扶助を受けるためには、医療機関等が患者の要配慮個人情報を含めた個人情報を取得することは必要不可欠であるから、医療機関等が要配慮個人情報を書面または口頭等により本人から適正に直接取得する場合（例えば、患者が医療機関の受付等で、問診票に患者自身の身体状況や病状などを記載し、保険証とともに受診を申し出る場合）は、当該医療機関等が当該情報を取得することについて本人の同意があったものと解されている。

　また、医療機関等が要配慮個人情報を第三者提供の方法により取得した場合、提供元が本人から要配慮個人情報の取得の同意（個情法20条2項）および第三者提供に関する同意（同法27条1項）を取得していることが前提となるため、提供を受けた当該医療機関等が、改めて本人から取得の同意を得る必要はないものと解されている。

　なお、本ガイダンスは、本人の同意を得ずに要配慮個人情報を取得できる例外的な場合（個情法20条2項各号）について、その例を列挙している（以下、本ガイダンスⅣ6.）。

　また、本ガイダンスは、医療・介護関係事業者について、個人データの内容の正確性、最新性を確保する（個情法22条）ため、個人情報保護の推進を図るために安全管理措置の一環として設置される委員会等において、具体的なルールの策定や技術水準向上のための研究の開催を行うことが望ましいとされている。

(6)　安全管理措置、従業者の監督および委託先の監督

(i)　安全管理措置

　個人情報保護法は、個人情報取扱事業者に対して、その取り扱う個人データ（個人情報取扱事業者が取得し、または取得しようとしている個人情報であって、個人データとして取り扱うことを予定しているものを含む。以下(6)において同じ。）の漏えい、滅失または毀損（以下「漏えい等」という。）の防止その他の個人データの安全管理のために必要かつ適切な措置を講じることを義務付けている（個情法23条）。

本ガイダンスは、医療・介護関係事業者が行うべき安全管理措置の取組みについて例示している。医療・介護関係事業者、それらを参考に、その取り扱う個人データの漏えい等の防止その他の個人データの安全管理のため、組織的、人的、物理的および技術的安全管理措置等を講じなければならない。また、外国において個人データを取り扱う場合には、外的環境の把握を行った上で、これらの安全管理措置を講じなければならない（本ガイダンスⅣ7．⑴①）。なお、個人情報取扱事業者が取得し、又は取得しようとしている個人情報であって、当該個人情報取扱事業者が個人データとして取り扱うことを予定しているものも安全管理措置の対象となる。

　⒤⒤　従業者の監督

　個人情報保護法は、個人情報取扱事業者に対して、その従業者に個人データを取り扱わせるに当たっては、安全管理措置を遵守させるよう必要かつ適切な監督を従業者に対して行うことを義務付けている（個情法24条）。

　医療・介護関係事業者について、「従業者」とは、医療資格者のみならず、当該事業者の指揮命令を受けて業務に従事する者全てを含むものであり、また、雇用関係のある者のみならず、理事、派遣労働者等も含む。

　また、医療法15条は、病院等の管理者に対して、その病院等に勤務する医師等の従業者の監督義務を課しており、薬局や介護関係事業者についても、薬機法や介護保険法に基づく人員、設備および運営に関する基準等に同等の規定があるなど、各個別法においても監督義務が規定されている（本ガイダンスⅣ7．⑴②）。

　⒤⒤⒤　委託先の監督

　個人情報保護法は、個人情報取扱事業者に対して、個人データの取扱いの全部または一部を委託する場合には、その取扱いを委託された個人データの安全管理が図られるよう、委託を受けた者に対する必要かつ適切な監督を行うことを義務付けており、医療・介護関係事業者もかかる義務を負っている。

　そのほか、委託する業務に応じ、関連する通知等を遵守する必要がある。本ガイダンスにおいて、例えば、「医療法の一部を改正する法律の一部の施行について」（平成5年2月15日健政発第98号）の「第3　業務委託に関する事項」および、「病院、診療所等の業務委託について」（平成5年2

月15日指第14号）が挙げられている（本ガイダンスⅣ7.(3)①）。
(ⅳ) 医療情報システムの導入およびそれに伴う情報の外部保存を行う場合の取扱い

　医療機関等および医療情報を取り扱う介護関係事業者において、医療情報システムを導入したり、診療情報の外部保存を行う場合には、厚生労働省において策定している「医療情報システムの安全管理に関するガイドライン」によることとし、各医療機関等において運営および委託等の取扱いについて安全性が確保されるよう規程を定め、実施しなければならない（本ガイダンスⅣ7.(4)）。

(ⅴ) その他

　受付での呼出や、病室における患者の名札の掲示等について、医療におけるプライバシー保護の重要性に鑑み、患者の希望に応じて一定の配慮をすることが望ましいとされている。

(7) 漏えい等の報告等

　個人情報保護法26条の定める取扱い個人データの漏えい等の報告等につき、本ガイダンスは、詳細はGL通則編を参照することとしている。第1章Ⅷを参照されたい（本ガイダンスⅣ8.）。

(8) 個人情報の第三者提供

(ⅰ) 個人情報の第三者提供

　第1章Ⅷで述べたとおり、医療・介護関係事業者は、あらかじめ本人の同意を得ないで、個人データを第三者に提供してはならない（個情法27条）。
　本ガイダンスは、第三者提供の例外や「第三者」に当たらない場合について、以下のように例を列挙している（本ガイダンスⅣ9.(1)）。

(ⅱ) 本人の同意が得られていると考えられる場合

　本人の同意が得られていると考えられる場合として、患者への医療の提供のために通常必要な範囲の利用目的について、院内掲示等で公表しておくことによりあらかじめ黙示の同意を得ている場合を挙げており、①患者への医療の提供のため、他の医療機関等との連携を図ること、②患者への医療の提供のため、外部の医師等の意見・助言を求めること、③患者への

医療の提供のため、他の医療機関等からの照会があった場合にこれに応じること、④患者への医療の提供に際して、家族等への病状の説明を行うこと等が利用目的として特定されている場合は、これらについても患者の同意があったものと考えられる。

　もっとも、院内掲示等での公表により本人の同意が得られていると考えられる場合であっても、黙示の同意があったと考えられる範囲は、患者のための医療サービスの提供に必要な利用の範囲であり各医療機関等が示した利用目的に限られるものとされている。また、院内掲示においては、以下の事項をあわせて掲示しなければならない。

　ⓐ　患者は、医療機関等が示す利用目的の中で同意しがたいものがある場合には、その事項について、あらかじめ本人の明確な同意を得るよう医療機関等に求めることができること
　ⓑ　患者が、ⓐの意思表示を行わない場合は、公表された利用目的について患者の同意が得られたものとすること
　ⓒ　同意および留保は、その後、患者からの申出により、いつでも変更することが可能であること

　事業者または保険者が行う健康診断等を受託した場合、その結果である労働者等の個人データを委託元である当該事業者または保険者に対して提供することについて、本人の同意が得られていると考えられる。

　なお、介護関係事業者については、介護保険法に基づく指定基準において、サービス担当者会議等で利用者の個人情報を用いる場合には利用者の同意を、利用者の家族の個人情報を用いる場合には家族の同意を、あらかじめ文書により得ておかなければならないとされていることを踏まえ、事業所内への掲示によるのではなく、サービス利用開始時に適切に利用者から文書により同意を得ておくことが必要である（本ガイダンスⅣ9.(3)）。

　　(ⅲ)　その他留意事項
　他の事業者への情報提供する場合（第三者提供を行う場合、第三者提供の例外に該当する場合、「第三者」に当たらない場合および匿名加工情報に加工して情報提供する場合など）には、本来必要とされる情報の範囲に限って提供すべきであり、情報提供する上で必要とされていない事項についてまで他の事業者に提供することがないようにすべきである。

また、第三者提供に該当しない情報提供が行われる場合であっても、院内や事業所内等への掲示、ホームページ等により情報提供先をできるだけ明らかにするとともに、患者・利用者等からの問合せがあった場合に回答できる体制を確保しなければならない（本ガイダンスⅣ9.(5)）。

⑼ 外国にある第三者への提供の制限

個人情報保護法28条の定める、外国にある第三者への情報提供の制限について、詳細はGL外国第三者編を参照することとされている。第1章Ⅷを参照されたい（本ガイダンスⅣ10.）。

⑽ 第三者提供時の確認・記録の作成等

個人情報保護法29条の定める第三者提供に係る記録の作成等および同法30条の定める第三者提供を受ける際の確認等について、詳細はGL確認記録編を参照することとされている。第1章Ⅷを参照されたい（本ガイダンスⅣ11.、12.）。

⑾ 保有個人データに関する事項の公表等

個人情報保護法32条の定める保有個人データに関する事項の公表等について、基本的な内容は第1章Ⅷで述べたとおりである（本ガイダンスⅣ13.）。

加えて、医療・介護関係事業者は、保有個人データについて、その利用目的、開示、訂正、利用停止等の手続の方法および利用目的の通知または開示に係る手数料の額、苦情の申出先等について、少なくとも院内や事業者内等への掲示、さらにホームページ等によりできるだけ明らかにするとともに、患者・利用者等からの要望により書面を交付したり、問合せがあった場合に具体的内容について回答できる体制を確保しなければならない。

⑿ 本人からの請求による保有個人データ等の開示等

個人情報保護法33条から39条の定める、本人からの請求による保有個人データ等の開示、訂正、利用停止等に関する要件・手続および同法40条の

定める個人情報の取扱いに関する苦情処理について、基本的な内容は、第1章Ⅷで述べたとおりである。医療・介護関係事業者は、保有個人データ等の全部または一部について開示、訂正等または利用停止等をしない旨決定した場合、本人に対するその理由の説明に当たっては、基本的に文書により示すこととされており、さらに苦情への対応を行う体制についても併せて説明することが望ましい。

法定代理人等の開示の請求を行い得る者（個情法37条3項、個情法施行令13条）から開示、訂正等または利用停止等の請求があった場合、原則として保有個人データ等の開示を行う旨の説明を患者・利用者本人に対し行った後、法定代理人等に対して開示を行うことが求められている。また、代理人等からの請求等については、①本人による具体的意思を把握できない包括的な委任に基づく請求、②開示等の請求が行われる相当以前に行われた委任に基づく請求が行われた場合には、本人への説明に際し、開示の請求等を行った者および開示する保有個人データ等の内容について十分説明し、本人の意思を確認するとともに代理人の請求の適正性、開示の範囲等について本人の意思を踏まえた対応を行わなければならない。

　(ⅰ)　保有個人データ等の開示

診療録の情報の中には、患者の保有個人データであって、当該診療録を作成した医師の保有個人データでもあるという二面性を持つ部分が含まれるものの、患者本人から開示の請求がある場合に、個情法33条2項各号のいずれかに該当しないにもかかわらず、その二面性があることを理由に全部または一部を開示しないことはできない（本ガイダンスⅣ14.）。

　(ⅱ)　訂正および利用停止等

保有個人データの訂正等を行うに当たっては、訂正した者、内容、日時等が分かるように行わなければならない。また、保有個人データの字句などを不当に変える改ざんは行ってはならない（本ガイダンスⅣ15.）。

　(ⅲ)　開示等の請求等に応じる手続きおよび手数料

医療・介護関係事業者は、本人からの開示等の請求等に関して、その対象となる保有個人データ等を特定するに足りる事項の提示を求めることができるが、この場合には、本人が容易かつ的確に開示等の請求等をすることができるよう、当該保有個人データ等の特定に資する情報の提供その他

本人の利便を考慮した措置をとらなければならない（本ガイダンスⅣ16.）。

　　(ⅳ)　理由の説明、事前の請求、苦情の対応
　医療・介護関係事業者は、患者・利用者等からの苦情対応にあたり、専用の窓口の設置や主治医等の担当スタッフ以外の職員による相談体制を確保するなど、患者・利用者等が相談を行いやすい環境の整備に努めなければならない。また、当該施設における患者・利用者等からの苦情への対応を行う体制等について院内や事業所内等への掲示やホームページへの掲載等を行うことで患者・利用者等に対して周知を図るとともに、地方公共団体、地域の医師会や国民健康保険団体連合会等が開設する医療や介護に関する相談窓口等についても患者・利用者等に対して周知することが望ましい（本ガイダンスⅣ17.）。

5　その他

(1)　遺族への診療情報の提供の取扱い

　患者・利用者が死亡した際の遺族に対する診療情報の提供については、上記2で述べた「診療情報の提供等に関する指針」の「9　遺族に対する診療情報の提供」において定められている取扱いに従って、医療・介護関係事業者は、遺族に対して診療情報・介護関係の記録の提供を行わなければならない。

(2)　個人情報が研究に活用される場合の取扱い

　個人情報保護法は、利用目的による制限（個情法18条3項5号）、要配慮個人情報の取得制限（同法20条2項6号）、個人データの第三者提供の制限（同法27条1項6号）等の一部の規定については、学術研究目的で個人情報を取り扱う一定の場合に関し、個人の権利利益を不当に侵害するおそれがある場合を除き、例外規定を置いている。

　もっとも、これらの例外規定が適用される場合においても、学術研究機関等は、個人情報保護法59条により、自主的に個人情報の適正な取扱いを確保するための措置を講ずることが求められており、これに当たっては、医学研究分野の関連指針（厚生労働省「遺伝子治療等臨床研究に関する指針」（平成27年8月12日）、文部科学省＝厚生労働省＝経済産業省「人を対象とする

(3) 遺伝情報を診療に活用する場合の取扱い

　遺伝学的検査等により得られた遺伝情報については、漏えいした場合に本人および血縁者が被る被害および苦痛は大きなものとなるおそれがあることから、UNESCO国際宣言等や医学研究分野の関連指針および関係団体等が定める指針を参考として、その取扱いに特に留意する必要がある。

(4) 「匿名化」の廃止

　2022年4月1日に令和2年改正個人情報保護法が施行されるまで、医療分野ガイダンスには「個人情報の匿名化」という概念が存在した。これは、「当該個人情報から、当該情報に含まれる氏名、生年月日、住所、個人識別符号等、個人を識別する情報を取り除くことで、特定の個人を識別できないようにすること」を指していたが、個人情報保護法における容易照合性の観点から、個人情報に当たらないといえる場面は限られているのではないかとの疑問があった。そこで、令和2年改正で仮名加工情報が設けられたことに伴い、本ガイダンス中の「個人情報の匿名化」という概念は廃止され、仮名加工情報に「一本化」されることになった。

　このことが、医療分野の事業者において必ずしも浸透していないように思われる。「匿名化」という言葉が誤用されている実態があるので、注意が必要である。

Ⅱ 経済産業分野のうち個人遺伝情報を用いた事業分野における個人情報保護ガイドライン[1]

1 ガイドラインの対象となるケース

　本ガイドラインは、経済産業省が所管する分野のうち個人遺伝情報を用いた事業分野における個人情報の適正な取扱いやサービスの質の確保等、適正な事業の実施のために事業者が遵守すべき事項を定めるものであり、「個人遺伝情報取扱事業者」が「個人遺伝情報」を、「遺伝情報取扱事業者」が「遺伝情報」（いずれの用語についても後述する。）を取り扱う場合に適用される。ただし、対象となる事業者の従業者の個人情報については適用対象外とされている。

　「個人遺伝情報を用いた事業」とは、個人遺伝情報に係る検査、解析、鑑定等を行う事業のことであり、具体例として、塩基配列・一塩基多型、体質検査等の遺伝子検査、親子鑑定等のDNA鑑定、遺伝子受託解析等が挙げられている。事業の類型としては、個人からの依頼を受けて自ら個人遺伝情報を取得する場合と、医療機関や他の事業者からの受託により検査、解析、鑑定等のみを行う場合があるが、これらについて他のガイドラインや指針の適用がある場合の本ガイドラインの適用範囲については図表Ⅱ-1のとおり整理されている。

　なお、衛生検査所が行う業務は、厚生労働省が所管する分野として、本ガイドラインの適用対象外となる（本ガイドラインⅠ）。

---

[1] 個人情報保護委員会＝経済産業省「経済産業分野のうち個人遺伝情報を用いた事業分野における個人情報保護ガイドライン」（平成29年3月29日。令和6年3月1日最新改正。以下、本Ⅱにおいて「本ガイドライン」という。）

〔図表Ⅱ-1〕

① 個人から直接試料を取得する場合（体質検査、DNA鑑定等）
ⓐ 医療機関等が遺伝学的検査を行う場合：「医療・介護関係事業者における個人情報の適切な取扱いのためのガイダンス」が適用される ⓑ 研究において実施される個人遺伝情報解析：倫理指針が適用される ⓒ 医薬品、医療機器等の品質、有効性および安全性の確保等に関する法律に基づき実施される医薬品、医療機器等の臨床試験ならびに製造販売後の調査および試験：同法および「医薬品の臨床試験の実施の基準に関する省令」、「医薬品の製造販売後の調査及び試験の実施の基準に関する省令」等が適用される ⓓ 上記ⓐ～ⓒに該当しない検査、解析、鑑定等：原則として本ガイドラインが適用される
② 医療機関等からの受託により試料を取得し、検査、解析、鑑定等を行う場合
ⓐ 原則：本ガイドラインが適用される ⓑ 検査会社または解析会社が研究機関等との共同研究の一端を担う場合：倫理指針が適用される

2　本ガイドラインのポイント

　上記1のとおり、本ガイドラインは、個人遺伝情報を用いた事業分野の事業者が遵守すべき事項を定めるものであるが、本ガイドラインに特に定めのない部分については、個人情報保護法に関する各ガイドラインが適用される（本ガイドラインⅠ）。

　本ガイドラインにおいて「しなければならない。」と記載されている規定を事業者が遵守しなかった場合は、個人情報保護法違反と判断される可能性がある。もっとも、具体的には、特定個人遺伝情報取扱事業者による個人遺伝情報の利用目的の特定についてのみ「しなければならない。」との記載が採用されている。

　他方、「こととする。」と記載されている規定については、これを遵守しなかったとしても個人情報保護法違反と判断されることはないが、社会的責務としてできる限り取り組むよう努めなければならないとされている。ただし、この場合も、公益上必要な活動や正当な事業活動等までも制限す

る趣旨ではないとされている。本ガイドラインの要求事項のほとんどについて「こととする」との記載が採用されている。

　なお、本分野における認定個人情報保護団体、個人遺伝情報取扱事業者、遺伝情報取扱事業者においては、本ガイドライン等を踏まえ、各事業の実態等に応じて個人情報の適正な取扱いを確保するためのさらなる措置を自主的なルールとして定めることとすると規定されている。かかる規定を踏まえた、自主的なルールとして、一般社団法人遺伝情報取扱協会が策定した「個人遺伝情報を取扱う企業が遵守すべき自主基準（個人遺伝情報取扱事業者自主基準）」（平成20年３月。令和５年１月最新改正）が存在する。対象となる事業者は、当該自主基準を遵守することが望ましい。

　また、DNA鑑定等の法医学的背景に基づく事業については、その特殊性に鑑みて、関係学会等が定める独自のガイドラインにも従うこととすると規定されている（本ガイドラインⅠ）。

　このほか、本ガイドラインは、個人遺伝情報取扱事業者がその義務等を適切かつ有効に履行するために遵守することが望ましいガイドラインを列挙している（本ガイドラインⅨ）。

3　用語の定義・概念

　本Ⅱにおける用語の定義および概念は以下のとおりである。

◇　遺伝情報：
　　試料を用いて実施される事業の過程を通じて得られ、または既に当該試料に付随している個人に関する情報で、個人の遺伝的特徴やそれに基づく体質を示す情報であって、個人情報に該当しないものをいう。

◇　遺伝情報取扱事業者：
　　遺伝情報のみを用いた事業を行う事業者（業務の一部としてこれを行う事業者を含む。）をいう。
　　　例：個人情報でない仮名加工情報または匿名加工情報のみを受託し、解析等を行う事業者

◇　インフォームド・コンセント：
　　本人が、事前に個人遺伝情報取扱事業者から個人遺伝情報を用いた事業に関する十分な説明を受け、その事業の意義、目的、方法、予測され

る結果、不利益および精度を理解し、自由意思に基づいて、個人遺伝情報または試料の取扱いに関して文書または電磁的方法により同意を与えることをいう。

◇ 個人遺伝情報：

個人情報のうち、試料を用いて実施される事業の過程を通じて得られ、または既に当該試料に付随している情報で、個人の遺伝的特徴やそれに基づく体質を示す情報を含むものをいう。

◇ 個人遺伝情報取扱事業者：

個人情報取扱事業者のうち、個人遺伝情報を用いた事業を行う事業者（業務の一部としてこれを行う事業者を含む。）をいう。

例：本人から直接試料を取得する事業者

◇ 特定個人遺伝情報取扱事業者：

個人遺伝情報取扱事業者のうち、個人識別符号のうち個人情報保護法施行令1条1号イに定める「細胞から採取されたデオキシリボ核酸（別名DNA）を構成する塩基の配列」のみを取り扱う事業者をいう。

例：他の個人遺伝情報取扱事業者から個人情報を伴わない試料の解析を受託し、当該試料から個人識別符号のうち同号イに定める「細胞から採取されたデオキシリボ核酸（別名DNA）を構成する塩基の配列」を取得する事業者

◇ 試料：

個人遺伝情報を用いた事業に用いようとする血液、組織、細胞、体液、排泄物およびこれらから抽出したヒトDNA等の人の体から取得されたものをいう。

◇ 診療情報：

診断および治療を通じて得られた疾病名、投薬名、検査結果等の情報をいう。

◇ 氏名等削除措置：

個人遺伝情報の漏えいのリスクを低減するために、他の情報と照合しない限り特定の個人を識別することができないよう、次の各号に掲げる個人遺伝情報の区分に応じて当該各号に定める措置を講ずることをいう。ただし、個人情報保護法施行令1条1号イに定める「細胞から採取

されたデオキシリボ核酸（別名 DNA）を構成する塩基の配列」については、これを削除することを要しない。

① 個人情報保護法 2 条 1 項 1 号に該当する個人遺伝情報：当該個人遺伝情報に含まれる氏名その他の記述等の全部または一部を削除すること（当該全部または一部の記述等を復元することのできる規則性を有しない方法により他の記述等に置き換えることを含む。）。

② 個人情報保護法 2 条 1 項 2 号に該当する個人遺伝情報：当該個人遺伝情報に含まれる個人識別符号の全部を削除すること（当該個人識別符号を復元することのできる規則性を有しない方法により他の記述等に置き換えることを含む。）。

なお、本ガイドラインにおける「氏名等削除措置」がなされた情報は、「仮名加工情報」および「匿名加工情報」とは異なる点に留意すべきとされている。

4 個人遺伝情報取扱事業者等の義務等

個人遺伝情報取扱事業者等による個人遺伝情報の取扱いについては、基本的に GL 通則編の例によるとされているが、本ガイドラインは、これに上乗せする形で以下の事項について特に定めている。

(1) 個人遺伝情報の利用目的に関する事項
　(i) 利用目的の特定

個人遺伝情報取扱事業者は、個人遺伝情報または試料を取り扱うに当たって、GL 通則編の例示よりも厳密に利用目的の特定を行うこととする。具体的には、検査、解析または鑑定等の対象となる遺伝子を明確にする程度に行うこととする（ただし、全ゲノム検査においては全ゲノムを対象とする旨を明確にすることとする。）。

特定個人遺伝情報取扱事業者は、個人遺伝情報を取り扱うに当たって、利用目的を GL 通則編の例により特定しなければならない（本ガイドライン Ⅱ 2.(1)①）。

　(ii) 利用目的の変更

個人遺伝情報取扱事業者は、試料の利用目的を変更する場合において

も、個人遺伝情報と同様に、変更前の利用目的と関連性を有すると合理的に認められる範囲内で利用目的を変更することとする（本ガイドラインⅡ2.(1)②）。

(iii) 利用目的による制限

個人遺伝情報取扱事業者は、利用目的の達成に必要な範囲を超えた個人遺伝情報または試料の取扱いは、あらかじめ本人の同意を得たか否かにかかわらず、原則として行わないこととする（ただし、本ガイドラインは、例外的に利用目的の達成に必要な範囲を超えた取扱いが認められる場合を列挙している。本ガイドラインⅡ2.(1)③）。

(iv) 事業の承継

個人遺伝情報取扱事業者が、他の個人遺伝情報取扱事業者から事業を承継することに伴って個人遺伝情報または試料を取得した場合の当該個人遺伝情報または試料の取扱いは、上記(iii)に準ずることとする。

(2) 個人遺伝情報の取得に関する事項

(i) インフォームド・コンセントの実施

個人遺伝情報取扱事業者は、本ガイドラインが示す項目について、事前に本人に十分な説明をし、本人の文書または電磁的方法による同意を受けて、個人遺伝情報を用いた事業を実施することとされる。DNA鑑定など鑑定結果が法的な影響をもたらす場合においては、その影響についても対面により適切かつ十分な説明を行った上で、文書または電磁的方法による同意をとることとされる。

インフォームド・コンセントの撤回に関しては、契約で定めることとし、電気通信回線を通じて同意を受けた場合には、電気通信回線を通じて同意の撤回を行うことができる手段を担保することとする。ただし、個人遺伝情報の特殊性に鑑み、本人が撤回を依頼してきた場合は応じることが望ましく、その際は、本人が廃棄以外の処置を希望する場合を除き、当該本人に係る試料、診療情報および検査結果を特定の個人を識別できないようにした上で廃棄することとする（ただし、試料については、当該試料に伴う情報から個人情報を削除した上で廃棄することで足りる。）。廃棄等に必要なコストを本人に要求することも契約で定めることができることとする。

個人遺伝情報取扱事業者が、他の個人遺伝情報取扱事業者から個人遺伝情報の取扱いの委託を受けて、これを取り扱う場合には、委託元の個人遺伝情報取扱事業者が得たインフォームド・コンセントの範囲内で事業を実施することとされる（以上、本ガイドラインⅡ2.(3)①）。

(ⅱ) 要配慮個人情報の取得

個人遺伝情報取扱事業者は、事業に用いる個人遺伝情報を除き、原則として、要配慮個人情報を取得し、または利用しないこととされる（本ガイドラインⅡ2.(3)③）。

(ⅲ) 利用目的の通知または公表

個人遺伝情報取扱事業者は、個人遺伝情報および試料を取得する場合には、取得後に利用目的を本人に通知し、または公表するのではなく、あらかじめインフォームド・コンセントにより文書または電磁的方法でその利用目的を明らかにした上で、本人の同意をとって取得することとする（本ガイドラインⅡ2.(3)④）。

(ⅳ) 直接書面等による取得

利用目的の明示は、インフォームド・コンセントによることとする（本ガイドラインⅡ2.(3)⑤）。

(ⅴ) 利用目的の変更

個人遺伝情報取扱事業者は、試料の利用目的を変更した場合においても、個人遺伝情報と同様に、変更された利用目的について、本人に通知し、または公表することとする（本ガイドラインⅡ2.(3)⑥）。

(3) 個人遺伝情報の管理に関する事項

(ⅰ) 個人遺伝情報の正確性の確保等

個人遺伝情報取扱事業者は、個人データに該当しない個人遺伝情報についても、正確性の確保、安全管理措置の実施、従業者の監督、委託者の監督を行うこととする（本ガイドラインⅡ2.(4)①）。

(ⅱ) 安全管理措置の実施

個人遺伝情報取扱事業者および遺伝情報取扱事業者は、個人データに該当しない個人遺伝情報および遺伝情報について、個人情報保護法23条に基づく安全管理措置義務を負わない場合であっても、個人データに該当する

個人遺伝情報と同様の安全管理措置を講ずることとする。個人遺伝情報については、それを用いて仮名加工情報または匿名加工情報を作成する場合を除き、氏名等削除措置管理者を設置し、本ガイドラインが定める氏名等削除措置をした上で、適切な措置を講ずるよう努めることとする（本ガイドラインⅡ2.⑷②）。

⑷　個人遺伝情報の漏えい等の報告等に関する事項
　個人遺伝情報取扱事業者は、個人データに該当しない個人遺伝情報について、個人情報保護法26条に基づく漏えい等の報告等の義務を負わない場合であっても、漏えい等に関する報告等を実施することとされる。

⑸　第三者提供に関する事項
　個人遺伝情報取扱事業者は、個人遺伝情報または試料の第三者提供（および外国にある第三者への提供）は、本ガイドラインが定める例外に該当する場合を除き、原則として行わないこととする（本ガイドラインⅡ2.⑹①）。

⑹　個人遺伝情報に関する事項の公表、個人遺伝情報の開示・訂正・利用停止等に関する事項
　（ⅰ）　個人遺伝情報に関する事項の公表等
　個人遺伝情報取扱事業者は、保有個人データに該当しない個人遺伝情報（例外あり）についても個人情報保護法32条から39条（および本ガイドラインのこれらに関連する事項）までを遵守することとする（本ガイドラインⅡ2.⑺）。
　（ⅱ）　開示等の求めに応じる手続
　個人遺伝情報取扱事業者は、開示等の求めをする者が本人または代理人であることの確認の方法を定めるに当たっては、十分かつ適切な手続となるようにすることとする（本ガイドラインⅡ2.⑺）。

⑺　その他
　上記に加え、本ガイドラインは、①遺伝子検査等の結果として個人遺伝情報を本人に伝達する場合の本人へのカウンセリング（遺伝カウンセリン

グ）に関する事項、②DNA鑑定における留意事項、③個人遺伝情報取扱審査委員会設置の努力義務、④個人遺伝情報取扱事業者が作成する事業計画に関する事項、⑤個人遺伝情報に係る検査等を行うに当たっての留意事項（質の確保）について定めている。

Ⅲ　次世代医療基盤法

1　法規制の対象となるケース

　次世代医療基盤法（以下、本Ⅲにおいて「法」または「本法」という。）は、個人の権利利益を確保しつつ、健康診断結果やカルテ等の個人の医療情報を匿名加工・仮名加工し、適切に利用できる仕組みを整備することで、医療分野での研究開発での利用を促進することを目的としており、医療情報を匿名加工・仮名加工する局面、匿名加工・仮名加工された医療情報を利用する局面等で本法の規制の対象となる。

2　法規制のポイント

　前記第1章Ⅷで述べたとおり、個人情報保護法上、個人データに該当する要配慮個人情報を、本人の同意なく第三者に提供し、または第三者から取得することは、法定の例外事由に該当する場合を除き、原則として認められない。しかし、医療分野においてデータを利活用するために、個別に同意を取得することは現実的とはいえない。そこで、個人データに該当する要配慮個人情報を提供・取得することを可能とする法律を制定し、個人情報保護法27条1項1号および20条2項1号の「法令に基づく場合」に当たるとして、個人情報保護法上同意がなくても提供・取得できるようにしたのが、本法である。

　具体的には、本法は、医療情報取扱事業者（医療情報データベース等を事業の用に供している者をいう。法2条5項）が、①本人またはその遺族からの求めがあるときは、当該本人が識別される医療情報の認定匿名加工医療情報作成事業者への提供を停止することとしている場合であって、②法に掲げる事項（法52条1項各号、57条1項各号）についてあらかじめ本人に通知するとともに、③主務大臣に届け出たときは、当該医療情報を認定匿名加工医療情報作成事業者または認定仮名加工医療情報作成事業者に提供することを認める。

　本法の構造は、個人情報保護法の構造を基本的に踏襲しており、本法の

〔図表Ⅲ-1〕

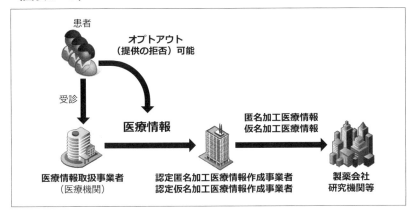

下に、政令および省令、ならびに本ガイドライン[1]が定められている。また、政府により、基本方針が定められている。

なお、従来、匿名加工医療情報の利活用のみが定められていたが、令和5年に、仮名加工医療情報の利活用に係る仕組みを加えた改正法が成立した。

3 用語の定義・概念

本Ⅲにおける用語の定義および概念は以下のとおりである。

◇ 医療情報：

特定の個人の病歴その他の当該個人の心身の状態に関する情報であって、当該心身の状態を理由とする当該個人またはその子孫に対する不当な差別、偏見その他の不利益が生じないようにその取扱いに特に配慮を要するものとして政令で定める記述等であるものが含まれる個人に関する情報のうち、①当該情報に含まれる氏名、生年月日その他の記述等により特定の個人を識別することができるもの（他の情報と容易に照合することができ、それにより特定の個人を識別することができることとなるもの

---

1) 内閣府＝文部科学省＝厚生労働省＝経済産業省「医療分野の研究開発に資するための匿名加工医療情報及び仮名加工情報に関する法律についてのガイドライン」（平成30年5月、令和6年4月改定。以下、本Ⅲにおいて「本ガイドライン」という。）

を含む。）または②個人識別符号が含まれるものをいうものとされている。個人情報保護法における個人情報とは異なり、死者の情報であっても医療情報に該当する。

◇　医療情報等：

医療情報、匿名加工医療情報もしくは仮名加工医療情報の作成に用いた医療情報から削除した記述等もしくは個人識別符号、匿名加工または仮名加工の方法に関する情報、匿名加工医療情報または仮名加工医療情報をいう（法45条）。

◇　仮名加工医療情報：

仮名加工された医療情報をいう。仮名加工の方法については、個人情報を仮名加工情報とする場合と同様である（法2条4項）。

◇　仮名加工医療情報データベース等：

仮名加工医療情報を含む情報の集合物であって、特定の仮名加工医療情報を電子計算機を用いて検索することができるように体系的に構成したものその他特定の仮名加工医療情報を容易に検索することができるように体系的に構成したものとして政令で定めるものをいう（法2条7項）。

◇　仮名加工医療情報作成事業：

医療分野の研究開発に資するよう、医療情報を整理し、および加工して仮名加工医療情報（仮名加工医療情報データベース等を構成するものに限る。）を作成する事業をいう（法2条7項）。

◇　匿名加工医療情報：

匿名加工された医療情報をいう。匿名加工の方法については、個人情報を匿名加工情報とする場合と同様である（法2条3項）。

◇　匿名加工医療情報作成事業：

医療分野の研究開発に資するよう、医療情報を整理し、および加工して匿名加工医療情報（匿名加工医療情報データベース等を構成するものに限る。）を作成する事業をいう（法2条6項）。

◇　匿名加工医療情報取扱事業者：

匿名加工医療情報データベース等を事業の用に供している者をいう。

◇　匿名加工医療情報データベース等：

匿名加工医療情報を含む情報の集合物であって、特定の匿名加工医療

情報を電子計算機を用いて検索することができるように体系的に構成したものその他特定の匿名加工医療情報を容易に検索することができるように体系的に構成したものとして政令で定めるものをいう(法2条6項)。

◇ 認定医療情報等取扱受託事業者：

認定匿名加工医療情報作成事業者または認定仮名加工医療情報作成事業者の委託を受けて医療情報等を取り扱う事業を行うことについて主務大臣の認定を受けた者をいう（法46条1項、45条)。

◇ 認定仮名加工医療情報作成事業者：

仮名加工医療情報作成事業を適正かつ確実に行うことができるものと認められる旨の主務大臣の認定を受けた者をいう（法34条1項、33条)。

◇ 認定匿名加工医療情報作成事業者：

匿名加工医療情報作成事業を適正かつ確実に行うことができるものと認められる旨の主務大臣の認定を受けた者をいう（法10条1項、9条1項)。

◇ 認定匿名加工医療情報利用事業者：

仮名加工医療情報の提供を受け、当該仮名加工医療情報を利用して医療分野の研究開発を行う事業を適正かつ確実に行うことができるものと認められる旨の主務大臣の認定を受けた者をいう（法42条1項、41条)。

◇ 連結可能匿名加工医療情報：

匿名医療保険等関連情報（高齢者の医療の確保に関する法律16条の2第1項）等と連結して利用することができる状態で提供される匿名加工医療情報をいう（法32条1項)。

4 事業者の認定

(1) 認定匿名加工医療情報作成事業者

匿名加工医療情報作成事業者は、主務大臣に対する申請を行い、①欠格事由に関する基準、②能力に関する基準、③安全管理措置に関する基準に適合すると認められる場合には、匿名加工医療情報作成事業を適正かつ確実に行うことができるものと認められる旨の認定を受けることができる（法9条)。

(2) 認定仮名加工医療情報作成事業者

仮名加工医療情報作成事業者についても、匿名加工医療情報作成事業者と同様に、認定の制度がある（法33条）。

(3) 認定仮名加工医療情報利用事業者

仮名加工医療情報の利用事業者については、認定の制度がある（法41条）。認定仮名加工医療情報作成事業者は、認定仮名加工医療情報利用事業者に対してのみ仮名加工医療情報の提供を行えるものとされている（法36条1項）。

(4) 認定医療情報等取扱受託事業者

認定匿名加工医療情報作成事業者または認定仮名加工医療情報作成事業者の委託を受けて、医療情報等を取り扱う事業を行おうとする者（法人に限る。）は、主務大臣に対する申請を行い、①欠格事由に関する基準、②安全管理措置に関する基準に適合すると認められる場合には、当該事業を適正かつ確実に行うことができるものと認められる旨の主務大臣の認定を受けることができる（法45条）。

5 匿名加工医療情報等の取扱いに関する規制

(1) 認定匿名加工医療情報作成事業者に対する行為規制

認定匿名加工医療情報作成事業者は、医療情報および匿名加工医療情報の取扱いについて、主に以下の規制を受ける。なお、本ガイドラインによれば、匿名加工医療情報の取扱いに係る義務は、匿名加工医療情報データベース等を構成する匿名加工医療情報に課されるものであり、匿名加工医療情報データベース等を構成しない匿名加工医療情報の取扱いに課されるものではないとされている（本ガイドラインⅡ.13-1（注1））。

(i) 利用目的による制限

認定匿名加工医療情報作成事業者は、医療情報の提供を受けた場合は、当該医療情報が医療分野の研究開発に資するために提供されたものであるという趣旨に反することのないよう、認定匿名加工医療情報作成事業の目的の達成に必要な範囲を超えて当該医療情報を取り扱ってはならない（法

18条1項)。利用目的による制限が適用されない例外として、法令に基づく場合および人命の救助、災害の救援その他非常の事態への対応のため緊急の必要がある場合が規定されている（法18条2項)。

なお、本ガイドラインによれば、例えば、日本の医療分野の研究開発に資する人材の育成のための匿名加工医療情報の提供は、認定事業の目的の達成に必要な範囲を超える医療情報の取扱いに該当しないとされている（本ガイドラインⅡ.2-12)。

(ii) 匿名加工医療情報の作成基準の遵守

認定匿名加工医療情報作成事業者は、匿名加工医療情報を作成するときは、特定の個人を識別することおよびその作成に用いる医療情報を復元することができないようにするために必要なものとして主務省令で定める基準に従い、当該医療情報を加工しなければならないとされている（法19条1項)。本ガイドラインによれば、「作成するとき」は、匿名加工医療情報として取り扱うために、当該匿名加工医療情報を作成するときのことを指すものであり、例えば、安全管理措置の一環として氏名等の一部の個人情報を削除した上で引き続き医療情報として取り扱う場合や、統計情報を作成するために医療情報を加工する場合等については、「作成するとき」には該当しないとされている（本ガイドラインⅡ.13-1（注2))。「主務省令で定める基準」について、①特定の個人を識別することができる記述等の全部または一部の削除、②個人識別符号の全部の削除、③情報を相互に連結する符号の削除、④特異な記述等の削除、および⑤医療情報データベース等の性質を勘案した結果を踏まえた適切な措置を行うことが定められており（次世代医療基盤施行規則18条)、これは、個人情報保護法における「匿名加工情報」を作成する場合の加工の基準と同等のものである（個情法18条)。

(iii) 識別行為の禁止

認定匿名加工医療情報作成事業者は、匿名加工医療情報を作成して自ら当該匿名加工医療情報を取り扱うに当たっては、当該匿名加工医療情報の作成に用いられた医療情報に係る本人を識別するために、当該匿名加工医療情報を他の情報と照合してはならないとされている（法19条2項)。

⑷　安全管理措置の実施等

認定匿名加工医療情報作成事業者は、次世代医療基盤法施行規則に定める安全管理措置を講じなければならないとされている（法21条）。

⑸　第三者提供の制限

認定匿名加工医療情報作成事業者は、以下の場合を除き、医療情報を第三者提供することが禁止されている（法28条1項）。

① 他の認定匿名加工医療情報作成事業者に対する医療情報の提供（法27条1項）

② 匿名加工医療情報について、匿名医療保険等関連情報その他の政令で定めるものと連結して利用することができる状態にするために厚生労働大臣等に対して行う提供（法31条2項）

③ 法令に基づく場合

④ 人命の救助、災害の救援その他非常の事態への対応のため緊急の必要がある場合

なお、事業の承継に伴って医療情報が提供される場合および医療情報の取扱いの全部または一部を委託することに伴って当該医療情報が提供される場合は第三者提供に当たらないものとされている（法28条2項）。

⑵　匿名加工医療情報取扱事業者に対する行為規制

匿名加工医療情報取扱事業者が匿名加工医療情報（自ら医療情報を加工して作成したものを除く。）を取り扱うに当たっては、識別行為が禁止されている（法30条1項）。

なお、個人情報保護法44条から46条までに定められている匿名加工情報の第三者提供や安全管理措置義務に関する規定は、自ら医療情報を加工して作成した匿名加工医療情報には適用されない（法30条2項）。もっとも、本ガイドラインによれば、認定匿名加工医療情報作成事業者は、匿名加工医療情報取扱事業者に対する匿名加工医療情報の提供をするに当たっては、あらかじめ、両事業者間で締結される契約等の規定に基づき、匿名加工医療情報の利用目的、利用範囲、利用内容、利用形態、利用期間等の利用条件およびそれに応じた安全管理措置や、安全管理措置に違反する匿名加工医療情報の取扱いに対する制裁を取り決めることが求められており

(本ガイドラインⅡ.25-4-1-1)、この点について注意が必要である。

(3) 連結可能匿名加工医療情報

認定匿名加工医療情報作成事業者は、厚生労働省が管理しているNDB（National Data Base）に係る匿名データである匿名医療保険等関連情報（高齢者医療確保法16条の2第1項）の提供を受けることができる者その他の政令で定める者に対して、連結可能匿名加工医療情報（匿名医療保険等関連情報その他の政令で定める情報と連結して利用することができる状態とした匿名加工医療情報）を提供することができる（法31条1項）。連結の対象となる公的データベースについては政令事項とされている。

連結可能匿名加工医療情報の利活用者に対しては、①再識別の禁止（法32条1項）、②安全管理措置の実施（同条2項、21条）、③従業者に対する必要かつ適切な監督（法32条2項、22条）等の義務が課されている。

なお、匿名加工医療情報の連結のみが認められており、仮名加工医療情報についての連結は認められていない。

6 仮名加工医療情報等の取扱いに関する規制

(1) 認定仮名加工医療情報作成事業者に対する行為規制の概要

認定仮名加工医療情報作成事業者についても、認定匿名加工医療情報作成事業者と同様に、医療情報の取扱いに関する利用目的による制限（法34条）、仮名加工医療情報の作成基準の遵守（法35条1項）、識別行為の禁止（法35条3項）、第三者提供の制限（法39条）等の行為規制がされている（上記5⑴参照）。なお、薬機法その他の主務法令で定める法律の規定による調査（外国の法令上これに相当する調査を含む。）に回答するために必要なときは識別行為が可能とされている（法35条3項ただし書）。さらに、仮名加工医療情報についても、法令に基づく場合を除くほか、認定仮名加工医療情報作成事業の目的の達成に必要な範囲を超えて取り扱ってはならないとされている（同条2項）。

また、匿名加工医療情報作成事業者に関する規定のうち、認定等（法9条2項〜5項、10条〜17条）、安全管理措置等（法20条〜23条、25条）、漏えい等の報告（法26条）、苦情の処理（法29条）に関する規定は、仮名加工医

療情報作成事業者について、字句を読み替えて準用されている（法40条）。

(2) 認定仮名加工医療情報利用事業者

匿名加工医療情報の利用事業者を認定する仕組みは設けられていないが、新法で創設された仮名加工医療情報については、その利用事業者を主務大臣が認定することとし（法41条）、認定仮名加工医療情報作成事業者は認定仮名加工医療情報利用事業者に対してのみ仮名加工医療情報の提供を行えるものとすることとされている（法36条1項）。

本法は、医療情報である仮名加工医療情報と医療情報でない仮名加工医療情報とを区別せずに、以下のとおり、個人情報保護法上の仮名加工情報を取り扱う場合と同等以上の義務を課すこととしている。

認定仮名加工医療情報作成事業者から提供を受けた仮名加工医療情報（以下、本Ⅲにおいて「提供仮名加工医療情報」という。）を認定仮名加工医療情報利用事業者が取り扱う際の行為規制については、利用目的の制限、識別行為の禁止等（法42条）が定められている。

また、匿名加工医療情報作成事業者に関する規定のうち、認定等（法9条2項（3号を除く。）～5項、10条～17条）、安全管理措置等（法20条～23条）、漏えい等の報告（法26条）、苦情の処理（法29条）に関する規定は、仮名加工医療情報作成事業者について、字句を読み替えて準用されている（法44条）。

(3) 仮名加工医療情報の第三者提供

上述のとおり、本法において、認定仮名加工医療情報利用事業者のみが認定仮名加工医療情報作成事業者から仮名加工医療情報の提供を受けることができるとされており（法36条1項）、法令に基づく場合および下記(4)で述べるPDMA等への承認審査の申請の場合を除き、認定仮名加工医療情報利用事業者が提供仮名加工医療情報を第三者提供することは禁止されている（法43条1項）。

なお、認定仮名加工医療情報作成事業者への事業の承継または認定仮名加工医療情報作成事業者間での共同利用の場合は第三者提供に当たらないものとされている（法43条2項）。

⑷ PMDA等への承認審査の申請

仮名加工医療情報の第三者提供禁止の例外として、認定仮名加工医療情報利用事業者は、薬事承認等を受けるために独立行政法人医薬品医療機器総合機構（PMDA：Pharmaceuticals and Medical Devices Agency）等へ仮名加工医療情報を提供することができることとしている（法43条1項2号）。

仮名加工医療情報については、上述のとおり、再識別を行うことが禁止されているところ（法35条3項、42条2項）、薬事承認に係る審査に際してPMDA等から調査（薬機法14条6項等）を受けた場合に、当該調査への回答のために、当該仮名加工医療情報の元となるカルテ等の医療情報を識別することが必要となることも想定される。そのため、このような場合には、再識別禁止の例外として、仮名加工医療情報の元となる医療情報を保有している認定仮名加工医療情報作成事業者において再識別を行うことができるとされている（法35条3項ただし書）。

7 医療情報等の取扱いの委託の制限
　　──認定医療情報等取扱受託事業者

認定匿名加工医療情報作成事業者および認定仮名加工医療情報作成事業者は、認定医療情報等取扱受託事業者に対してのみ、認定事業に関し管理する医療情報等の取扱いを委託することができることとされている（法24条1項）。認定受託事業者が再委託を行う場合も、再委託先は認定受託事業者に限定されている（同条2項）。

なお、匿名加工医療情報を取り扱う認定受託事業者と仮名加工医療情報を取り扱う認定受託事業者とを区別することなく、匿名加工医療情報と仮名加工医療情報の両方を取り扱える1つの認定受託事業者として認定を行うものとしている[2]。

認定医療情報等取扱事業者についても、医療情報の取扱いに関する利用目的による制限（法46条）、作成基準の遵守（法47条1項、48条1項）、仮名

---

[2] 吉原博紀ほか「令和5年改正次世代医療基盤法の解説」NBL1251号（2023年）40頁

加工医療情報の取扱いに関する利用目的による制限（法47条2項）、識別行為の禁止（法47条2項、48条3項）、医療情報の第三者提供の制限（法50条）、仮名加工医療情報の第三者提供の制限（法49条）等の行為規制がされている。

その他、認定等（法9条2項（2号・3号を除く。）・3項（3号を除く。）・4項・5項、10条〜17条）、安全管理措置等（法20条〜23条、25条）、漏えい等の報告（法26条）、苦情の処理（法29条）に関する規定は、認定医療情報等取扱受託事業について、字句を読み替えて準用されている（法51条）。

8 医療情報取扱事業者による認定匿名加工医療情報作成事業者または認定仮名加工医療情報作成事業者に対する医療情報の提供に関する規制

医療情報取扱事業者は、①本人またはその遺族からの求めがあるときは、当該本人が識別される医療情報の認定匿名加工医療情報作成事業者への提供を停止することとしている場合であって、②法に掲げる事項（法52条1項各号、57条1項各号）についてあらかじめ本人に通知するとともに、③主務大臣に届け出たときは、当該医療情報を認定匿名加工医療情報作成事業者または認定仮名加工医療情報作成事業者に提供することができる。

医療情報取扱事業者は、本人またはその遺族から当該本人が識別される医療情報の認定匿名加工医療情報作成事業者・認定仮名加工医療情報作成事業者への提供を停止するように求めがあったときは、遅滞なく、主務省令で定めるところにより、当該求めがあった旨その他の主務省令で定める事項を記載した書面を、当該求めを行った者に交付しなければならないとされている（法53条1項、58条）。

医療情報取扱事業者は、認定匿名加工医療情報作成事業者または認定仮名加工医療情報作成事業者に医療情報を提供した際には、提供記録を作成し、主務省令所定の期間保存する必要がある（法54条、58条）。また、認定匿名加工医療情報作成事業者または認定仮名加工医療情報作成事業者は、医療情報取扱事業者から医療情報の提供を受ける際には、①当該医療情報取扱事業者の氏名または名称および住所ならびに法人にあっては、その代表者の氏名および②当該医療情報取扱事業者による当該医療情報の取得の

経緯を確認のうえ、記録を作成し、主務省令所定の期間保存する必要がある（55条、58条）。

IV 薬機法

1 法規制の対象となるケース

薬機法は、以下の①から⑤までの製品（以下、総称して「医薬品等」という。）を規制対象とするものである。

① 医薬品
② 医薬部外品
③ 化粧品
④ 医療機器
⑤ 再生医療等製品

ここでいう④の医療機器には、プログラムを用いたものも含まれ、例えばウェアラブル端末やAIによる自動診断システム、ヘルスケア関連のアプリ等の製品を開発する場合、これらは医療機器（プログラム医療機器）に該当し得る。そのため、ヘルスケア関連の製品やソリューションを製造または販売する場合には、当該製品・ソリューションの医療機器該当性が問題となることが多い。

本IVでは、医薬品等のうち、プログラム医療機器に限定して解説する。

2 法規制のポイント

薬機法では、医薬品等の品質、有効性および安全性の確保ならびにこれらの使用による保健衛生上の危害の発生および拡大の防止のために必要な規制を行うとともに、指定薬物の規制に関する措置を講ずるほか、医療上特にその必要性が高い医薬品、医療機器および再生医療等製品の研究開発の促進のために必要な措置を講ずることが求められている（法1条参照）。具体的には、医薬品等の製造・販売等に必要な許可等の要件のほか、医薬品等の安全管理、広告等に関する規制が定められている。

プログラムの医療機器該当性については、厚生労働省より「プログラムの医療機器該当性に関するガイドライン」（令和3年3月31日、令和5年3月31日一部改正）（以下「医療機器該当性ガイドライン」という。）が公表され

ている。医療機器該当性ガイドラインは、プログラムの開発者に対して、医薬品医療機器等法における規制の基本的要素と判断の参考となる情報を提供することで、医療機器プログラム開発に係る事業の予見可能性を高めることを目的に策定されたものであり、プログラムの医療機器該当性の基本的な考え方のほか、具体的事例やフローチャートが記載されており、参考になる。

3　用語の定義・概念

本Ⅳにおける用語の定義および概念は以下のとおりである。

◇　一般医療機器：

　高度管理医療機器および管理医療機器以外の医療機器であって、副作用または機能の障害が生じた場合においても、人の生命および健康に影響を与えるおそれがほとんどないものとして、厚生労働大臣が薬事・食品衛生審議会の意見を聴いて指定するものをいう。

◇　医療機器：

　人もしくは動物の疾病の診断、治療もしくは予防に使用されること、または人もしくは動物の身体の構造もしくは機能に影響を及ぼすことが目的とされている機械器具等（再生医療等製品を除く。）であって、政令で定めるものをいう。

◇　医療機器プログラム：

　疾病の診断、治療または予防に寄与するなど、医療機器の定義に該当する使用目的を有しているプログラムであって、それをインストール等することによってデスクトップパソコン等の汎用コンピュータまたはスマートフォン等の携帯情報端末（以下「汎用コンピュータ等」という。）に医療機器としての機能を与えるもの、あるいは既存の医療機器にインストール等することで医療機器たる更なる機能を付与するものをいう。

　薬機法上、①疾病診断用プログラム、②疾病治療用プログラム、③疾病予防用プログラム（副作用または機能の障害が生じた場合においても、人の生命および健康に影響を与えるおそれがほとんどないものは除く。）、およびこれらのプログラムを記録した記録媒体が医療機器として定められている（薬機法施行令1条、別表第1）。

◇ 製造販売：
　製造（他に委託して製造をする場合を含み、他から委託を受けて製造をする場合を除く。）をし、または輸入をした医薬品等を、それぞれ販売し、貸与し、もしくは授与し、または医療機器プログラムを電気通信回線を通じて提供することをいう。

◇ プログラム：
　電子計算機に対する指令であって、一の結果を得ることができるように組み合わされたものをいう。

◇ プログラム医療機器：
　医療機器プログラムまたはこれを記録した記録媒体たる医療機器をいう。

4　プログラムの医療機器該当性

(1)　該当性の考え方

　特定のプログラムが医療機器に該当するか否かは、当該製品の表示、説明資料、広告等に基づき、当該プログラムの①使用目的および②リスクの程度が医療機器の定義に該当するかにより判断される（医療機器該当性ガイドライン3）。

　複数の機能を有するプログラムの医療機器該当性の判断に当たっては、少なくとも1つの機能が医療機器プログラムの定義を満たす場合、全体として医療機器に該当し、薬機法の規制を受けることになる。そのため、医療機器に該当するか否かの検討は、機能ごとに分類して行う必要がある点に留意すべきである。

(i)　プログラムの使用目的

　まず、プログラムが疾病の診断、治療または予防に使用されることを目的としているかを検討する必要がある。具体的には、以下に係る使用目的または効果を製品の表示、説明において明示または暗示するものか否かを検討することになる。

① 疾病の診断
 ・ スクリーニング
 ・ 疾病の兆候や異常な体調の検出
 ・ 早期発見
 ・ 重症度判定
 ・ トリアージ（患者の重症度に基づいて、医療・治療の優先度を決定すること）
 ・ 個人を特定しての疾病罹患の可能性の提示　等
② 疾病の治療
 ・ 治療計画の提案
 ・ リハビリテーション
 ・ 行動変容療法　等
③ 疾病の予防
 ・ 疾病の一次予防
 ・ 二次予防
 ・ 三次予防
その他既存の医療機器と同一の使用目的または効果

(ii) プログラムのリスクの程度

　プログラムに不具合が生じた場合の健康被害のリスクの程度を検討する必要がある。上記のとおり、副作用または機能の障害が生じた場合においても、人の生命および健康に影響を与えるおそれがほとんどないプログラムは、医療機器に該当しない。

　かかるリスクの程度の判断は、医療機器規制国際整合化会議（GHTF）が定めるクラス分類ルールに則って行われることとされ、「高度管理医療機器、管理医療機器および一般医療機器に係るクラス分類ルールの改正について」（平成25年5月10日付け薬食発0510第8号厚生労働省医薬食品局長通知）を参考にすることとされている。GHTFクラス分類ルールにより判断し難い場合は、次の2点を考慮して判断を行う。

① 医療機器プログラムにより得られた結果の重要性に鑑みて疾病の治療、診断等にどの程度寄与するのか
② 医療機器プログラムの機能の障害等が生じた場合において人の生命および健康に影響を与えるおそれ（不具合があった場合のリスク）を含めた総合的なリスクの蓋然性がどの程度あるか

具体的な判断の手順は、プログラム医療機器ガイドラインの別紙1（医療機器該当性に係るフローチャート）、または別紙2（医療機器該当性に係るフローチャート（疾病リスクを表示するもの））が参考になる。

(2) 医療機器該当性の具体例

どのようなプログラムが医療機器に該当するかについて、「プログラムの医療機器該当性判断事例について」（令和3年3月31日事務連絡）では、以下のとおり、医療機器に該当すると考えられるプログラムおよび医療機器に該当しないと考えられるプログラムの代表的なものについて例示されている。各項目の詳細については同事務連絡を参照されたい。

(i) 医療機器に該当する例

① 入力情報を基に、疾病候補、疾病リスクを表示するプログラム
② 医療機器等で得られたデータ（画像を含む）を加工・処理し、診断または治療に用いるための指標、画像、グラフ等を作成するプログラム
③ 治療計画・方法の決定を支援するためのプログラム（シミュレーションを含む）
④ 医療機器の制御を行うプログラム、または、医療機器データの分析を行うことを目的として、医療機器に接続して医療機器の機能を拡張するプログラム
⑤ 疾病の治療・予防等のために、患者または健康な人が使用するプログラム（行動変容を伴うプログラムなど）
⑥ 汎用機器（汎用コンピュータ、汎用センサ等）または有体物の医療機器とセットで使用し、医療機器としての機能を発揮させるプログラム（有体物の医療機器と不可分であるプログラムについては、当該有体物の医療機器と一体の製品として判断される）

(ii) 医療機器に該当しない例

① 個人での使用を目的としたプログラム
・ データの加工・処理を行わない（表示、保管、転送のみを行う）プログラム
・ 運動管理等の医療・健康以外を目的としたプログラム
・ 利用者への情報提供を目的としたプログラム
② 医療関係者が使用することを目的としたプログラム
・ 医療関係者、患者等への医学的判断に使用しない情報提供のみを目的としたプログラム

- ・ 院内業務支援、メンテナンス用プログラム
- ・ データの保管、転送、表示（表示データを診断、治療、予防に用いることを目的としない場合に限る）のみを行うプログラム
- ・ 診断、治療以外を目的とした、データの加工・処理を行うプログラム
- ・ 診断・治療ガイドライン等に従った処理のみを行うプログラム
③ 一般医療機器と同等の処理を行うプログラム（機能の障害等が生じた場合でも人の生命および健康に影響を与えるおそれがほとんどないもの）

5 医療機器に該当する場合の留意点

(1) 個人情報の取扱い

　薬機法上、個人情報の取扱いに関する直接の規制は特段ない。そのため、医療機器プログラムにおける個人情報の取扱いには個人情報保護法の規制が及ぶ。

　そのほか、取り扱う個人情報や取扱事業者の性質によっては、民間PHR事業者による健診等情報の取扱いに関する基本的指針（下記Ⅶ）や、3省2ガイドライン（下記Ⅵ）等の適用がある。各指針等の内容については、それぞれの項を参照されたい。

(2) 製造・販売に係る許可等

　医療機器の製造を業として行う場合、原則として、製造所ごとに、製造業の登録が必要となる。

　また、医療機器の製造販売を業として行う場合、製造販売業の許可を受けなければならないが、医療機器の販売、授与、販売・授与目的での貯蔵・陳列を業として行う場合は、原則として許可は不要である。

(3) 広告規制

　以下の3つの要件を全て満たす場合、薬機法上の「広告」に該当し、薬機法上の広告規制が及ぶ。

① 顧客を誘引する（顧客の購入意欲を昂進させる）意図が明確であること
② 特定医薬品等の商品名が明らかにされていること

③ 一般人が認知できる状態であること

　具体的な規制は下記(i)から(iii)までのとおりである。
　(i) 誇大広告等の禁止
　誇大広告等の規制として、①医薬品等の名称、製造方法、効能、効果または性能に関する虚偽または誇大な広告、②医薬品等の効能、効果または性能に関する、医師等がこれを保証したものと誤解されるおそれがある広告、③堕胎を暗示し、またはわいせつにわたる文書または図画を用いた広告が禁止されている（薬機法66条）。
　(ii) 特定疾病用医薬品等の広告制限
　特定疾病用医薬品等の広告の規制として、薬機法政令で定めるがんなどの特殊疾病用の医薬品または再生医療等製品であって、医師等の指導の下で使用されるのでなければ危害を生ずるおそれが特に大きいものについて、薬機法施行規則で指定されたものを医薬関係者以外の一般人を対象とする広告をすることが禁止されている（薬機法67条）。
　(iii) 承認前医薬品等の広告禁止
　薬機法上必要とされる製造販売承認等を受けていない医薬品、医療機器および再生医療等製品について、名称、製造方法、効能、効果または性能に関する広告をすることが禁止されている（薬機法68条）。

(4) 医療機器に該当しない場合の留意点

　薬機法上の医療機器に該当しない場合であっても、当該プログラムにおいて個人情報、匿名加工情報または仮名加工情報を取り扱う場合には、個人情報保護法の規制が及ぶことは、医療機器に該当する場合と同様である。
　また、事業者（開発者）は、医療機器ではないプログラム（一般医療機器（クラスⅠ医療機器）相当のプログラムを含む。）については、利用者による誤解を防ぐために、「当該プログラムは、疾病の診断、治療または予防に使用されることを目的としていない」または「当該プログラムは医療機器ではない」旨の記載、表示を行うことが望ましいとされている。なお、上記記載、表示があることをもって、当該プログラムが医療機器ではない

ことの根拠とはならない点に留意が必要である。

V　医療研究に関する指針

1　指針の対象となるケース

　医療研究に関する指針として、その研究対象に応じて、以下の7つの指針が策定されている。

> ①　人を対象とする生命科学・医学系研究に関する倫理指針（文部科学省、厚生労働省）
> ②　遺伝子治療等臨床研究に関する指針（厚生労働省）
> ③　手術等で摘出されたヒト組織を用いた研究開発の在り方（厚生労働省）
> ④　厚生労働省の所管する実施機関における動物実験等の実施に関する基本指針（厚生労働省）
> ⑤　異種移植の実施に伴う公衆衛生上の感染症問題に関する指針（文部科学省）
> ⑥　ヒト受精胚の作成を行う生殖補助医療研究に関する倫理指針（文部科学省、厚生労働省）
> ⑦　ヒト受精胚に遺伝情報改変技術等を用いる研究に関する倫理指針（文部科学省、厚生労働省）

　例えば、事業者が研究機関と共同してヘルスケア事業を行う場合、研究に用いられる個人情報の取扱いについては、事業者においてはGL通則編の適用を受ける一方で、研究機関においては研究対象に応じて上記に掲げる指針（および医療分野ガイダンス等）の適用も受けることになる。また、研究機関が研究に用いられる個人情報をある事業者に提供する場合も、同様に、事業者にはGL通則編が適用されるが、研究機関には研究対象に応じて上記に掲げた指針（および医療分野ガイダンス等）も適用される。
　このように、一般的な事業者においては上記各指針の適用を受けるケースは限られる。そこで、以下では、上記各指針のうち、事業者が関わる可能性が比較的高いと考えられる、人を対象とする生命科学・医学系研究に関する倫理指針（以下、本Vにおいて「倫理指針」という。）を中心に解説する（なお、その他の指針の概要は下記7で述べる。）。

2 倫理指針のポイント

　人を対象とする生命科学・医学系研究に携わる全ての関係者が適用対象となる。

　我が国の研究者等により実施され、または日本国内において実施される人を対象とする生命科学・医学系研究が対象となるが、次のいずれかの研究については、適用対象から除外される。

> ① 法令の規定により実施される研究
> ② 法令の定める基準の適用範囲に含まれる研究
> ③ 試料・情報のうち、次に掲げるもののみを用いる研究
> 　ⓐ 既に学術的な価値が定まり、研究用として広く利用され、かつ、一般に入手可能な試料・情報
> 　ⓑ 個人に関する情報に該当しない既存の情報
> 　ⓒ 既に作成されている匿名加工情報

　「我が国の研究者等により実施され」と「日本国内において実施され」が並列となっていることからも分かるとおり、「我が国の研究者等により実施され」る研究であれば、日本国外において実施されるものも倫理指針の対象となることに注意が必要である。

　倫理指針は、研究対象者の人権の保護、安全の保持および福祉の向上を図りつつ、人を対象とする生命科学・医学系研究の科学的な質および結果の信頼性ならびに倫理的妥当性を確保することを主な目的として、研究者等の責務等、研究の適正な実施等、インフォームド・コンセント等、研究により得られた結果等の取扱い、研究の信頼性確保、重篤な有害事象への対応、倫理審査委員会、個人情報等、試料および死者の試料・情報に係る基本的責務等に関して、研究者等、研究機関の長、倫理審査委員会その他の関係者の遵守事項について定めたものであるが、その中で、試料（定義について下記3参照）や情報の取扱いについて規制を置いている。

　具体的には、研究を実施する場合および試料・情報を第三者に提供する場合にインフォームド・コンセント等の手続を経る必要があること（倫理指針第8、第9）、研究により得られた結果等を研究対象者等に説明する際に当該研究対象者等の意向を確認すべきこと（倫理指針第10）、研究により

得られた結果等を研究対象者等以外の者に対して原則説明してはならないこと（倫理指針第10）、試料・情報等の保管において実施すべき対応および責務（倫理指針第13）、試料のうち個人情報でない情報や死者の試料・情報について、個人情報保護法等の規定に準じて適切に取り扱う努力義務（倫理指針第18）を定めている。また、インフォームド・コンセントの手続や個人情報等の取扱いに関する事項は、研究計画書に記載する必要がある（倫理指針第7）。

3　用語の定義・概念

本Ⅴにおける用語の定義および概念は以下のとおりである。

◇　遺伝カウンセリング：
　　遺伝医学に関する知識およびカウンセリングの技法を用いて、研究対象者等または研究対象者の血縁者に対して、対話と情報提供を繰り返しながら、遺伝性疾患をめぐり生じ得る医学的または心理的諸問題の解消または緩和を目指し、研究対象者等または研究対象者の血縁者が今後の生活に向けて自らの意思で選択し、行動できるよう支援し、または援助することをいう。

◇　インフォームド・アセント：
　　インフォームド・コンセントを与える能力を欠くと客観的に判断される研究対象者が、実施または継続されようとする研究に関して、その理解力に応じた分かりやすい言葉で説明を受け、当該研究を実施または継続されることを理解し、賛意を表することをいう。

◇　インフォームド・コンセント：
　　研究の実施または継続（試料・情報の取扱いを含む。）に関する研究対象者等の同意であって、当該研究の目的および意義ならびに方法、研究対象者に生じる負担、予測される結果（リスクおよび利益を含む。）等について研究者等または既存試料・情報の提供のみを行う者から十分な説明を受け、それらを理解した上で自由意思に基づいてなされるものをいう。

◇　研究者等：
　　研究責任者その他の研究の実施（試料・情報の収集・提供を行う機関に

おける業務の実施を含む。）に携わる者をいう。
◇　研究責任者：
　研究の実施に携わるとともに、所属する研究機関において当該研究に係る業務を統括する者をいう。
◇　研究対象者：
次に掲げるいずれかに該当する者（死者を含む。）をいう。
　① 　研究を実施される者（研究を実施されることを求められた者を含む。）
　② 　研究に用いられることとなる既存試料・情報を取得された者
◇　研究対象者等：
研究対象者に加えて、代諾者等を含めたものをいう。
◇　収集・提供：
　試料・情報を研究対象者から取得し、または他の機関から提供を受けて保管し、反復継続して他の研究機関に提供を行う業務をいう。
◇　試料：
　血液、体液、組織、細胞、排泄物およびこれらから抽出したDNA等、人の体から取得されたものであって研究に用いられるもの（死者に係るものを含む。）をいう。
◇　試料・情報：
試料および研究に用いられる情報をいう。
◇　既存試料・情報：
試料・情報のうち、次に掲げるいずれかに該当するものをいう。
　① 　研究計画書が作成されるまでに既に存在する試料・情報
　② 　研究計画書の作成以降に取得された試料・情報であって、取得の時点においては当該研究計画書の研究に用いられることを目的としていなかったもの
◇　代諾者：
　生存する研究対象者の意思および利益を代弁できると考えられる者であって、当該研究対象者がインフォームド・コンセントまたは適切な同意を与えることができる能力を欠くと客観的に判断される場合に、当該研究対象者の代わりに、研究者等または既存試料・情報の提供のみを行う者に対してインフォームド・コンセントまたは適切な同意を与えるこ

とができる者をいう。
◇ 代諾者等：
　代諾者に加えて、研究対象者が死者である場合にインフォームド・コンセントまたは適切な同意を与えることができる者を含めたものをいう。
◇ 適切な同意：
　試料・情報の取得および利用（提供を含む。）に関する研究対象者等の同意であって、研究対象者等がその同意について判断するために必要な事項が合理的かつ適切な方法によって明示された上でなされたもの（このうち個人情報等については、個人情報保護法における「本人の同意」を満たすもの）をいう。

4　インフォームド・コンセント等の手続

(1)　「インフォームド・コンセント等」

　上記のとおり、研究者等が試料・情報を用いて研究を行う場合および既存試料・情報を第三者に提供する場合、原則として、研究対象者等からインフォームド・コンセントを受けなければならない。インフォームド・コンセントの手続は大きくは文書（電磁的方法を含む）によるものと口頭によるものに分けられるが、いずれの場合も、倫理指針第8の5所定の事項について十分な説明をする必要がある。なお、口頭によるインフォームド・コンセントの場合には、説明の方法および内容ならびに受けた同意の内容に関する記録を作成する必要がある。

　インフォームド・コンセントに次いで厳格な手続として、「適切な同意」の取得がある。「適切な同意」を受ける場合は、研究対象者が同意について判断を行うために必要な事項（試料・情報の利用目的、同意の撤回が可能である旨等）を、個人情報保護法の趣旨に沿った合理的かつ適切な方法によって明示すれば足り、この点においてインフォームド・コンセントと異なる。なお、ここでいう「同意」は明示の同意のみをいい、黙示の同意は含まない。

　インフォームド・コンセントも「適切な同意」の取得も不要な場合には、倫理指針第8の6に定める事項を通知または公開（研究対象者等が容

易に知り得る状態に置くこと）することで足りる。ここでいう「通知」とは、合理的かつ適切な方法により研究対象者等に直接知らしめることをいい、「容易に知り得る状態に置く」とは、広く一般に研究を実施する旨を知らせること（不特定多数の人々が知ることができるように発表すること）をいう。

さらに、これらのいずれも不要である場合は、オプトアウトによることができる。

以上のとおり、インフォームド・コンセント等は、文書によるインフォームド・コンセント、口頭によるインフォームド・コンセント、適切な同意、通知または公開、オプトアウトの5つに分類されるが、そのうちいずれが要求されるかは、以下に述べるとおり、研究対象者への負担・リスク（侵襲の程度や介入の有無等）に応じて異なる。

⑵　試料・情報を用いて研究を行う場合に必要なインフォームド・コンセント等

大きくは、①新たに試料・情報を取得して研究を実施する場合と、②保有する既存試料・情報を用いて研究を実施する場合とで必要な対応が異なる。

　(i)　新たに試料・情報を取得して研究を実施する場合

この場合、実施しようとする研究が、①侵襲を伴うか否か、②介入を伴うか否か、③試料を用いるか否か、④要配慮個人情報を取得するか否かによって、対応すべき内容が異なる。

なお、上記①から④までのいずれにも該当しない場合には、オプトアウトによることができる。この場合、所定の事項を研究対象者等に通知し、または研究対象者等が容易に知り得る状態に置くことによって、研究が実施または継続されることについて、研究対象者等が拒否できる機会を保障しなければならない。

新たに試料・情報を取得して研究を実施する場合における対応のフローチャートは、図表Ⅴ-1のとおりである。

　(ii)　保有する既存試料・情報を用いて研究を実施する場合

この場合、試料を用いる研究か否かによって取るべき対応が異なる。

〔図表V-1〕

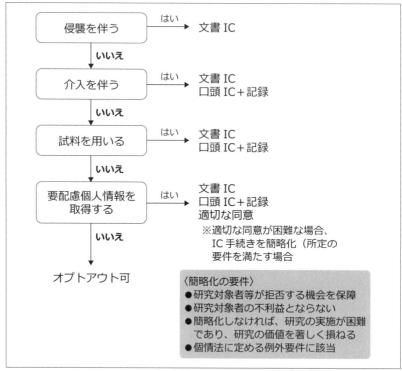

出典：文部科学省＝厚生労働省＝経済産業省「人を対象とする生命科学・医学系研究に関する倫理指針 令和5年改正について」（令和5年4月）8頁

　試料を用いる研究の場合、原則として文書または口頭によるインフォームド・コンセントを受けなければならない。他方で、試料を用いない研究の場合は、インフォームド・コンセントを受ける必要はなく、適切な同意等の手続きで足りる。
　保有する既存試料・情報を用いて研究を実施する場合における対応のフローチャートは、図表V-2のとおりである。

V 医療研究に関する指針

〔図表V-2（その1）〕

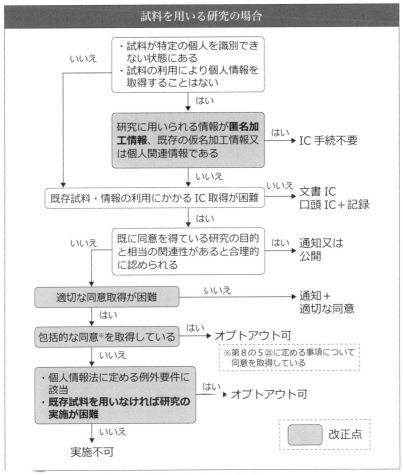

※網掛け箇所は令和5年4月17日改訂における変更箇所。
出典：文部科学省＝厚生労働省＝経済産業省「人を対象とする生命科学・医学系研究に関する倫理指針 令和5年改正について」（令和5年4月）9頁〜10頁

〔図表Ⅴ-2（その2）〕

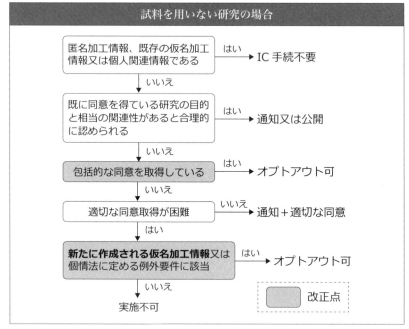

※網掛け箇所は令和5年4月17日改訂における変更箇所。
出典：文部科学省＝厚生労働省＝経済産業省「人を対象とする生命科学・医学系研究に関する倫理指針 令和5年改正について」（令和5年4月）9頁～10頁

(3) 既存試料・情報を第三者に提供する場合に必要なインフォームド・コンセント等

(i) 他の研究機関に既存試料・情報を提供しようとする場合

他の研究機関に既存試料・情報を提供しようとする場合、インフォームド・コンセント等の対応が必要となる。既存の試料および要配慮個人情報を提供しようとする場合、原則として文書または口頭によるインフォームド・コンセントを受けなければならない。

他方で、要配慮個人情報以外の研究に用いられる情報を提供しようとする場合、必ずしもインフォームド・コンセントを受けることを要しないが、その場合でも原則として適切な同意を受ける必要がある。

なお、①委託（個情法27条5項1号）、または②共同利用（同項3号）に

伴い第三者に既存試料・情報を提供する場合には、上記規制は適用されない。

(ii) 既存試料・情報の提供のみを行う者等への上乗せ規制

既存試料・情報の提供のみを行う者は倫理指針上の「研究者等」に該当しないため、研究者等に対する規制の対象に含まれない。もっとも、既存試料・情報の提供のみを行う者が既存資料・情報の提供をしようとするときは、上記(i)の手続に加えて、次に掲げる全ての要件を満たさなければならない（倫理指針第8の1(4)）。

---

① 既存試料・情報の提供のみを行う者が所属する機関の長（以下「所属機関の長」という。）は、既存試料・情報の提供が適正に行われることを確保するために必要な体制および規程（試料・情報の取扱いに関する事項を含む。）を整備すること
② 既存試料・情報の提供のみを行う者は、インフォームド・コンセントの手続等を経ずに既存試料・情報の提供を行う場合、その提供について所属機関の長に報告すること
③ 既存試料・情報の提供のみを行う者は、インフォームド・コンセントの手続等に経ずに既存試料・情報を提供しようとするときは、倫理審査委員会の意見を聴いた上で、所属機関の長の許可を得ていること
④ 既存試料・情報の提供のみを行う者がインフォームド・コンセントの手続等に経ずに既存試料・情報の提供を行う場合には、所属機関の長は、当該既存試料・情報の提供に関する情報を研究対象者等に通知し、または研究対象者等が容易に知り得る状態に置かれることを確保すること

(iii) 外国にある者へ試料・情報を提供する場合の取扱い

試料・情報を外国にある者に提供する場合には、以下の事項を情報提供したうえ、適切な同意を得なければならない（倫理指針第8の1(6)）。

---

① 当該外国の名称
② 適切かつ合理的な方法により得られた当該外国における個人情報の保護に関する制度に関する情報
③ 当該者が講ずる個人情報の保護のための措置に関する情報

ただし、以下のⓐまたはⓑのいずれかに該当する場合には、「外国にある者」に該当せず、上記規制は適用されない。この点は個人情報保護法の

規制と同様である。

> ⓐ　当該第三者が、我が国と同等の水準にあると認められる個人情報保護制度を有している国として個人情報保護法施行規則で定める国にある場合
> ⓑ　当該第三者が、個人情報保護法施行規則16条に定める基準に適合する体制を整備している場合

　このように、試料・情報には必ずしも個人情報は含まるわけではないが、上記のほか、個人情報保護法における外国にある第三者への個人データの提供に係る規制に似た規制が置かれている。

　(iv)　試料・情報の提供に関する記録の作成・保管

　研究責任者または試料・情報の提供のみを行う者は、当該試料・情報の提供に関する記録を作成しなければならない。当該記録は、当該試料・情報の提供を行った日から3年間保管しなければならない（倫理指針第8の3(1)）。

　逆に、他の研究機関等から試料・情報の提供を受ける場合は、研究者等は、インフォームド・コンセント等の手続が適切に行われていることを確認するとともに、当該試料・情報の提供に関する記録を作成しなければならない。当該記録は、当該研究の終了について報告された日から5年間保管しなければならない（倫理指針第8の3(2)）。

⑷　代諾者によるインフォームド・コンセント等およびインフォームド・アセント

　研究対象者の中には、インフォームド・コンセントまたは適切な同意を与えることができない者も含まれ得る。かかる能力を欠くと客観的に判断される者は、代諾者が、当該研究対象者に代わってインフォームド・コンセントまたは適切な同意を与えることができる。

　これとは別に、代諾者からインフォームド・コンセントを受けた場合で、研究対象者が研究を実施されることについて自らの意向を表することができると判断されるときには、インフォームド・アセントを得ることの努力義務が課せられている。

　「インフォームド・アセント」とは、インフォームド・コンセントを与

える能力を欠くと客観的に判断される研究対象者が、実施または継続されようとする研究に関して、その理解力に応じた分かりやすい言葉で説明を受け、当該研究を実施または継続されることを理解し、賛意を表することをいう。小児に限らず成人の研究対象者も対象となり得るが、例えば16歳未満の未成年者が研究対象者となる場合に、本人からインフォームド・アセントを得る努力義務が生じる（倫理指針ガイダンス第9の2段落3）。

(5) 同意の撤回・拒否

研究者等は、研究対象者等から、研究が実施または継続されることに関する同意の撤回、または、研究が実施もしくは継続されることに対する拒否があった場合、原則として、遅滞なく当該撤回または拒否の内容に従った措置を講ずるとともに、その旨を当該研究対象者等に説明しなければならない。

「当該撤回または拒否の内容に従った措置」の具体例として、既に取得した試料・情報の使用停止・廃棄、他機関への試料・情報の提供の差し止め等が考えられる（倫理指針ガイダンス第8の9段落3）。

5 研究により得られた結果等の説明に関する制限

(1) 研究により得られた結果等の説明に係る手続等

研究責任者は、実施しようとする研究および当該研究により得られる結果等の特性を踏まえ、以下の事項を考慮のうえ当該研究により得られる結果等の研究対象者への説明方針を定め、研究計画書に記載しなければならない（倫理指針第10の1(1)）。

> ・ 当該結果等が研究対象者の健康状態等を評価するための情報として、その精度や確実性が十分であるか
> ・ 当該結果等が研究対象者の健康等にとって重要な事実であるか
> ・ 当該結果等の説明が研究業務の適正な実施に著しい支障を及ぼす可能性があるか

また、研究対象者等からインフォームド・コンセントを受ける際には、上記の説明方針を説明し、研究対象者等の理解を得なければならない。その上で、研究対象者等に対し、上記の説明方針に従って、当該研究により

得られた結果等を説明することになるが、研究対象者等がこれを希望しない場合にはその意思を尊重しなければならない（倫理指針第10の1(2)）。

なお、研究者等は、研究対象者等の同意がない場合には、研究対象者の研究により得られた結果等を研究対象者等以外の人に対し、原則として説明してはならない（倫理指針第10の1(5)）。

(2) 研究に係る相談実施体制等

研究責任者は、研究により得られた結果等を取り扱う場合、その結果等の特性を踏まえ、医学的または精神的な影響等を十分考慮し、研究対象者等が当該研究に係る相談を適宜行うことができる体制を整備しなければならない（倫理指針第10の2）。

ここでは、個別の研究計画や研究実施に関する手続の相談から、研究により得られた結果等に関する相談に至るまで、幅広い相談を行うことができるような体制整備が求められている。

なお、遺伝情報を取り扱う場合にあっては、上記に加えて、遺伝カウンセリングを実施する者や遺伝医療の専門家との連携を確保する努力義務が課せられている。

6 研究に係る試料および情報等の保管に関する規制

倫理指針では、研究に用いられる試料および情報等の保管について、規制を定めている。

「情報等」とは、研究に用いられる情報および試料・情報に係る資料（試料・情報の提供に関する記録を含む。）をいい、ここでいう「試料・情報に係る資料」には、研究対象者等の同意文書や試料・情報の提供に関する記録に加え、症例報告書や研究対象者が作成する記録、修正履歴（日付、氏名含む。）、試料・情報の提供に関する記録などが含まれる（倫理指針ガイダンス第13の2）。

(1) 正確性の確保

研究者等は、研究に用いられる情報および試料・情報に係る資料（試料・情報の提供に関する記録を含む。以下、本Ⅴにおいて「情報等」という。）

を正確なものにしなければならない。

　ここでいう「試料・情報に係る資料」には、研究対象者等の同意文書や試料・情報の提供に関する記録に加え、症例報告書や研究対象者が作成する記録、修正履歴等が含まれる。

　なお、「情報等」に個人データが含まれる場合には、当該個人データについては最新の内容に保つように努めなければならない点に留意が必要である（個情法22条）。

(2) 安全管理

　研究機関の長は、試料および情報等の保管に関する手順書を作成しなければならない。

　研究責任者は、当該手順書に基づき、研究計画書にその方法を記載するとともに、研究者等が情報等を正確なものにするよう指導・管理し、試料および情報等の漏えい、混交、盗難または紛失等が起こらないよう必要な管理を行わなければならず、管理の状況を研究機関の長に報告しなければならない。

　また、研究機関の長は、当該手順書に従って、当該研究機関の長が実施を許可した研究に係る試料および情報等が適切に保管されるよう必要な監督を行わなければならない（倫理指針第13(2)、(3)）。

(3) 保管期間

　研究機関の長は、当該研究機関において保管する情報等について、可能な限り長期間保管されるよう努めなければならない。

　特に、侵襲（軽微な侵襲を除く。）を伴う研究であって介入を行うものを実施する場合には、当該研究の終了について報告された日から5年を経過した日または当該研究の結果の最終の公表について報告された日から3年を経過した日のいずれか遅い日までの期間、適切に保管されるよう必要な監督を行わなければならない（倫理指針第13(5)）。

(4) 廃棄

　研究機関の長は、試料および情報等を廃棄する場合には、特定の個人を

識別することができないようにするための適切な措置が講じられるよう必要な監督を行わなければならない。

具体的には、人体から取得された試料においてはオートクレーブ処理、情報においては紙で保存されている場合はシュレッダー処理、データで保存されている場合はデータの削除等が考えられる（倫理指針ガイダンス第13の11）。

7　その他の指針

(1)　遺伝子治療等臨床研究に関する指針

平成27年8月に厚生労働省の公表したこの指針は、遺伝子治療等臨床研究（遺伝子治療等を行うことにより、当該遺伝子治療等の有効性または安全性を明らかにする研究）に関し遵守すべき事項を定めている。

倫理指針と同様、研究を実施しようとするとき等においてインフォームド・コンセントの実施や、研究に係る試料および情報等の保管等が要求されている。

(2)　手術等で摘出されたヒト組織を用いた研究開発の在り方

厚生省科学審議会の平成10年12月16日の答申である、この指針は、医薬品の研究開発を中心に、ヒト組織を研究開発に利用するために必要とされる要件を定めている。

ヒト組織の研究開発への利用にはインフォームド・コンセントの実施が必要とするほか、ヒト組織を用いた研究開発の事前審査・事後評価の実施、ヒト組織に関する情報の保護および研究開発によって得られた結果の公表等が要求されている。

(3)　厚生労働省の所管する実施機関における動物実験等の実施に関する基本指針

平成27年2月に厚生労働省の公表したこの指針は、科学的観点に基づく適正な動物実験等のために遵守すべき事項を定めている。

個人情報の取扱いに関連する定めは特段置かれていない。

(4) 異種移植の実施に伴う公衆衛生上の感染症問題に関する指針

平成13年に厚生労働省の公表したこの指針は、ヒト以外の動物に由来する生きた細胞等のヒトへの移植等（異種移植）に関係する感染症の感染および拡大の防止に関する指針である。

異種移植を行う場合におけるインフォームド・コンセントの方法および内容等が要求されている。

(5) ヒト受精胚の作成を行う生殖補助医療研究に関する倫理指針

平成13年に厚生労働省の公表したこの指針は、生殖補助医療の向上に資する基礎的研究のうち、ヒト受精胚の作成を行うものについて、当該研究に携わる者が遵守すべき事項を定めている。

配偶子の提供を受ける場合のインフォームド・コンセントの手続等を定めるほか、ヒト受精胚の作成において個人情報および遺伝情報を取り扱う場合、人を対象とする生命科学・医学系研究に関する倫理指針に準じた措置を講ずることが要求されている。

(6) ヒト受精胚に遺伝情報改変技術等を用いる研究に関する倫理指針

平成22年12月に厚生労働省、文部科学省の公表したこの指針は、ヒト受精胚に遺伝情報改変技術等（ゲノム編集技術その他の核酸を操作する技術）を用いる基礎的研究について、当該研究に携わる者が遵守すべき事項を定めている。

ヒト受精胚の提供を受ける場合のインフォームド・コンセントの手続等を定めるほか、遺伝情報改変技術等を用いる研究において個人情報および遺伝情報を取り扱う場合、人を対象とする生命科学・医学系研究に関する倫理指針に準じた措置を講ずることが要求されている。

Ⅵ　3省2ガイドライン

◆3省2ガイドラインの概要

　医療情報を電子的に取り扱う際の指針を定めたものとして、厚生労働省が策定する「医療情報システムの安全管理に関するガイドライン」（平成17年3月。以下、本Ⅵにおいて「医療情報安全管理ガイドライン」という。）、ならびに総務省および経済産業省が策定する「医療情報を取り扱う情報システム・サービスの提供事業者における安全管理ガイドライン」（令和2年8月31日、令和5年7月7日改定）の2つが存在する。この2つのガイドラインを合わせて「3省2ガイドライン」と称される。

　医療情報とは、「医療に関する患者情報（個人識別情報）を含む情報」と定義されている（医療情報安全管理ガイドライン（概説編）2.2）。典型的には電子カルテ、レントゲン、CT画像、薬局における薬剤服用歴の記録等に関する情報が挙げられる。医療情報には、医療従事者が作成・記録した情報のみならず介護事業者が医療従事者の指示や法令に基づいて作成・記録した情報も含まれるが、医療に関しない被介護者の介護情報（被介護者が使用するベッドの大きさ等）はこれに含まれない。

　従前、総務省、経済産業省、厚生労働省がそれぞれ医療情報の取扱いに関するガイドラインを策定していたが、前二者が統合され、現在は、厚生労働省の「医療情報安全管理ガイドライン」と総務省および経済産業省の「医療情報を取り扱う情報システム・サービスの提供事業者における安全管理ガイドライン」の2つとなり、3省による2つのガイドラインという意味で3省2ガイドラインと呼ばれている。

　前者は医療機関等に適用されるガイドラインであり、医療機関等が情報システムを導入・運用等する際の基準を定めている。これに対し、後者は、医療機関等に情報システムを提供する事業者等（典型的にはITベンダ等）に適用されるものである。

〔図表Ⅵ-1〕

医療機関側		事業者側
厚生労働省「医療情報システムの安全管理に関するガイドライン」	業務委託・利用 →	総務省・経済産業省「医療情報を取り扱う情報システム・サービスの提供事業者における安全管理ガイドライン」

　図表Ⅵ-1のとおり、医療情報安全管理ガイドラインの対象となる医療機関等と「医療情報を取り扱う情報システム・サービスの提供事業者における安全管理ガイドライン」の対象となる事業者の関係は、典型的には、委託者対受託者、ユーザ対ベンダの関係に立つ。3省2ガイドラインは、それぞれ、委託者かつユーザである医療機関等にとっての指針（経営方針の策定、組織体制・内部規程の整備、システムの設計・実装・運用に関する留意事項等）と受託者かつベンダである事業者にとっての指針（事業者が医療機関等に対して負う義務、安全管理に関する事業者と医療機関等との間の合意形成方法等）を定めたものであるということを念頭に置くと、各ガイドラインの内容をより理解しやすい。

　もっとも、事業者（ベンダ）側としては、「医療情報安全管理ガイドライン」を満たすシステムやサービスになっていなければ医療機関等から発注してもらえなくなることから、ビジネス上は、「医療情報安全管理ガイドライン」（特に「システム運用編」）を満たすシステムやサービスを構築し、同ガイドラインに対応していることを医療機関等に対して説明できるようにしておく必要があることになる。

　なお、大手のクラウド・ベンダなどにおいては、同ガイドラインへの対応について、説明文書を公開しているところもある（「セキュリティリファレンス」等と呼ばれている。）。

◆医療情報安全管理ガイドライン

医療情報安全管理ガイドライン（以下、本◆において「本ガイドライン」という。）は、平成17年3月に第1版が策定され、2024年7月現在、第6.0版が公開されている。

1 ガイドラインの対象となるケース

本ガイドラインの対象事業者は、医療機関等において、全ての医療情報システムの導入、運用、利用、保守および廃棄に関わる者である。ここでいう医療機関等とは、病院、一般診療所、歯科診療所、助産所、薬局、訪問看護ステーション、介護事業者、医療情報連携ネットワーク運営事業者等が想定されている。また、ここでいう医療情報システムは、医療情報を保存するシステムだけではなく、医療情報を扱う情報システム全般（医療機関等において自ら開発・構築されたシステムを含む。）が想定される。医療情報を含まない患者への費用請求に関する情報しか取り扱わない会計・経理システム等は、医療情報システムに含まれない。

2 ガイドラインのポイント

本ガイドラインは、医療情報システムの安全管理や、e-文書法[1]等の法令等への適切な対応を行うため、技術的および運用管理上の観点から所要の対策を示したものである。

本ガイドラインは、以下のとおり、概説編、経営管理編、企画管理編、システム運用編の4編から構成されている。

> ① 概説編：本ガイドラインの目的や対象、全体構成に加え、経営管理編、企画管理編、システム運用編を理解する上で前提となる考え方等を示す
> ② 経営管理編：主に医療機関等において組織の経営方針を策定し、意思決定を担う経営層を対象に、経営層として遵守・判断すべき事項、ならびに企画管理やシステム運営の担当部署および担当者に対して指示または管理すべき事項およびその考え方を示す

---

[1] 民間事業者等が行う書面の保存等における情報通信の技術の利用に関する法律（平成16年法律第149号。以下、本◆において「e-文書法」という。）

> ③　企画管理編：主に医療機関等において医療情報システムの安全管理（企画管理、システム運営）の実務を担う担当者（企画管理者）を対象に、組織体制や情報セキュリティ対策に係る規程の整備等の統制等の安全管理の実務を担う担当者として遵守すべき事項、医療情報システムの実装・運用に関してシステム運用担当者に対する指示または管理を行うに当たって遵守すべき事項およびその考え方を示す
> ④　システム運用編：主に医療機関等において医療情報システムの実装・運用の実務を担う担当者を対象に、医療機関等の経営層または企画管理者の指示に基づき、医療情報システムを構成する情報機器、ソフトウェア、インフラ等の各種資源の設計、実装、運用等の実務を担う担当者として適切に対応すべき事項とその考え方を示す

　なお、本ガイドラインは、全ての医療機関等における医療情報システムを対象とした安全管理に関して定めているところ、医療機関等の組織体制、稼働している医療情報システムの構成、採用しているサービス形態等の特性は様々であるため、それぞれの医療機関等の特性に応じたかたちで本ガイドラインを遵守する必要がある。そのため、本ガイドラインは、医療機関等の特性ごとに、医療機関等が必要な安全管理を確保するために本ガイドラインで最低限参照すべき箇所について明記している。具体的には、医療機関等における専任のシステム運用担当者の有無と導入している医療情報システムの形態に応じて、4種の参照パターンに分類し、各参照パターンにおいて、本ガイドラインのどの部分を参照すべきかを示している（図表Ⅵ-2）。

〔図表Ⅵ-2〕

	医療情報システムを医療機関等に保有し運用（いわゆるオンプレミス型）	医療情報システムを医療機関等に保有しない運用（いわゆるクラウドサービス型）
システム運用専任の担当者がいる	Ⅰ	Ⅱ
システム運用専任の担当者がいない	Ⅲ	Ⅳ

　なお、医療機関等において、カルテ等の医療情報を紙媒体で扱い、情報

第4章　ヘルスケア・医療

システム上では医療情報を扱わない業務のみ行っている場合でも、医療機関等内の端末上またはシステムとの連携によって、医療機関等外の医療情報へのアクセスが発生する場合は、参照パターンⅡやⅣに基づき本ガイドラインを参照する必要があるとされている（図表Ⅵ-3）。

〔図表Ⅵ-3〕

パターン	経営管理編	企画管理編	システム運用編
Ⅰ	全て参照	全て参照	
Ⅱ		基本的に全て参照 ※医療情報システムの構成に応じて、当該情報システム・サービス事業者に確認し、事業者と締結する契約等に含まれている場合は、以下について簡略化が可能 4.4 マニュアル等および各種資料の整備 5. 安全管理におけるエビデンス 15. 技術的な対策の管理 遵守事項：④、⑥、⑦、⑧、⑬以外	以下項目は参照 1〜4、6〜8、11、12.3、14、18 ※他の項目は、医療情報システムの構成に応じて、当該情報システム・サービス事業者に確認し、事業者と締結する契約等に含まれている場合は、簡略化が可能
Ⅲ		全て参照 ※各編内の「担当者」という記載を「企画管理者」に置換し、参照	
Ⅳ		基本的に全て参照 ※「担当者」という記載を「企画管理者」に置換し、参照 ※医療情報システムの構成に応じて、当該情報システム・サービス事業者に確認し、事業者と締結する契約等に含まれている場合は、以下について簡略化が可能 4.4 マニュアル等および各種資料の整備 5. 安全管理におけるエビデンス 15. 技術的な対策の管理	以下項目は参照 1〜4、6〜8、11、12.3、14、18 ※「担当者」という記載を「企画管理者」に置換し、参照 ※他の項目は、医療情報システムの構成に応じて、当該情報システム・サービス事業者に確認し、事業者と締結する契約等に含まれている場合は、簡略化が可

| | | 遵守事項：④、⑥、⑦、⑧、⑬ 以外 | 能 |

3　用語の定義・概念

　本ガイドラインは用語集を公開している。そのうち重要と思われるものを以下に挙げ、以下本Ⅵにおける定義および概念として使用する。

◇　医療情報：

　　医療に関する患者情報（個人識別情報）を含む情報。具体的には、以下の①から⑤まで等が対象となる。

> ①　「民間事業者等が行う書面の保存等における情報通信の技術の利用に関する法律等の施行等について」（「施行通知」）に含まれている文書
> ②　施行通知には含まれていないものの、民間事業者等が行う書面の保存等における情報通信の技術の利用に関する法律（「e-文書法」）の対象範囲で、かつ、患者の医療情報が含まれている文書等（麻薬帳簿等）
> ③　法定保存年限を経過した文書等
> ④　診療の都度、診療録等に記載するために参考にした超音波画像等の生理学的検査の記録や画像
> ⑤　診療報酬の算定上必要とされる各種文書（薬局における薬剤服用歴の記録等）

◇　医療情報システム：

　　医療に関する患者情報（個人識別情報）を含む情報を取り扱うシステム。

　　具体的には、医療機関等のレセプト作成用コンピュータ（レセコン）、電子カルテ、オーダリングシステム等の医療事務や診療を支援するシステムだけでなく、何らかの形で患者の情報を保有するコンピュータ、遠隔で患者の情報を閲覧・取得するコンピュータや携帯端末等、患者情報の通信が行われる院内・院外ネットワークを含む。

◇　可用性（Availability）：

　　情報に関して正当な権限を持った者が、必要時に中断することなく、情報にアクセスできること。

◇ 完全性（Integrity）：
情報に関して破壊、改ざんまたは消去されていないこと。
◇ 機密性（Confidentiality）：
情報に関して正当な権限を持った者だけが、情報にアクセスできること。

4 概説編

本ガイドラインの概説編は、医療情報の安全管理に関する基本的な考え方を示している。

5 経営管理編

本ガイドラインの経営管理編は、医療機関等の経営管理の観点から求められる医療情報システムの安全管理についての遵守事項およびその考え方を示している。具体的には、以下の項目について定めている。

① 安全管理に関する責任・責務
② リスク評価を踏まえた管理
③ 安全管理全般（統制、設計、管理等）
④ 安全管理に必要な対策全般
⑤ 医療情報システム・サービス事業者との協働

6 企画管理編

本ガイドラインの企画管理編は、組織体制や情報セキュリティ対策に係る規程の整備等の統制等の安全管理の実務に当たり具体的に遵守が必要な事項、医療情報システムの実装・運用に関する適切な対応をシステム運用担当者に指示、管理するために必要な事項を示している。具体的には、以下の項目について定めており、基本的にISMS（Information Security Management System：情報セキュリティマネジメントシステム）をベースにしたリスク評価を踏まえた管理が求められる内容となっており、医療機関等によっては対応することのハードルが高いものになっているように思われる。

① 管理体系
② 責任分界
③ 安全管理のための体制と責任・権限
④ 医療情報システムの安全管理において必要な規程・文書類の整備
⑤ 安全管理におけるエビデンス
⑥ リスクマネジメント（リスク管理）
⑦ 安全管理のための人的管理（職員管理、事業者管理、教育・訓練、事業者選定・契約）
⑧ 情報管理（管理、持ち出し、破棄等）
⑨ 医療情報システムに用いる情報機器等の資産管理
⑩ 運用に対する点検・監査
⑪ 非常時（災害、サイバー攻撃、システム障害）対応とBCP策定
⑫ サイバーセキュリティ
⑬ 医療情報システムの利用者に関する認証等および権限
⑭ 法令で定められた記名・押印のための電子署名
⑮ 技術的な安全管理対策の管理
⑯ 紙媒体等で作成した医療情報の電子化

7 システム運用編

　本ガイドラインのシステム運用編は、医療情報システムを構成する情報機器、ソフトウェア、インフラ等の各種資源の設計、実装、運用等の実務を担う担当者として適切に対応すべき事項とその考え方を示している。具体的には、以下の項目について定めている。なお、同編は、医療情報システムの実装・運用を医療機関等から受託する委託事業者においても参照すべきとされている。

① 情報セキュリティの基本的な考え方
② システム設計・運用に必要な規程類と文書体系
③ 責任分界
④ リスクアセスメントを踏まえた安全管理対策の設計
⑤ システム設計の見直し（標準化対応、新規技術導入のための評価等）
⑥ 安全管理を実現するための技術的対策の体系
⑦ 情報管理（管理・持出し・破棄等）
⑧ 利用機器・サービスに対する安全管理措置
⑨ ソフトウェア・サービスに対する要求事項

⑩　医療情報システム・サービス事業者による保守対応等に対する安全管理措置
⑪　システム運用管理（通常時・非常時等）
⑫　物理的安全管理措置
⑬　ネットワークに関する安全管理措置
⑭　認証・認可に関する安全管理措置
⑮　電子署名、タイムスタンプ
⑯　紙媒体等で作成した医療情報の電子化
⑰　証跡のレビュー・システム監査
⑱　外部からの攻撃に対する安全管理措置
⑲　e-文書法対応に求められる技術的対策（見読性、真正性、保存性）

◆医療情報を取り扱う情報システム・サービスの提供事業者における安全管理ガイドライン

医療情報を取り扱う情報システム・サービスの提供事業者における安全管理ガイドラインは、医療機関等にサービスを提供するITベンダ等を対象としたものである。令和2年8月21日に第1版が策定され、2024年7月現在、第1.1版が最新版として公開されている。(以下、本◆において「本ガイドライン」という。)

1 ガイドラインの対象となるケース

本ガイドラインの対象事業者は、①医療機関等との契約等に基づいて医療情報システム等(後記3)を提供する事業者、②医療機関等と直接的な契約関係になくても、医療機関等に提供する医療情報システム等に必要な資源や役務を提供する事業者、③患者等の指示に基づいて医療機関等から医療情報(後記3)を受領する事業者である(本ガイドライン2.1)。

2 ガイドラインのポイント

医療情報の安全管理に関して、対象事業者は、医療機関等に対して安全管理義務を負うとともに、患者との関係では医療機関等の患者に対する安全管理義務(の一部)の履行補助者の地位に立つ。本ガイドラインは、このような立場に立つ対象事業者が追う義務や責任に対応する際の指針を定めたものである。医療情報システム等の特性に応じた必要十分な対策が設計されるようにするため、本ガイドラインは、制度上の要求事項を除き、全ての医療情報システム等に共通な一律の要求事項を定めることはせず、対象事業者がリスクベースアプローチに基づいたリスクマネジメントのプロセスを通じて対策をとりまとめ、医療機関等との間で合意を形成することを求めている。この点、実務上ISMSを確立しているITベンダ等であれば別論、ベンチャー企業等では対応へのハードルは高いように思われる。

3 用語の定義・概念

本◆における用語の定義および概念は以下のとおりである。

◇ 医療機関等：
　病院、一般診療所、歯科診療所、助産所、薬局、訪問看護ステーション、介護事業者、医療情報連携ネットワーク運営事業者等。
◇ 医療情報：
　医療に関する患者情報（個人識別情報）を含む情報。
◇ 医療情報システム等：
　医療情報を取り扱う情報システムやサービス。
◇ 患者等：
　患者本人のほか、患者の家族等で、患者の医療情報を閲覧する権限を有する者を含む。
◇ 情報流：
　医療情報システム等の提供に関わる情報の流れ。
◇ 対象事業者：
　医療機関等から医療情報の加工や保存等の処理に関連する医療情報システム等提供を受託する事業者。
◇ リスクベースアプローチ：
　一律の要求事項を定めるのではなく、顕在化し得るリスクの内容に応じた対応方法の選択を実施する手法。

4　対象事業者の義務および責任

　上記のとおり、対象事業者の具体的な義務は医療機関等との合意形成によって決定されるべきものであるが、大きくは、①合意形成前の説明義務（下記(1)）、②合意形成後の通常時の義務（下記(2)）、③合意形成後の危機管理対応時の義務（下記(3)）の3つに分けられる。

(1) 合意形成前の説明義務

　対象事業者は十分な情報提供（下記5(3)(i)参照）を行った上で、医療機関等との間で「共通理解」および「明示的な合意」の形成を行うことが求められる。なお、「共通理解」とは、契約書やSLA（Service Level Agreement）等の契約上の文書による「明示的な合意」とは別に、共通の理解を形成することであり、その取組みの記録として議事メモや作業記録

等の文書等に残すことは重要であるとされている。また、対象事業者は、医療機関等との間で適切な共通理解が形成されるよう、専門知識の差異があることを踏まえ、用語集や解説を加える等の工夫に努めることが求められる。

対象事業者は、契約中（合意形成後）においても、医療機関等からの要求内容や環境に変化が生じた場合や、情報セキュリティ事故発生により開発・運用内容等を見直す必要が生じた場合等には、共通理解や明示的な合意に基づく合意形成を改めて実施し、合意を維持することが求められる（本ガイドライン3.2.1）。

(2) 合意形成後の通常時の義務

通常時の医療情報システム等のライフサイクルは、以下のとおり、「開発フェーズ」、「運用フェーズ」、「契約終了フェーズ」の3フェーズに分けられるため、対象事業者の義務も、これに応じて整理することが推奨されている。対象事業者が各フェーズにおいて負う具体的な義務は、下記5のリスクマネジメントのプロセスを通じた医療機関等との合意形成によって定める（本ガイドライン3.2.2）。

> ① 開発フェーズ：対象事業者が医療機関等との契約中に、医療機関等に提供する医療情報システム等の開発を実施するフェーズ。「開発フェーズ」には新規の開発（新規開発）だけでなく、機器・端末のアップデートや機能更新に伴う開発（保守開発）や各医療機関等での初期設定といった、運用フェーズの前段階も広く含む
> ② 運用フェーズ：対象事業者が医療機関等との契約中に、医療情報システム等の運用作業を実施するフェーズ
> ③ 契約終了フェーズ：対象事業者が医療機関等との契約中に、医療情報システム等に関する契約を終了する際のフェーズ

(3) 合意形成後の危機管理対応時の義務および責任

本ガイドラインにおいて、危機管理対応時は「情報セキュリティ事故が生じ、当該問題への対処が必要となる場合」と定義されている。本ガイドラインは、対象事業者が、①情報セキュリティ事故が発生した場合に、当該事故に関するできる限り詳細な情報を医療機関等へ提供するべきこと、

②情報セキュリティ事故について、速やかに善後策を講じるべきこと、③同様の情報セキュリティ事故の再発防止策を医療機関等に提案すべきこと、④上記③において提案した内容について、医療機関等と適切に合意（再合意）形成を行った上で実行すべきこと、を定める（本ガイドライン3.3.3）。

5　リスクマネジメントのプロセスを通じた医療機関等との合意形成

対象事業者は、医療情報システム等を提供する際に想定されるリスクを洗い出し、必要な対策をとりまとめ、医療機関等と合意形成することが求められる。当該プロセスは、大きくは①リスクアセスメント（下記(1)）、②リスク対応（下記(2)）、③リスクコミュニケーション（下記(3)）の3つのプロセスに分類される。

(1)　リスクアセスメント

リスクアセスメントは(i)リスク特定、(ii)リスク分析、(iii)リスク評価の3つのプロセスにさらに分類される（本ガイドライン5.）。

(i)　リスク特定

対象事業者はリスク特定を以下の要領で実施する（本ガイドライン5.1.1）。

> ①　自らが提供する医療情報システム等の全体構成図を作成し、医療情報システム等の全体構成を明らかにする
> ②　医療情報システム等の全体構成図をもとに、医療情報システム等のライフサイクルにおけるフェーズ毎の情報流を特定する
> ③　情報流を、当該情報流で処理を行う対象情報の安全管理上の重要度に応じて分類する
> ④　情報流に対して生じ得る脅威（代表的なものが本ガイドラインで列挙されているが、これに限らない）をあてはめ、各脅威が顕在化した場合に当該情報流に対して生じ得るリスクを特定する

(ii)　リスク分析

対象事業者はリスク分析を、特定したリスクについて、「医療情報シス

テム等への影響の度合い」（影響度）と「当該リスクが顕在化する可能性」（顕在化率）をもとに、「リスクの大きさの度合い」（リスクレベル）を算出することによって行う。具体的には以下の要領で実施する（本ガイドライン5.1.2）。

> ① 特定したリスクについて、リスクを洗い出す際のもととなった情報流の分類を参考に、当該リスクが顕在化した場合の医療情報システム等への機密性、完全性、可用性への影響度合いを総合的に判断し、リスクの影響度を特定する
> ② 被害が発生する際の前提条件等をもとにリスクの顕在化率を特定する
> ③ 上記によって特定された影響度および顕在化率をもとに、本ガイドラインの定める例を参考にリスクレベルを5段階に分類する

(iii) リスク評価

対象事業者は各リスクについて、リスクレベルをもとに対応要否を検討し、リスクアセスメント結果一覧を作成することによってリスク評価を行う。なお、これと同時に、リスクレベルに応じた対応基準を定めることも提案されている（本ガイドライン5.1.3）。

(2) リスク対応

リスク対応は、以下のとおり(i)リスク対応の選択肢の選定、(ii)リスク対応策の設計・評価の2つのプロセスにさらに分類される。

(i) リスク対応の選択肢の選定

上記(1)のリスクアセスメントの結果を踏まえ、リスク対応の選択肢を選定する。リスク対応の選択肢は、図表Ⅵ-4のとおり「リスク低減」、「リスク回避」、「リスク共有」、「リスク保有」の4種類に分類される（本ガイドライン5.1.4）。

〔図表Ⅵ-4〕

選択肢	概要
リスク低減	リスクへの対策を行うことで、リスクレベル（顕在化率および影響度）を低減させる

リスク回避	リスクを生じさせる情報流を廃止したり、別の情報流に変更する
リスク共有	保険への加入により金銭面での損失に備えたり、医療情報システム等の運用を外部に委託することで専門的な業者の管理下に置いたりする
リスク保有 (リスク受容)	意思決定に基づき、残存するリスクの顕在化により生じ得る被害や金銭面での損失を受容する

(ii) リスク対応策の設計・評価

対象事業者はリスク対応の選択肢の選定後、以下の要領でリスク対応策の設計・評価を実施する（本ガイドライン5.1.5）。

① リスク対応策の設計
② 医療機関等へ対応を求める事項の整理：設計したリスク対応策のうち、医療機関等による対応が必要となる内容について、医療機関等へ対応を求める事項として整理する
③ 残存するリスクの評価：医療機関等へ対応を求める事項を整理した上で、それでも残存するリスクについて改めてリスク評価（上記(1)(iii)）を実施する
④ リスク対応の文書化：リスク対応の選択肢についての選定結果および、選定結果に基づき設計した対応策を「リスク対応一覧」として文書化する

(3) リスクコミュニケーション

リスクコミュニケーションは①適切な情報提供を通じた合意形成（下記(i)）、②合意形成した結果の文書化（下記(ii)）の2つのプロセスにさらに分類される。

(i) 適切な情報提供を通じた合意形成

対象事業者は、医療機関等に対して必要な情報を文書化して提供し、医療機関等との役割分担、対象事業者として受容したリスクの内容等について、医療機関等と合意形成することが求められる。本ガイドラインは、合意形成のために提供すべき情報を表形式で列挙しており、これに従った情報提供が求められる。また、本ガイドラインは、別紙として、情報提供すべき項目を示した開示書（サービス仕様適合開示書）および対象事業者と医療機関等の間の合意書（サービス・レベル合意書。SLA）の参考例を公開し

ており、これを参照することが有益である。

医療機関等と合意に至らなかった場合には、対象事業者はリスク対応事項の見直し結果に基づく再協議、残存するリスクの共通理解に向けた再協議等、医療機関等と再度合意形成を図り、合意することが求められる（本ガイドライン5.1.6(1)）。

(ii) 合意形成した結果の文書化

対象事業者と医療機関等の間で合意形成された後、対象事業者は、合意に従いリスクに対する対応計画を策定するとともに、合意形成した結果を文書化する。文書化については、最低限以下を含む運用管理規程を定めることが求められる（本ガイドライン5.1.6(2)）。

① 医療情報システム等の安全管理に係る基本方針
② 医療情報システム等の提供に係る体制
③ 契約書・マニュアル等の文書の管理方法
④ 機器等を用いる場合の機器等の管理責任の所在・管理方法
⑤ リスク対応策の運用方法
⑥ 事故発生時の対応方法および医療機関等への報告方法
⑦ 個人情報を格納する記憶媒体の管理方法
⑧ 医療機関等の危機管理対応時の委託事業者における体制・対応内容
⑨ 医療情報の外部保存に係る患者等への説明方法
⑩ 医療情報システム等に対する監査の実施方針
⑪ 医療機関等の管理者からの問い合わせ窓口

(4) 継続的なリスクマネジメントの実施

対象事業者は、上記(1)から(3)までのプロセスを一度だけ実施するのでなく、医療情報システム等における情報流や脅威の変化、想定外の事態の発生等に応じて、医療機関等との契約締結後も継続的に実施し、見直しを行うことが求められている（本ガイドライン5.1.7）。

6 制度上の要求事項

上記のとおり、本ガイドラインは、原則として、全ての医療情報システム等に共通な一律の要求事項を定めることはしないとされているが、以下については、制度上、全ての対象事業者に対し一律の対応を求めている。

(1) 医療分野の制度が求める安全管理の要求事項

医療情報の作成や保存は、医師法および歯科医師法、薬剤師法、医療法等の法令において規定されているほか、医療従事者に対する業務上知り得た秘密の漏えいに関する罰則が刑法等において規定されていることから、医療機関等は調査機関等の検査に対し、適切に対応できるようにする必要がある。そのため、上記法令で定められた医療機関等に対する義務や行政手続の履行を確保するために、医療情報および当該情報に係る医療情報システム等が国内法の執行の及ぶ範囲にあることを確実とすることが求められている（本ガイドライン6.1.）。

(2) 電子保存の要求事項

e-文書法省令や「『民間事業者等が行う書面の保存等における情報通信の技術の利用に関する法律等の施行等について』の一部改正について」（平成28年3月31日付け医政発0331第30号・薬生発0331第10号・保発0331第26号・政社発0331第1号厚生労働省医政局長、医薬・生活衛生局長、保険局長、政策統括官（社会保障担当）連名通知）で定められた文書等について、真正性、見読性、保存性を確保することが求められている（本ガイドライン6.2.）。

(3) 法令で定められた記名・押印を電子署名に代える場合の要求事項

法令で署名または記名・押印が義務付けられた文書等を医療情報システム等で作成する場合に、電子署名および認証業務に関する法律ならびに医療情報安全管理ガイドラインの要件、要求事項を満たす電子署名を採用することが求められている（本ガイドライン6.3.）。

(4) 取扱いに注意を要する文書等の要求事項

医療情報安全管理ガイドラインにおいて「個人情報の保護について留意しなければならない文書等」として挙げられている文書について、医療情報安全管理ガイドラインに従い取り扱うことが求められている（本ガイドライン6.4.）。

(5) 外部保存の要求事項

　診療録等の外部保存の受託にあたり、外部保存改正通知「第2　1電子媒体により外部保存を行う場合」の要求事項を満たすことが求められている（本ガイドライン6.5.）。なお、当該要求事項のうち、従前の情報処理事業者ガイドラインおよびクラウド事業者ガイドラインへの遵守については、本ガイドラインの遵守により代替される。

Ⅶ 民間PHR事業者による健診等情報の取扱いに関する基本的指針[1]

1 指針の対象となるケース

　本指針の対象事業者は、「健診等情報」を取り扱うPHR（Personal Health Record）サービスを提供する民間事業者（以下「PHR事業者」という。）である。具体的には、以下のいずれかに当たる場合に対象となる（民間PHR事業者による健診等情報の取扱いに関する基本的指針に関するQ&A（以下「健診等情報Q&A」という。）1-2）。

> ① 個人がマイナポータルAPI等を活用して入手可能な健康診断等の情報
> ② 医療機関等から個人に提供され、個人が自ら入力する情報
> ③ 個人が自ら測定または記録を行うものであって、医療機関等に提供する情報※
> ※医療機関との連携を目的とする機能（医師に情報を提供し閲覧させることを想定したリコメンデーション機能等がある場合）または医療機関と連携する機能（医師が記録をオンラインで確認する機能等）等を備えたPHRサービスにおいて、個人が入力（測定器具から自動的に記録される場合を含む。）する情報は対象となる。一方、PHR事業者が提供するサービスが、本人における健康管理のみを目的としている場合は対象外である（健診等情報Q&A1-5）

　他方、本指針は、①専ら個人が自ら日々計測するバイタルまたは健康情報等のみを取り扱う事業者や、②個人の健康管理ではなく、専ら研究開発の推進等を目的として利用される健診等情報または匿名加工情報もしくは仮名加工情報のみを取り扱う事業者は、対象事業者に含まれない。また、単なる健康相談専用のコミュニケーションサービスであれば、基本的には対象外である。他方、同サービスにおいて、本指針の対象となる健診等情報を記録し、利用者が健康管理を行う機能も提供する場合は対象となる（健診等情報Q&A1-1）。

---

[1] 総務省＝厚生労働省＝経済産業省「民間PHR事業者による健診等情報の取扱いに関する基本的指針」（令和3年4月。以下、本Ⅶにおいて「本指針」という。）

2 指針のポイント

　本指針は、安全、安心な民間 PHR サービスの利活用の促進に向けて、PHR サービスを提供する事業者が遵守すべき事項を示すものである。本指針では、要配慮個人情報である健診等情報を取り扱うこととなるサービスを提供する民間事業者が個人情報保護法により遵守を求められている事項に加えて、適正な PHR の利活用を促進するために遵守することが必要と考えられる事項を含めて提示している。

　したがって、本指針に基づく要請に違反していることで罰則が適用されることはないものの、個人情報保護法の要請を遵守できていない場合は同法違反となるとされている（健診等情報 Q&A 1 -13）。

　本指針に記載のない事項および関係条文については、個人情報保護法についての各ガイドラインを参照する必要があるとされている。また、患者等の指示に基づいて医療機関等から医療情報を受領する事業者は、「医療情報を取り扱う情報システム・サービスの提供事業者における安全管理ガイドライン」の遵守が求められる（例えば、利用者の指示に基づいて薬局から、システムを通じて直接、薬剤情報を受領する電子お薬手帳を提供する事業者等は、「提供事業者ガイドライン」の対象となる（健診等情報 Q&A 1 -14）。）。

　特に、本指針の別紙としてチェックシートが掲載されており、PHR 事業者は、当該チェックシートの確認事項に従って各要件を満たしているかどうかを定期的に確認し、結果を自社のホームページ等で公表しなければならないことに留意する必要がある。

3 用語の定義・概念

　本Ⅶにおける用語の定義および概念は以下のとおりである。

◇　PHR：
　　Personal Health Record の略語。一般的には、生涯にわたる個人の保健医療情報（健診（検診）情報、予防接種歴、薬剤情報、検査結果等診療関連情報および個人が自ら日々測定するバイタル等）をいう。

◇　PHR サービス：
　　利用者が、予防または健康づくり等に活用することならびに医療およ

び介護現場で役立てること等を目的として、PHR を保存および管理ならびにリコメンド等を行うサービス。

◇ 健診等情報：

個人が自らの健康管理に利用可能な個人情報保護法上の要配慮個人情報で、次に掲げるもの。

- 個人がマイナポータル API 等を活用して入手可能な健康診断等の情報（健康保険組合等から入手する場合または個人が自らアプリ等に入力する場合も含む。）
- 医療機関等から個人に提供され、個人が自ら入力する情報
- 個人が自ら測定または記録を行うものであって、医療機関等に提供する情報（具体例としては、予防接種歴、乳幼児健診、特定健診、薬剤情報等が挙げられる。）

◇ マイナポータル：

内閣府大臣官房番号制度担当室が運営するウェブシステムであり、やりとり履歴、利用者の情報、お知らせの表示や子育てワンストップサービス等の各種情報提供、電子申請等のサービスを提供するもの。

◇ マイナポータル API：

民間や行政機関等の組織が提供する外部サービスからの電子申請をマイナポータルで受け付けたり、システム利用者の同意のもと、行政機関から入手した自らの個人情報を外部サービスに提供することを可能にするもの。マイナポータル利用規約別表に掲げられる、マイナポータルが提供する API であり、外部のウェブシステム等が利用するもの。

4 情報セキュリティ対策

(1) 実施すべき安全管理措置

本指針は、実施すべき安全管理措置を以下のとおり列挙している（本指針 2．1．(2)）。PHR 事業者は、以下の各安全管理措置を講じるに当たっては、本指針に記載されている対策のポイントを参照することが求められる。なお、以下の安全管理措置以外の対策を講じることも可能であるが、その場合には同等程度以上の措置でなければならない（健診等情報 Q&A 2 -1）。

(i) 情報セキュリティに対する組織的な取組み
- 情報セキュリティに関する経営者の意図が従業員に明確に示されている
- 情報セキュリティ対策に関わる責任者と担当者を明示する
- 管理すべき重要な情報資産を区分する
- 個人情報の取扱状況を確認する手段を整備する
- 健診等情報については、入手、作成、利用、保管、交換、提供、消去および廃棄における取扱手順を定める
- 外部の組織と情報をやり取りする際に、情報の取扱いに関する注意事項について合意を取る
- 個人データの取扱いを委託する場合は委託先での安全管理措置を確保する
- 取扱状況を把握するとともに、安全管理措置の見直しを行う
- 従業者（派遣を含む。）に対し、セキュリティに関して就業上何をしなければいけないかを明示する
- 情報セキュリティに関するルールの周知および情報セキュリティに関わる知識習得の機会を与える

(ii) 物理的セキュリティ
- 健診等情報を保管したり、扱ったりする場所の入退管理および施錠管理を行う
- 重要なコンピュータおよび配線は地震等の自然災害またはケーブルの引っ掛け等の人的災害による重大な被害が起こらないように配置または設置する
- 重要な書類、モバイルパソコンおよび記憶媒体等について、整理整頓を行うとともに、盗難防止対策、紛失対策および確実な廃棄を行う

(iii) 情報システムおよび通信ネットワークの運用管理
- 情報システムの運用に関して運用ルールを策定する
- ウイルス対策ソフトをはじめとしたアプリケーションの運用を適切に行う
- 導入している情報システムに対して、最新のパッチを適用する等の脆弱性対策を行う

- 通信ネットワークを流れる重要なデータに対して、暗号化等の保護策を実施する
- モバイルパソコン、USBメモリ等の記憶媒体またはデータを外部に持ち出す場合、盗難、紛失等に備えて、適切なパスワード設定または暗号化等の対策を実施する
- 外部から受け取るファイルに対して、無害化を実施する

(ⅳ) 情報システムのアクセス制御ならびに情報システムの開発および保守におけるセキュリティ対策

- 情報（データ）および情報システムへのアクセスを制限するために、システム管理者のIDの管理（パスワード等認証情報の管理等）を行う
- 健診等情報に対するアクセス権限の設定を行う
- インターネット接続に関わる不正アクセス対策（ファイアウォール機能、パケットフィルタリングおよびIPSサービス等）を行う
- 無線LANのセキュリティ対策（WPA2の導入等）を行う
- ソフトウェアの選定および購入、情報システムの開発および保守ならびにサービス利用に際して、情報セキュリティを前提とした管理を行う

(ⅴ) 情報セキュリティ上の事故対応

- 情報システムに障害が発生した場合、業務を再開するための対応手順を整理する
- 情報セキュリティに関連する事件または事故等（ウイルス感染、情報漏えい等）の緊急時の対応手順を整理する

(2) 第三者認証取得による客観的な安全管理措置の担保

　PHR事業者は、リスクマネジメントシステムを構築するに際して、本指針の対策例に加えて、標準規格（ISOまたはJIS）等に準拠した対策の追加および第三者認証（ISMSまたはプライバシーマーク等）を取得することで、客観的に安全管理措置を担保するよう努めなければならない。

　なお、マイナポータルAPI経由で健診等情報を入手するPHR事業者においては、第三者認証を取得しなければならないとされる（本指針2.2.

(1))。

5　個人情報の適切な取扱い

本指針特有の要求として以下の取扱いが挙げられている。

(1)　情報の公表
（ⅰ）　サービス利用規約およびプライバシーポリシー等の公表
　PHR事業者は、利用者および第三者が当該PHR事業者の取組みについて評価できるよう、プライバシーポリシーおよびサービス利用規約をホームページに掲載する等により公表しなければならない。その際、サービスの内容によって、利用規約が長大となるような場合は、サービス利用規約の概要版を必要に応じて作成するとともに、ホームページのアクセスしやすい場所に掲載する等分かりやすく公表しなければならない（本指針3.1.2.(2)①）。

(2)　同意取得
（ⅰ）　健診等情報取得に係る同意取得時の利用目的の通知
　PHR事業者は、健診等情報の取得に際しては、利用目的をできる限り特定し、利用目的およびその範囲等について、サービス利用規約の概要を提示する等、分かりやすく通知した上で（具体的な方法については健診等情報Q&A参照。）、本人の同意を得なければならない。なお、健診等情報以外の個人情報も取り扱う場合には、当該情報についての利用目的の範囲内であることを確認しなければならない（本指針3.2.(2)①）。
（ⅱ）　第三者提供に係る同意取得
　PHR事業者は、健診等情報の第三者提供に際しては、提供先、その利用目的（必要に応じてその概要を提示する。）および提供される個人情報の内容等を特定し、分かりやすく通知した上で、本人の同意を得なければならない。また、同意があった場合でも、本人の不利益が生じないよう配慮しなければならない（本指針3.2.(2)②）。
（ⅲ）　利用者による同意状況の確認
　過去の同意内容を確認または見直すことを希望する利用者が一定程度発

生することも想定される。PHR事業者は、そうした利用者のため、過去の同意状況を利用者が確認できる方策を確保しなければならない（本指針３．２．(2)③）。

(3) 消去および撤回
(ⅰ) 同意の撤回
　PHR事業者は、健診等情報の取得時および第三者提供時の当該同意の撤回について、同意する際と同程度の容易さで行えるよう、工夫しなければならない。具体的には、本人が同意の撤回を希望した場合、同意撤回のための情報および受付窓口がウェブサイトの深層にありアクセスしにくいのは望ましくないため、同意の設定変更を容易にできる機能を提供するなど、工夫に努めなければならないとされている（本指針３．３．(2)①）。

(ⅱ) 健診等情報の消去
　PHR事業者は、事業終了等により健診等情報の利用の必要がなくなった場合または本人の求めがあった場合には、当該事業者が管理している健診等情報（管理を委託している場合を含む。）を消去しなければならない。ただし、多額の費用を要する場合その他の消去を行うことが困難な場合であって、本人の権利利益を保護するため必要なこれに代わる措置をとるときは、当該代替措置によることもできるとされている（本指針３．３．(2)②）。

(ⅲ) 長期間利用がない場合の措置
　利用者によるアクセスがなく、長期間利用されない健診等情報について、本人が認知しないままに、当該情報が削除されることは望ましくないため、一定の期間、利用がない場合に消去等の措置を講じる旨（消去を行う時期等を含む。）を利用者に通知または公表しなければならないとされる（本指針３．３．(2)③）。

6 健診等情報の保存および管理ならびに相互運用性の確保

　本指針は、健診等情報の保存および管理について法令に従った取扱いを行うことを求めているが、これに加え、本指針特有の要求として相互運用性の確保を求めている。相互運用性の確保について、具体的には以下の点

を要求している。

(1) 利用者を介した相互運用性の確保

健診等情報を取り扱うPHR事業者においては、少なくともマイナポータルAPI等を活用して入手可能な自身の健康診断等の情報について、利用者へのエクスポート機能および利用者からのインポート機能を具備しなければならない。その際、健診等情報のフォーマット等に関しては、マイナポータルAPIから出力される項目およびフォーマットを基本とし、また、互換性の高い汎用的なデータファイル（例えば、HL7CDA等）とすることで、利用者が取り扱うことができるようにしなければならないとされる（本指針4.2.(1)①）。

(2) サービス終了時の措置

PHR事業者がサービスを終了する場合、利用者への健診等情報のエクスポートおよび他のPHR事業者への当該健診等情報のエクスポートが実施可能な期間を十分に確保しなければならないとされる（本指針4.2.(1)②）。

(3) データ連携先事業者の適切性の確認

PHR事業者間で健診等情報を利用者を介さず直接的にデータ連携する場合、データ連携先事業者が本指針に規定する対策を行っていることを、当該データ連携先事業者のホームページ等での公表内容または第三者認証の取得状況等により確認しなければならないとされる（本指針4.2.(1)③）。

7 要件遵守の担保
——本指針の規定する要件を遵守していることの確認

PHR事業者は、本指針の別紙チェックシートの確認事項に従って各要件を満たしているかどうかを定期的に確認し、結果を自社のホームページ等で公表しなければならない。ホームページに掲載する際は、サービス利用規約およびプライバシーポリシー等と同じページ等に、その結果を掲示するとともに、当該結果の概要を理解しやすいよう分かりやすい表現にて

記載するよう努めなければならないとされる（本指針５．１．(1)①）。

第 2 部

ケーススタディ

Case 1　顧客等に向けてダイレクトメールを送信する場合

> 顧客等に向けてダイレクトメールを送信する場合、個人情報保護法、特定電子メール法、特定商取引法（ECサイト等の通信販売の場合）が問題となる。

◇関連法規◇
個人情報保護法　第1章Ⅷ（129頁）
電気通信事業法　第1章Ⅰ（2頁）
特定電子メール法　第1章Ⅴ（87頁）
特定商取引法　第1章Ⅲ（53頁）

1　個人情報保護法

個人情報保護法において、個人情報を広告目的で利用するためには、それが利用目的として特定され、本人に対して通知等されている必要がある（個情法17条1項、21条1項・2項）。例えば、「新商品・サービスのお知らせのために利用します」などとプライバシーポリシーに記載して公表してあれば、ダイレクトメール目的で利用することができる。

他方、「取得の状況からみて利用目的が明らかであると認められる場合」（個情法21条4項4号）には、利用目的と通知等する必要はない。この点、個人情報取扱事業者の従業者であることを明らかにした上で名刺を交換した場合には、相手側は名刺を渡した者が所属する個人情報取扱事業者から広告宣伝のための冊子や電子メールが送られてくることについて、一定の予測可能性があると考えられ、従業者が取得した名刺の連絡先に対して自社業務の広告宣伝のための冊子や電子メールを送ることは、「取得の状況からみて利用目的が明らかであると認められる場合」に該当するとされている（Q&A4-16）。

他方、ダイレクトメールの送付が、利用目的として通知等されておらず、かつ自明の利用目的にも当たらない場合には、利用目的を変更（追加）する必要がある。この場合、変更前の利用目的と関連性があれば本人の同意は不要であるが（個情法17条2項）、そうでない場合には本人の同意が必要となる。なお、本人に対して、一定期間内に回答がない場合には同意し

たものとみなす旨の電子メールを送り、当該期間を経過した場合に、本人の同意を得たこととすることはできないが（Q&A 1-60）、同意を得るために個人情報を利用すること（メールの送信や電話をかけること等）は、当初特定した利用目的として記載されていない場合でも、目的外利用には該当しない（GL通則編3-1-3）。

2 特定電子メール法

以上のとおり、個人情報保護法上は、利用目的として通知等してあれば、ダイレクトメールを送付する目的で利用することに本人の同意は必要ない。

しかしながら、特定電子メール法のオプトイン規制により、広告または宣伝のための電子メール（特定電子メール。携帯電話のSMSを含む。）は、原則として、本人の同意がなければ送信することができない（90頁）。また、同意についてはそれを証する記録を保存しておく義務があるため留意が必要である（97頁）。さらに、同意を得るために電子メールを送信することも特定電子メールの送信に該当し、同意がなければならない（89頁〜90頁）。したがって、将来ダイレクトメールを送信する可能性があるのであれば、会員登録などのタイミングで同意をとるようにしておく必要がある。

もっとも、①名刺などの書面によって自己のメールアドレスを通知した者、②取引関係にある者、および③自己のメールアドレスを公表している者には、同意がなくても特定電子メールを送信できる（95頁〜97頁）。したがって、上記1で述べたQ&A 4-16と同様、名刺交換をした場合には、特段の問題なく、ダイレクトメールを送信することができることになる。ダイレクトメールを受領したくない者は、特定電子メールに記載されているオプトアウトの手続をとることによって配信停止となるから（99頁）、これにより、営業活動のやりやすさと個人の権利利益の保護のバランスをとっていることになるものと考えられる。

3 特定商取引法

さらに、ECサイトをはじめとする特定商取引法における「通信販売」

Case 1　顧客等に向けてダイレクトメールを送信する場合

を行っている場合には、特定商取引法の電子メール広告の規制も受ける(61頁)。同法も、消費者があらかじめ承諾しない限り、電子メール広告を送信することを禁止している(オプトイン規制)。

Case 2　位置情報を使ったマーケティングを行う場合

　スマートフォンなどの位置情報を利用したサービスを提供したり、マーケティング活動をするケースも増えている。例えば、ユーザの位置情報を取得して分析すれば、自宅の場所や就業場所はもちろん、通勤経路、休日に自動車に乗っているか、自転車が趣味か、好きな料理（レストラン）が何か、ひいては年収などが推測できる。また、クーポンなどを配付するアプリで位置情報を取得すれば、自社の店舗に来た顧客を特定することができることはもちろん、競合他社の店舗に行ってしまったかどうかなども分かる可能性がある。
　このようにユーザの位置情報を取得して利用する場合、個人情報保護法のほか、電気通信事業法の適用があるかを見極める必要がある。電気通信事業法の適用がある場合、個別具体的かつ明確な同意が必要であり、約款・利用規約への同意では足りない可能性があるからである。また、独占禁止法の優越的地位の濫用に該当しないかについても検討を要する。さらに、ユーザとの関係で、一般不法行為としてのプライバシー権侵害も問題となる。

◇関連法規◇
個人情報保護法　第1章Ⅷ（129頁）
電気通信事業法　第1章Ⅰ（2頁）
独占禁止法　第1章Ⅱ（34頁）
プライバシー（民法）　第1章Ⅶ（120頁）

1　個人情報保護法

　まず、利用目的の特定と通知等が必要となる。本件では、位置情報を分析して利用しているため、そのような利用を本人が予測・想定できるように、インプットする個人情報の項目とアウトプットを結びつけて利用目的を特定する必要がある（132頁）。例えば、「位置情報や購買履歴等を分析して、趣味・嗜好に応じた商品やサービスのお知らせのために利用」といった形で利用目的を特定し通知等する必要がある。
　また、自社のアプリなどにより本人から直接位置情報を取得するのではなく、位置情報のサービスを提供している事業者を利用し、その会社から情報提供を受ける場合、提供を受ける情報が当該事業者側で個人データに

353

当たれば第三者提供の同意を当該事業者側で取得しておく必要がある。当該事業者側で個人データでなければ、個人関連情報の提供を受けることになるため、受領する自社側で個人データと紐付けをするのであれば、自社側で本人の同意を取得する必要がある（154頁）。

　さらに、位置情報のサービスがそれ自身で完結しており、利用企業側は位置情報のデータそのものは提供を受けず、自社サービスの利用状況などの分析結果のみの提供を受けるようなケースでは、位置情報サービスを提供している事業者側で、各利用企業から提供を受けた個人情報を本人ごとに突合する処理が行われている可能性がある。この場合には、個人データの取扱いの委託とは解されないから、提供元となる利用企業またはサービス提供事業者において、個人データの第三者提供について本人から同意を取得する必要がある（146頁）。

2　電気通信事業法

　他人の通信を媒介するのではない電気通信役務を提供するようなケースなどでは、登録・届出は必要なく、電気通信事業法は適用されない（いわゆる「3号事業」など。4頁）。しかし、そのような場合であっても、電気通信事業を営む者の取扱中に係る通信については、通信の秘密の保護の対象にはなる（14頁）。

　この場合、位置情報を取得することは通信の秘密を侵す可能性があり、違法性阻却事由として通信当事者の個別具体的かつ明確な同意が必要となる（約款同意では足りない）。このことは、電気通信事業GLにも明記されている（15頁、28頁）。

3　優越的地位の濫用

　提供するサービスがデジタルプラットフォーム事業（36頁）に該当する場合、消費者から位置情報という個人情報等を取得する際に、優越的地位の濫用にならないようにしなければならない。

　具体的には、アプリやサービスの利用規約やプライバシーポリシーの記載内容や画面構成が、利用目的の説明文の掲載場所が容易に認識できなかったり、他のサービスの利用に関する説明と明確に区別することが困難

な状態になっていたりすると、利用目的を消費者に知らせずに個人情報を取得したとして、優越的地位の濫用になる可能性がある（40頁）。また、利用目的の達成に必要な範囲で消費者の意思に反して個人情報を取得することも優越的地位の濫用に当たるから、一見するとクーポンを配信するだけのアプリで位置情報まで取得しているようなケースでは、消費者への説明や同意取得に十分な留意が必要である。

4　プライバシー（民法）

　位置情報、およびそこから分析された情報は、私生活上の事実であるものが含まれている可能性が高く、プライバシー権の侵害が問題となる。本人から同意を得ずに取得し利用することは、民法上の不法行為に該当する可能性があるから留意が必要である（124頁）。

Case 3　従業員のモニタリングを行う場合

　リモートワークの普及に伴う労務管理や、情報セキュリティの目的などで、従業員によるPCの操作などをモニタリングすることが増えている。この場合、個人情報保護法の規制をクリアすることでは足りず、従業員のプライバシー権を侵害しないように対応が必要となる。

◇関連法規◇
個人情報保護法　第1章Ⅷ（129頁）
プライバシー（民法）　第1章Ⅶ（120頁）

1　個人情報保護法

　従業員のPCの操作ログなどは、どの従業員のログなのかが分かるようにデータ化されているはずであるから、個人情報に当たる（129頁）。

　したがって、利用目的を特定して本人に通知等する必要がある。ログなどを分析して利用しているのであれば、インプットするデータを項目レベルで特定し、アウトプットと紐付けして特定する必要がある。例えば「PC等の操作ログなどを取得して分析し、情報漏えいの検知などセキュリティの確保のために利用します」などと特定することになる。

2　プライバシー（民法）

　以上のとおり利用目的の特定と通知等が問題になる程度であるから、個人情報保護法の規制は、それほど厳しいものではない。しかしながら、個人情報保護法の規制をクリアしているからといって、従業員との関係に不法行為にならないわけではない。

　たとえば、職場で部下の私的な電子メールを上司が閲読・監視していたことがプライバシー権侵害になるかが争われたF社Z事業部事件[1]では、監視の目的、手段およびその態様等を総合考慮し、監視される側に生じた不利益とを比較衡量の上、社会通念上相当な範囲を逸脱した監視がなされ

1）　東京地判平成13年12月3日労働判例826号76頁

た場合に限り、プライバシー権の侵害となると解するのが相当であると判示されている（結論として、プライバシー侵害には当たらないとされている。）。

この判決を前提とすると、「社会通念上相当な範囲を逸脱した監視」とならないようにモニタリングしなければならないことになる。この点について、Q&A 5-7には、以下のとおり記載されている。

> 個人データの取扱いに関する従業者の監督、その他安全管理措置の一環として従業者を対象とするビデオ及びオンラインによるモニタリングを実施する場合は、次のような点に留意することが考えられます。なお、モニタリングに関して、個人情報の取扱いに係る重要事項等を定めるときは、あらかじめ労働組合等に通知し必要に応じて協議を行うことが望ましく、また、その重要事項等を定めたときは、従業者に周知することが望ましいと考えられます。
> ○モニタリングの目的をあらかじめ特定した上で、社内規程等に定め、従業者に明示すること
> ○モニタリングの実施に関する責任者及びその権限を定めること
> ○あらかじめモニタリングの実施に関するルールを策定し、その内容を運用者に徹底すること
> ○モニタリングがあらかじめ定めたルールに従って適正に行われているか、確認を行うこと

以上のとおり、単に個人情報保護法という規制法をクリアするだけではなく、プライバシー権侵害をはじめとする他の要素も検討した上で、社内体制を構築していく必要がある。

Case 4　採用応募者のリファレンス・チェックを行う場合

　採用応募者の前職の会社に対し、前職での勤務状況などの照会をかけることがある。この場合、個人情報保護法、職業安定法の指針、プライバシー（民法）などが問題となる。

◇関連法規◇
個人情報保護法　第1章Ⅷ（129頁）
職業安定法　第2章Ⅰ（175頁）
プライバシー（民法）　第1章Ⅶ（120頁）

1　個人情報保護法

　リファレンス・チェックを行って個人情報を取得しようとする企業側においては、利用目的の特定と通知等が必要となる（132頁）。

　照会を受けた側の企業は、提供しようとする情報が個人データである場合、本人の同意なく回答することは第三者提供制限に違反することになる（146頁）。

2　職業安定法

　職業安定法指針では、「労働者の募集を行う者」は、求職者等の個人情報を取得する方法は、「①本人から直接取得するか、②本人同意の下収集するか、③本人により公開されている個人情報を収集する等の手段であって、適法かつ公正なもの」でなければならない（179頁）。したがって、本人の同意なくリファレンス・チェックを行うことは、職業安定法に違反するおそれがある。

3　プライバシー権侵害

　特に照会を受けた側の企業が、本人の同意なく情報を提供することは、本人のプライバシー権を侵害するおそれがある。その意味でも、本人の同意なくリファレンス・チェックに応じることには高いリスクがあることになる。

Case 5　金融機関に対してITサービスを提供する場合

　一般の事業会社が、金融機関に対してITサービスを提供する場合、個人情報保護法の金融分野ガイドラインおよびその安全管理措置等実務指針に従った情報管理体制を結果として求められることになる。また、FISCの安全対策基準を満たすサービスであることを求められる可能性もある。

◇関連法規◇
安全管理措置等実務指針　第3章Ⅱ（220頁）
FISC「安対基準」　第3章Ⅳ（247頁）

1　金融分野ガイドライン

　金融分野GLは、「金融庁が所管する分野における個人情報取扱事業者等」に適用がある（204頁）。したがって、金融庁が所管する分野ではないITベンダや一般の事業者が金融機関に対してサービスを提供しても、このガイドラインが直接適用されるわけではない。

　もっとも、顧客となる金融機関においては当然のことながら金融分野GLおよび安全管理措置等実務指針の適用があり、それに従って委託先を監督したり安全管理措置を講ずる義務がある（220頁）。したがって、サービス提供する側の事業者においてその義務を遵守できるようになっていなければ、サービスを利用してもらえない。結果として、契約上あるいは事実上の義務として、金融分野GLおよび安全管理措置等実務指針を遵守しなければならなくなる。

2　FISC「安対基準」

　FISCの安対基準も同様である。顧客である金融機関が安対基準に従った情報セキュリティを契約上の条件としてくる可能性があり、契約上の義務として安対基準を遵守しなければならないことがある。

Case 6 スマートウォッチの生体情報を使ったサービスの提供

> スマートウォッチなどのウェアラブル機器が生体情報を取得し、それに基づいて健康へのアドバイスをしたりポイントを付与したりするサービスを提供する場合には、個人情報保護法のほか、ヘルスケア・医療分野の様々な規制を検討する必要がある。

◇関連法規◇
個人情報保護法　第1章Ⅷ（129頁）
薬機法　第4章Ⅳ（299頁）
3省2ガイドライン　第4章Ⅵ（325頁）
民間PHR事業者による健診等情報の取扱いに関する基本指針　第4章Ⅶ（341頁）

1　個人情報保護法

生体情報を取得する際には、それが個人情報保護法の要配慮個人情報に該当するかを検討する必要がある。これは事案ごとに判断する必要があるが、スマートウォッチによる収集であれば、通常は要配慮個人情報ではないと考えられる。「本人に対して医師その他医療に関連する職務に従事する者により行われた疾病の予防及び早期発見のための健康診断その他の検査の結果」ではないからである（130頁）。GL通則編2-3でも、「身長、体重、血圧、脈拍、体温等の個人の健康に関する情報を、健康診断、診療等の事業及びそれに関する業務とは関係ない方法により知り得た場合は該当しない。」とされている。

2　薬機法

そのようなサービス・アプリが、「プログラム医療機器」に該当するか否かは重要なポイントとなる。該当する場合には薬機法の厳しい規制を受けるからである。これは、プログラムが疾病の診断、治療または予防に使用されることを目的としていないか、プログラムに不具合が生じた場合で

あっても人の生命および健康に影響を与えるおそれがほとんどないかなどから検討することになる（302頁）。

3　民間PHR事業者による健診等情報の取扱いに関する基本指針

薬機法のプログラム医療機器に該当しないとしても、「民間PHR事業者による健診等情報の取扱いに関する基本指針」の適用を受けるかは別途問題となる。この適用を受けるのは、①個人がマイナポータルAPI等を活用して入手可能な健康診断等の情報（健康保険組合等から入手する場合または個人が自らアプリ等に入力する場合も含む。）、②医療機関等から個人に提供され、個人が自ら入力する情報、③個人が自ら測定または記録を行うものであって、医療機関等に提供する情報を取り扱う場合である（341頁）。

したがって、スマートウォッチから情報を収集し、アプリに記録するだけであり、医療機関等に提供することがないのであれば、適用はないことになる。これに対し、医療機関等に提供することがあるのであれば、同指針の適用があり遵守を求められることになる。

4　3省2ガイドラインの「提供事業者ガイドライン」

医療機関に情報を提供するようなケースでは、その情報が「医療情報（医療に関する患者情報）」に該当するのであれば、3省2ガイドラインのうち「提供事業者ガイドライン」の適用を受けることになる（332頁）。

事項索引

◆アルファベット

Cookie ……………………… 20
DNA鑑定 ……………………… 280
GPS ……………………… 124
Need to Know 原則 ……………… 233

◆あ 行

安全管理措置 ……………………… 270
安全管理措置等実務指針 …………… 221
安全管理措置の実施 ………………… 137
異種移植 ……………………… 322
委 託 ……………………… 146
委託先の監督 ……………………… 141
一般利用者 ……………………… 46
遺伝子治療等臨床研究 ……………… 321
遺伝情報 ……………… 277, 280
遺伝情報改変技術 …………………… 322
医療機関等 ……………………… 265
医療機器 ……………………… 300
医療機器プログラム ………………… 300
医療情報 ……………………… 288
医療情報等 ……………………… 289
医療情報等の取扱いの委託 ………… 296
医療情報の提供 …………………… 297
院内掲示 ……………………… 272
インフォームド・アセント ………… 309
インフォームド・コンセント … 280, 309
営業秘密 ……………………… 171
役務提供事業者 …………………… 55
オプトアウト ……………………… 146
オプトイン規制 ……………… 61, 64, 90

◆か 行

介護関係事業者 …………………… 266
外国にある第三者への提供 ………… 148
開示請求 ……………………… 151

確定申込み ……………………… 66
確認記録義務 ……………………… 150
貸金業者 ……………………… 233
仮名加工医療情報 ………………… 289
仮名加工医療情報作成事業 ………… 289
仮名加工医療情報データベース …… 289
仮名加工情報 ……………………… 131
為替取引分析業者 ………………… 235
基準適合体制 ……………………… 149
基礎基準 ……………………… 249
機微（センシティブ）情報 ………… 205
求職者 ……………………… 177
求職者等 ……………………… 177
求人者 ……………………… 176
共同利用 ……………………… 147, 214
業務の目的 ……………………… 178
金融サービス仲介業者 ……………… 235
金融商品取引業者 ………………… 232
金融情報システム ………………… 247
クーリング・オフ ………………… 67
クラス分類ルール ………………… 302
健康情報 ……………………… 198
健康診断
　……… 192, 193, 194, 198, 199, 200, 203
広 告 ……………………… 54
広告規制 ……………………… 304
個人遺伝情報 ……………………… 281
個人関連情報 ……………………… 131
個人情報 ……………………… 129
個人情報の取扱いとプライバシー侵害
　の関係 ……………………… 121
個人情報の匿名化 ………………… 277
個人情報保護宣言 ………………… 205
個人信用情報機関 ………………… 213
個人データ ……………………… 130
誇大広告 ……………………… 58

事項索引

◆さ 行

詐　欺……………………………114
錯　誤……………………………114
撮　影……………………………120
サルベージ条項…………………74, 80
使用者責任………………………126
消費者……………………………70
消費者契約………………………72
商品等提供利用者………………46
情報送信指令通信………………6
職業紹介事業者…………………176
試　料…………………………281, 310
試料・情報………………………310
心身の状態の情報………………190
信託会社…………………………232
診療録……………………………275
ストレスチェック
　　　　191, 192, 193, 200, 201, 203
生殖補助医療研究………………322
相当措置…………………………149

◆た 行

第3号事業………………………4
第三者提供………………………146
通常システム……………………249
通信販売…………………………53
通信販売電子メール広告受託事業者…62
通信販売ファクシミリ広告……64
定型取引…………………………106
定型約款………………………72, 106
定型約款の表示…………………109
訂正等請求………………………151
データセンター…………………261
デジタル・プラットフォーム（デジタルプラットフォーム）………36, 46
デジタル・プラットフォーム事業者…37
デジタル・プラットフォーム提供者…46
電気通信事業……………………4
電気通信役務……………………4
電子消費者契約…………………114

電子メール広告…………………61
電気通信事業者………………4, 104
動物実験…………………………321
匿名加工医療情報作成事業……289
特徴量……………………………123
特定権利…………………………55
特定システム……………………249
特定デジタルプラットフォーム……46
特定デジタルプラットフォーム提供者
　　　　　……………………………46
特定募集情報等提供事業者……177
匿名加工医療情報………………289
匿名加工情報……………………131
匿名加工医療情報データベース……289
匿名加工医療情報取扱事業者……289

◆は 行

販売業者又は役務提供事業者……62
汎用機器…………………………303
ヒト受精胚………………………322
ヒト組織…………………………321
病状説明…………………………268
付加基準…………………………249
不公正な取引方法………………35
不当条項…………………………109
プライバシーポリシー………72, 106
プログラム医療機器……………301
募集受託者………………………176
募集情報等提供事業者…………176
保有個人データ…………………131
保有個人データに関する事項の公表等
　　　　　……………………………150

◆ま 行

免責条項…………………………77
面接指導
　　　192, 193, 194, 199, 200, 201, 203

◆や 行

優越的地位の濫用……………35, 43
有利誤認表示……………………60

優良誤認表示……………………………60
要配慮個人情報………130, 181～183, 267
与信事業…………………… 210, 213

◆ら 行

利用規約…………………… 41, 72
利用者………………………………46
利用停止等請求……………… 152
利用目的……………………… 132
利用目的の変更……………… 134
連結可能匿名加工医療情報………… 290
漏えい等……………………… 142
労働者供給事業者……………… 177
労働者の募集を行う者……………… 176

執筆者紹介

影島　広泰（かげしま　ひろやす）　牛島総合法律事務所パートナー
　2003年　第二東京弁護士会登録（56期）、牛島総合法律事務所入所
　2013年　牛島総合法律事務所パートナー
　〔主な著書〕『法律家・法務担当者のためのIT技術用語辞典〔第2版〕』（商事法務、2021年）、『これで安心！個人情報保護・マイナンバー〔第3版〕』（日本経済新聞社、2024年）等多数

辻　晃平（つじ　こうへい）　牛島総合法律事務所パートナー
　2012年　第二東京弁護士会登録（65期）、牛島総合法律事務所入所
　2023年　牛島総合法律事務所パートナー
　〔主な著書〕改正個人情報保護法と企業実務（共著、清文社、2017年）
　『法律家・法務担当者のためのIT技術用語辞典〔第2版〕』（商事法務、2021年）

柳田　忍（やなぎた　しのぶ）　牛島総合法律事務所スペシャル・カウンセル
　2005年　弁護士登録（58期）、牛島総合法律事務所入所
　〔主な著書〕『実務Q&Aシリーズ　退職・再雇用・定年延長』（共著、労務行政、2021年）

小坂　光矢（こさか　みつや）　牛島総合法律事務所シニア・アソシエイト
　2014年　弁護士登録（67期）、牛島総合法律事務所入所
　Certified Information Privacy Professional/Europe（CIPP/E）
　〔主な著書〕『改正個人情報保護法と企業実務』（共著、清文社、2017年）

冨永　千紘（とみなが　ちひろ）　牛島総合法律事務所シニア・アソシエイト
　2015年　弁護士登録（68期）、牛島総合法律事務所入所

執筆者紹介

坂本　慎之介（さかもと　しんのすけ）　牛島総合法律事務所シニア・アソシエイト
　2015年　弁護士登録（68期）
　2016年　小川総合法律事務所入所
　2019年　日本船主責任相互保険組合（出向）
　2021年　牛島総合法律事務所入所

殿井　健幸（とのい　たけゆき）　牛島総合法律事務所シニア・アソシエイト
　2017年　弁護士登録（第70期）、森・濱田松本法律事務所入所
　2018年　野村綜合法律事務所入所
　2021年　牛島総合法律事務所入所
　〔主な著書〕『第三者委員会報告書30選』（共著、商事法務、2020年）

中井　杏（なかい　あん）　牛島総合法律事務所シニア・アソシエイト
　2018年　弁護士登録（71期）、牛島総合法律事務所入所
　2021年　個人情報保護委員会（出向）
　2023年　牛島総合法律事務所にて執務再開

近藤　綾香（こんどう　あやか）　牛島総合法律事務所アソシエイト
　2020年　弁護士登録（73期）、牛島総合法律事務所入所

松尾　茂慶（まつお　しげまさ）　牛島総合法律事務所アソシエイト
　2020年　弁護士登録（73期）、牛島総合法律事務所入所

加藤　浩太（かとう　こうた）　牛島総合法律事務所アソシエイト
　2022年　弁護士登録（75期）、牛島総合法律事務所入所

個人情報関連法令スピードチェック

2024年9月1日　初版第1刷発行

編著者	影島　広泰
著　者	牛島総合法律事務所 データプライバシー＆テクノロジーチーム
発行者	石川　雅規
発行所	㈱商事法務 〒103-0027　東京都中央区日本橋 3-6-2 TEL 03-6262-6756・FAX 03-6262-6804〔営業〕 TEL 03-6262-6769〔編集〕 https://www.shojihomu.co.jp/

落丁・乱丁本はお取り替えいたします。
© 2024 Hiroyasu Kageshima
Shojihomu Co., Ltd.
ISBN978-4-7857-3078-9
＊定価はカバーに表示してあります。

印刷／広研印刷㈱
Printed in Japan

[JCOPY]＜出版者著作権管理機構　委託出版物＞
本書の無断複製は著作権法上での例外を除き禁じられています。
複製される場合は、そのつど事前に、出版者著作権管理機構
（電話 03-5244-5088、FAX 03-5244-5089、e-mail: info@jcopy.or.jp）
の許諾を得てください。